JEREMY BRETT IS SHERLOCK HOLMES

シャーロック・ホームズと
ジェレミー・ブレット

モーリーン・ウィテカー
MAUREEN WHITTAKER

高尾菜つこ 訳　日暮雅通 監修

原書房

シャーロック・ホームズとジェレミー・ブレット

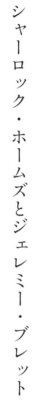

●目次

まえがき

デビッド・バーク

アーサー・コナン・ドイルは、みずからが生み出した天才と闘うことになった。ドイルが確立した推理小説というジャンルを本人は二流の芸術と思っていたようだが、世間は違った。物語が進み、名探偵シャーロック・ホームズが死なんとしたとき、人々はそれを見過ごそうとはしなかった。かくしてドイルのホームズは文字どおり生き返り、その後は不滅の生命とも言うべきものを手に入れて、どんなに恵まれた作家でもめったに享受できないほどの富をドイルにもたらした。彼はシャーロック・ホームズを書くことにうんざりし、個人的な手紙の中で何度も不満を述べていたが、結局、ドイルの死後も彼の生み出したキャラクターは生き続け、私の知るかぎり、今日もベーカー街を闊歩《かっぽ》している。

シャーロック・ホームズは小説以外でも富をもたらした。実際、小説を原作としてどれほど多くの映画やテレビドラマが作られてきただろう。ただ、その多くは忠実性という点で大いに疑問がある。ホームズ役と言えばベイジル・ラスボーンを思い浮かべる人が多いが、ハリウッドで制作されたそれらの映画には、俳優の鷹のような横顔と鹿撃ち帽のほかに原作と通じるところはほ

とんどない。
　幸運にも、私はグラナダ・テレビのあの一大シリーズにワトスン博士として関わることができ、1984年に始まった同シリーズは私が現場を離れた後も継続された。このシリーズの最大の立役者は、何と言っても初代プロデューサーのマイケル・コックスだろう。企画を立ち上げ、ジェレミー・ブレットをホームズ役に抜擢したのは彼だったのだから。
　当時、私はジェレミー・ブレットを名前でしか知らなかったが、彼はおもに二つの

ことで有名だった――一つは、中年にして大人の女性たちを夢中にさせるその端麗な容姿、もう一つは、少々変わり者であるということ。何が変わっているかというと、彼は次から次へと突飛な行動をしては周囲を驚かせ、人生のどんな試練も「工夫して楽しむ」という信念を持っていた。あるとき、彼はBBCの殺風景な簡易食堂でガールフレンドをもてなそうと、プラスチックのテーブルを上質なリネンのクロスで覆い、その上に真鍮《しんちゅう》の枝付き燭台と高価な陶器の花瓶に入った甘い香りのフリージアを置いたこともあった。

マンチェスターのグラナダ・スタジオにいるとき、ジェレミーはよくメイク室へやってきて、外は素晴らしい天気だと熱心に褒めたてた。「でもジェレミー、土砂降りの雨じゃないか！」と私は反論した。

するとかれはこう答えた。「わかってるよ。でも、潤いのある空気は僕たちを素敵に見せてくれるだろう?」

ジェレミーは人の欠点や落ち度にも寛大で、この驚異の大ヒット・シリーズをともに作っているスタッフの有能さをよく称賛していた。インスタント・カメラで一人一人のスナップ写真を撮っては、それを誰もが見られるように掲示板に張り出して、スタッフの間に温かい家族のような雰囲気を作ろうとしていた。一方で、視聴者への責任としてドラマが原作に忠実であることに異常なほどこだわってもいた。

ドイルのホームズ全集は彼のバイブルで、どこへ行くにも持ち歩き、脚本が原作から少しでも逸脱すると、それなりに正当な理由がないかぎり、脚本家も監督もただでは済まされなかった。一度など、彼は鹿撃ち帽を前後逆にかぶっていたと言って撮り直しを求めたが、この帽子は前後がきわめてよく似ていて、どちらが前でどちらがうしろかはジェレミーにしかわからなかった。ただ、そんなときでも、彼は深刻な顔をするのではなく、いつも決まって自分から笑い出して周囲を和ませるのだった。

こんな話もある。彼はクラパム・コモンでヘルメットをかぶった警官に声をかけ、最近、内務大臣がパトロール警官の増員を約束したことについて長々と立派な祝意を述べたという。「われわれ市民はより安心して眠れるようになることを心からあなたがたに感謝いたします」と締めくくると、警官は「いい加減にして下さいよ」と言い、重い足取りで離れていったらしい。仰々しい挨拶で任務を妨害するというこの皮肉な状況に、ジェレミーはこみ上げる笑いを抑えきれなかったそうだ。

そんな親愛なる友の情熱とユーモア、そして世界一の名探偵を演じた比類なき才能を、私は今も懐かしく思い出す。

デビッド・バーク、2017年

221B

はじめに

多くの人々にとって、ジェレミー・ブレットは今なおイギリス、ＩＴＶネットワークのグラナダ版〈シャーロック・ホームズ〉シリーズで描かれたホームズそのものであり、実際、この役でしか彼を知らない人もいる。ユニークな名探偵を演じた彼の華々しい成功は、50年前のベイジル・ラスボーンがそうだったように、彼をこのキャラクターと永遠に結びつけることになった。しかし、ジェレミー・ブレットの活躍はホームズ役ばかりではない。偉大な俳優として世界的名声を得ることになるこの役を引き受けるまでに、彼は舞台や映画、テレビで30年にわたるキャリアを築いてきた。

26歳のとき、ジェレミーは舞台ですでに堂々たる存在感を放ち、ストランド・シアターで「高貴で詩的なハムレット」を演じ、若手の新人俳優としては異例の高い評価を得た。それからわずか数年後の１９６６年には、ＢＢＣの日曜シリーズ『三銃士 The Three Musketeers』で勇ましく情熱的な主人公ダルタニアンを好演し、世間の注目を浴びた。日曜の晩にＢＢＣの『プレイ・オブ・ザ・マンス Play of the Month』を見て育った人々にとって、ジェレミーはつねにロマンチックな花形だった。彼の端麗な容姿は、魅力的だが危険な香りのするバイロン卿にぴったりで、『恋がたき』［リチャード・ブリンズリー・シェリダン著］のキャプテン・ジャック・アブソルート役でも、その美男ぶりを大いに発揮した。一方、『悪口学校』［シェリダン著］では偽善的なジョゼフ・サーフェスを演じ、「外面的には美徳の鑑《かがみ》だが、内面的には財産目当ての結婚をもくろむしみったれ」というアンチ・ヒーローの役に挑戦した。古典劇は、彼のさまざまに変化する豊かな声質になじみの舞台となった。亡き妻の呪縛に苦しむ『レベッカ』［ダフネ・デュ・モーリア著］のマキシム・ド・ウィンターや、責めに苛まれながらも不貞を重ねる『かくも悲しい話を……――情熱と受難の物語』［フォード・マドックス・フォード著］のエドワード・アシュバーナム、熱意に燃えるロバート・ブラウニングや「魅惑的な」ウィリアム・ピットなど、いずれの役柄も情熱と忠実性を持って演じられた。こうして絶えず優れた演技を披露することで、ジェレミーは堅実なファン層を築いていった。

1967年から1971年にナショナル・シアターを訪れた人なら、彼が「偉大な師」と仰ぐローレンス・オリビエと共演を果たした舞台を見たことがあるかもしれない――『ヴェニスの商人』ではジョーン・プロウライト演じるポーシャに求婚するバッサーニオ、キャスト全員が男性という現代版オール・メイル公演の『お気に召すまま』ではロナルド・ピックアップ演じるロザリンドに恋するオーランドー、そして『恋の骨折り損』ではシェイクスピア劇の主要な登場人物の一人で、ジェレミー本人も「大好きだった」というビローンを演じた。ただ、その頃のもっとも重要な役柄はおそらくチェ・ゲバラの役で、批評家たちからも「大変な想像力と才能にあふれた」演技として絶賛された。一方、彼はアメリカでも華々しいキャリアを築いた。1956年に映画『戦争と平和』に出演し、オードリー・ヘプバーンの兄で意気盛んな青年、ニコライ・ロストフを演じてハリウッド・デビューを果たし、のちの『マイ・フェア・レディ』でも、イライザに恋する魅力的な青年、フレディ・アインスフォード・ヒル役でオードリーと再び共演した。また、ブロードウェイの舞台『ドラキュラ』にも主演したほか、チャールトン・ヘストンがシャーロック・ホームズを演じた『血の十字架 The Crucifer of Blood』ではワトスン博士役で出演して高い評価を得た――数年後、この経験が役立つことになる。

これほど幅広い役柄を演じた長いキャリアを考えれば、グラナダ・テレビのエグゼクティブ・プロデューサーだったマイケル・コックスが、同局の新シリーズ〈シャーロック・ホームズの冒険〉の主役にジェレミーを選んだのも当然だった。コックスは、古典劇の訓練を積んだ俳優ならではの声量と物腰、存在感を持つ人物を求めていた。つまり、ソファを飛び越えたり、しばしば両手両膝をついて猟犬のごとく執拗に手がかりを追跡したりできる人物を求めていた。そして彼は、ジェレミーの中にこれらすべてを超える素養を見出した。ジェレミーの演技はシャーロック・ホームズの決定版となったばかりか、この新しいホームズは俳優とカメラの間で生じる不思議な化学反応によって大勢のファンを惹きつけた。多くの人々がそう言ったように、日曜の晩はジェレミー・ブレットと初代ワトスン博士を演じたデビッド・バークの二人とともにビクトリア朝のロンドンへ旅するのが毎週の決まりとなった。シリーズは10年続き、ジェレミーはシャーロック・ホームズに「なり」、デビッド・バークがシリーズを離れると、二代目ワトスンとしてエドワード・ハードウィックが迎えられた。二人はともにシリーズを完成させ、1988年から89年にかけてはジェレミーの発案で『シャーロック・ホームズの秘密 The Secret of Sherlock Holmes』という舞台版を演じ、毎晩、ウィンダムズ劇場を満員にして、新たに多くのファンを魅了した。

俳優としてのジェレミーは完璧主義者で、仕事に関しては自身にきわめて高いハードルを課していた。芸術に対する純粋な熱意、プロ意識、多大な努力と献身は長年にわたって彼に数々の栄誉をもたらすことになった。ジェレミーが1995年に亡くなったとき、デビッド・スチュアート・デービスは著書『柳をしならせるように *Bending the Willow*』の中で、多くの人々が感じた思いをこう表現した。「1995年9月のジェレミー・ブレットの突然の死は、演劇界から燦然《さんぜん》と輝く一つの光を奪い、シャーロック・ホームズの世界からベーカー街221Bに住むあの複雑な男を演じる最高——にして最大の——役者を奪った」。彼の死から約25年たった今でも、多くの人々がそう感じている。〈シャーロック・ホームズの回想〉の『三破風館』で共演したピーター・ウィンガードは、ジェレミーについてこう語っている。「ジェレミーの全身全霊をかけた演技は驚くべきものだった。それは利己的なものではなく、自分のためでも、俳優ジェレミー・ブレットのためでもなかった。それはシャーロック・ホームズのためのものだった」《デイリー・メール》紙のコラムニストだったアラン・コーレンはこう述べている。「ジェレミー・ブレットの演技は今なお最高のものであり、どれほど立派な賛辞を重ねても言い足りない」

ジェレミーはオスカー・ワイルドの『ドリアン・グレイの肖像』を、一度はドリアン役、もう一度は画家のバジル・ホールワード役で二度演じたが、バジルはそこでこう言っている――「感情をこめて描いた肖像画はね、その一枚一枚が芸術家の肖像画であって、モデルの肖像画じゃないんだよ」―［『ドリアン・グレイの肖像』オスカー・ワイルド著、富士川義之訳、岩波書店、2019年］。ジェレミーは感情豊かな人間であり、それは舞台での成功に大きく寄与した。しかし、プライベートでは困難の連続だった。彼は17歳までうまく言葉を発音できず、生涯をつうじて失読症に苦しんだ。16歳のときにかかったリウマチ熱のせいで心臓に後遺症が残ったため、スポーツ好きでつねにアクティブな若者だった彼は、しだいに深い思いやりと優しさに満ちた人間に変わった。また、心から愛した二人の女性――母親と二番目の妻ジョーン――をどちらも早くに亡くし、その心の痛手は彼に回復不能なまでの激しい情緒不安をもたらした。結果として、彼は他者に細やかな気配りと理解を持って接するようになった。彼は世界中から愛された男だが、それでいて自分の経験を進んで話そうとする親しみやすさもあった。勇気を出して夢を叶えたいという強い志から、晩年に悩まされた双極性障害の体験を率直かつ感動的に語って、同じ症状に苦しむ患者たちに希望を与えた。ジェレミーと一緒に仕事をした人々の多くが、彼の明るい性格や毎日を「お祭り」のように楽しむ生き方について話している。子供の頃から歌が大好きだったという彼の美声は、少年時代のソプラノこそ聴けないが、オペレッタ『メリー・ウィドウ』で披露したダニロのバリト

ンは録音が残っている。ダンスも彼の大きな楽しみだった。いつも並々ならぬ寛大さと喜びにあふれた歓迎ぶりには、彼のもとを訪れた誰もが胸を打たれ、そうした特権に恵まれた人々は今なお彼に深い敬意を抱いている。それどころか、ジェレミーと会ったときのことを事細かに覚えている彼らは、ジェレミーがその偉大な功績に対して正当な評価を受けていなかったのではないかと思っている。

インタビューでのジェレミーはつねに控えめで、いつも同僚たちのことを称賛し、たとえ自分が称賛に値する仕事をしたとしても、けっしてひけらかしたりしなかった。彼の謙虚な姿勢は勤勉と平等を重んじるクエーカー教の価値観を反映したもので、それは母親のエリザベスからの影響だった。彼は母親を内も外も美しく、灯のように温かい人と表現している。ジェレミーのキャリアについては、できるだけ本人の言葉を用いてアプローチするのが適切だろう。それはグラナダ版〈シャーロック・ホームズの冒険〉でそうだったように、たとえ自分がメンバーを率いるリーダーであったとしても、あくまでもチームの一員と考える彼の人間性を伝えてもいる。なお、本書では彼のプライバシーを尊重し、私生活に関して本人が詳しく語らなかった部分については触れていない。

1973年2月24日の《TVタイムズ》誌の記事には、それまでの彼の人生が見事に要約されていた。「そのハンサムな顔立ちからしても、俳優ジェレミー・ブレットはすべて——容姿、才能、自信——に恵まれた男のようだ。実際、イートン校で教育を受け、21歳で名声を手にし、24歳で華やかな結婚をし（結婚式のスナップ写真は当時のアンソニー・アームストロング＝ジョーンズ［のちにイギリスのマーガレット王女と結婚し、初代スノードン伯爵に叙せられた写真家］の厚意によるもの）、オードリー・ヘプバーンやイングリッド・バーグマン、デボラ・カーといった錚々《そうそう》たる顔ぶれのスター女優と共演したうえ、愛する跡取り息子はパブリック・スクールの統一試験を首席でパスしてラドリー校へ入学したばかり。ハギンズという地味でぱっとしない本名を持つこの男はこれ以上何を望むのか」。たしかに、彼は人生の贈り物をすべて生かしたように見えるし、家庭生活も理想的だったように思える。

221

シャーロック・ホームズの冒険

第1シリーズ

「数年間は秘密にされるべき文書、それが80年代のホームズを演じる候補者リストの原本だった。リストには40人の俳優の名が記されていたが、それらはアルファベット順に並んでいたわけではない。筆頭にあったのはジェレミー・ブレットの名だった。当時、私には彼こそが過去のホームズ俳優たちに対抗できる同世代でもっとも有力な役者に思えた。《ストランド》誌の合冊版で初めて小説を読み、シドニー・パジェットの挿し絵で想像力をかき立てられて育った私には、これがすべての基準だった。私は豊かな声質、圧倒的な存在感、そしてドイルが描いた千変万化する気性を備えたホームズを求めていた」（マイケル・コックス、《シャーロック・ホームズ・ジャーナル》誌、1995年冬号）

《シャーロック・ホームズ・ガゼット》誌に寄せた記事の中で、マイケルは1981年8月のある大雨の夜、ジェレミーとホームズ役について話し合ったときのことを詳しく書いている。ジェレミーは息子のデビッド・ハギンズを同行させ、ロンドンのシャーロット・ストリートにあるレストランでマイケルやキャスティングの責任者と夕食を取りながら話した。彼は温暖なロサンゼルスの自宅にいたときとはまるで違うものを感じていたに違いない。グラナダは将来的に「コロネーション・ストリート・ツアー」〔『コロネーション・ストリート』は60年以上続く英国の連続テレビドラマ〕ができるように半永久的なセットを建設する予定で、マイケルは質の高い作品の制作費として500万ポンドの予算を持っていた。

シャーロック・ホームズのドラマ化についてはコナン・ドイル財団によって厳しい管理がなされてきたが、それがもうすぐ終了し、原作の著作権も消滅して公有財産となるため、マイケルはこれを機にドイルの原作に立ち返り、本来の正統派ホームズを描こうと考えた。撮影にアメリカのネットワークが好む35ミリの映画用フィルムを使うことにしたのは、作品を最初にアメリカで放送する権利と引き換えに制作の財政的リスクを共有してくれるWGBHから、さらなる投資を期待してのことだ。プロモーションを確実にするためには、主演俳優はアメリカ市場で知名度のある「スター性」を備えている必要があった。ジョーン・ウィルソン・ハギンズの地位や影響力については言及がなかったものの、ジェレミーは自分が妻の口添えで選ばれたのではないかとひどく気にしていた。しかし、彼らが何よりも求めていたのは、「優れた声質とシドニー・パジェットが《ストランド》誌で描いた挿し絵そのままの容姿を持つ古典俳優」だった。ジェレミーはそうした望ましい条件のすべてを満たしていたが、多くの俳優がそうであるように、彼も特徴的と言われるホームズの役に縛られ、イメージが固定化してしまうことを恐れて、役を引き受けない可能性があった。実際、ベイジル・ラスボーンはホームズ役を離れてからもずっとこの役のイメージにつきまとわれた。「私は過去のどの古典俳優よりも、あるいは未来のどの古典俳優よりも、『型にはめられる』ことの重大さを深く懸念していた」（ベイジル・ラスボーン、『キャラクターの表と裏 *In and Out of Character*』）。それがキャリアの終わりを意味することを知っていたジェレミー・ブレットは、難しい決断を迫られた。

当時、グラナダの名声は赫々《かっかく》たるもので、同社はとりわけ古典ドラマに定評があった。チャールズ・ディケンズ、ジェーン・オースティン、H・G・ウェルズ、サキ、そしてイーヴリン・ウォーの『華麗なる貴族（別題：ブライズヘッドふたたび）』など、グラナダの作品は一流の俳優たちを惹きつけ、同社に大変な名誉をもたらしていた。重要なのは、この夜の話し合いにはドイルの原作に忠実であることの必要性とともに、上質なドラマ制作で定評のあるグラナダならではの高いクオリティーを目指すという決意が含まれていたことだ。「（ジェレミーは）興味を示し、興奮さえしていたが、もちろん、具体的なスケジュールが決まって取り消しが不可能になるまで、立場を明らかにしようとはしなかった」（マイケル・コックス）。その頃、カナダのトロントで『テンペスト』を公演中だったジェレミーは、その舞台で主役のプロスペローを演じる一方、制作と監督も務めていた。「僕は『テンペスト』でプロスペローを演じていて、その劇――1ペニーにもならないシェイクスピア劇だった――をバルバドスで撮影して映画化するために資金を調達しようとしていた。それに『ウィンポール街のバレット家 The Barretts of Wimpole Street』でロバート・ブラウニングも演じていた。だから正直、こう思った――ふん、今さらホームズなんて、もう死ぬほどやり尽くされてきたじゃないか。当時の僕は彼にあまり興味をそそられなかった」（《ミュージック＆ビデオ・インサイト》誌の「ブレット・ノワール」でマックス・ベルのインタビューに答えるジェレミー）

もし彼が『テンペスト』の映画化に成功していたら、ホームズ役は引き受けなかったかもしれない。しかし、ジェレミーがその世界一有名な探偵について知ろうとした過程には、思わぬ縁もなかったわけではない。「とりあえず《ストランド》誌を買おうとしたけど見つからなくて、ドイルのホームズ全集も見つからなかった。ようやくロンドンのフォイルズで一冊見つけたと思ったらアメリカ版で、注文した人が受け取らなかったらしく、僕のものになったというわけさ。今ならドイルの本はどこにでもあるけどね」。ジェレミーによってあちこちに下線や注釈がなされたその赤い革表紙の『挿し絵入りシャーロック・ホームズ *Illustrated Sherlock Holmes Treasury*』は「彼のバイブル」となり、毎回、作品の中にドイルの原作に合わない部分がないか入念にチェックされた。彼はシリーズ撮影中の10年間、つねにその本を持ち歩くことになった。

『テンペスト』の舞台が終わった後、バハマで休暇を過ごしていたジェレミーは、偶然にもある友人から再びコナン・ドイルの全集を勧められる。読んでみると、シャーロック・ホームズは彼がそれまで演じてきたロマンチックなヒーローとはまったく異なり、彼はにわかに興味を引かれた。「ドイルの小説は私を魅了して離さなかった。ビクトリア時代の末、ガス灯がともり、道を霧が覆い、刻み煙草の香りが漂う。すると、細かい情景が次々とページから飛び出してきた。『ホームズは愉快そうに笑い、椅子の中で体をくねらせた。それが彼が上機嫌の時の癖なのだ……』『彼は桜材の長いパイプに火をつけた。彼が瞑想ではなく論争する時には、そのパイプは陶製のものに変わった……』『撃ち落とされた小鳥を嗅ぎ出すリトリバーのように、ホームズは草や落ち葉の中を探した……』。今まで知らなかった情景が見えてきた。私の俳優の血が騒ぎだした。9月になると、電話が鳴った。『マイケル・コックスです。シャーロック・ホームズを制作することになりましたが、大丈夫ですね？』

『はい』と私は電話口で叫んでいた」（《アームチェア・ディテクティブ》誌および『NHKテレビ版シャーロック・ホームズの冒険』〔ピーター・ヘイニング著、岩井田雅行・緒方桂子訳、求龍堂、1998年〕のまえがきより抜粋）

そこからホームズへの没入が始まった。新しい役に入るときはいつもこうだった。ジェレミーは古典劇の訓練を受けたシェイクスピア俳優で、言葉や言葉が生み出すリズムを大切にしていた。キャラクターに対する彼のアプローチは古典演劇に関する学校教育に加え、ナショナル・シアターのローレンス・オリビエのもとで受けた訓練、そしてホームズという人間を作り上げ、その役を生きるというスタニスラフスキー・メソッドにもとづくものだった。「僕が言っているのは人物になりきるということだ。それは、行動だけでなく精神世界においても、という意味だ。ワトスンはホームズのことを人間離れした男と表現しているが、これでは演じるのもなりきるのも難しい。そこで僕がやったのは、ホームズの精神世界を構築することだった。たとえば、僕には彼の乳母がどんな人だったかわかる。彼女は潔癖で堅苦しい人だった。幼いホームズの体をごしごしこすって洗ったが、けっしてキスはしてくれなかった。ホームズは8歳頃まで母親とは顔を合わせなかったんじゃないかと思う。彼女はただ廊下を歩いていく女性というだけだった。かすかな匂いやドレスの衣擦れの音には気づいたかもしれないけど。父親にいたっては12歳になるまで顔を合わせなかったと思う。それと大学時代は完全に孤立していたから悶々としていたはずだ。彼は中庭の向こうにいる女の子を見て恋に落ちたけど、彼女は一度も振り向いてくれなかった。だから心を閉ざしてしまった。そこで彼はフェンシングやボクシングに熱中して腕を磨いた……。こんなふうに、僕はドイルが見事に書き残してくれたホームズの世界観という泉を満たすため、さらに細かい部分まで『創作』を行なう必要があった。本のページから自分なりに彼の世界を引き出し、孤独な大学時代や優れた運動能力、そしてあらゆる社会的営みや生活の彩りといったものを排除した彼の生き方について、ちょっとした物語を作り上げたんだ」（Gunner54.wordpress.comおよびNPRのインタビュー、1991年）

スタニスラフスキーもこう提唱していた――「時代や時期、国、生活状況、経歴、文学、心理学、魂、生き方、社会的地位、外見といった観点、さらに習慣や物腰、動き、声、抑揚といったことからキャラクターを探究できる」。シャーロック・ホームズはビクトリア朝に生きていた。「僕にとって俳優の務めとはスポンジになること、そのスポンジから絞り出すことだ。とにかく学んで吸収する。まずビクトリア朝についての本を読みまくる。当時の政府には誰がいたのか、国の社会情勢はどうだったのか。なぜホームズは慣習にとらわれない人間だったのか。次にドイルの原作を読み、小説の中からそれを嗅ぎ取っていく。こうやって多くの知識を得た結果、ことが起こり始める。たとえば手だ。ホームズは手をどうするか。彼はどうやって動くか。それから何度もささやいてみる。彼の声を見つけなければならないからね。想像力が働くようにささやき続ける。そして彼をとらえた――自分の中に彼が十分に入ってきた――と思ったら、声に出して話してみる。これはすごく刺激的なプロセスなんだ」(スクリップス・ハワード・ニュース・サービスでルエイン・リーに)

『美しき自転車乗り』の撮影が始まったとき、ジェレミーはおもに水泳によって10キロも減量し、役作りに没頭した。彼が語ったところによれば、スクリーン・テストで青白いメイクをしたところ、歯は黄色く見え、目は赤く見えて大失敗だったという。「僕は最初、自分がこの役に不向きで、まったく力不足だと困惑するあまり、ガーゴイルのようなメイクをしてしまった。額を白く塗り、鼻を白く塗り、下のほう(彼の顎)を暗い紫色に塗って、飢えた鷲のように見せようとしたら、恐ろしい形相になった。みんなから『やめて、怖すぎる!』って言われたよ」(ITVの情報バラエティー番組『ズィス・モーニング This Morning』の「シャーロック・ホームズの舞台裏」)。「誰もがこう言ったんだ。『ジェレミー、そこまでやる必要ある? それじゃ君ってわからないよ。そのおかしな歩き方は何?』ってね。僕は白塗りの顔に奇妙な歩き方、そしてぞっとするような声をしていた。もちろん、全部なしになったよ」(《TVタイムズ》誌、1984年5月

19日）。マイケル・コックスによれば、「ジェレミーはとても社交的な男だ。人生を謳歌していて、一緒にいてとても楽しいし、面白いし、話もうまい。だから彼にはホームズがすごく陰気で、皮肉屋で、怒りっぽいキャラクターに思えたんだろう。初めのほうのエピソードで監督にこう言われていたよ。『もう少し素の自分を出してもらえないかな。この男は君が思い描いているほど不気味じゃなかったはずだ。もしそうだったら誰も彼のところへ相談になんか来なかっただろうし、来てもすぐに逃げ帰るだろうよ』。それでジェレミーも少し考えを改めて、演技がずいぶんよくなった。彼は物語の中でユーモラスな場面、温かみのある場面、依頼人やワトスンに対する気遣いが感じられる場面を見つけられるようになったんだ。ホームズのキャラクターにぐっと面白みが出て、各シーンの輝きが増したと思う」（《アームチェア・ディテクティブ》誌でのマイケル）

『ペブル・ミル・アット・ワン Pebble Mill at One』というワイドショーのインタビューで、ジェレミーはこう語っている。「シリーズを始める前、僕は作家のアリステア・クックからこう言われたのを覚えている。過去１００年間でもっとも記憶に残る三人と言えば、チャーチル、ヒトラー、そしてシャーロック・ホームズだってね。励ましのつもりだったんだろうけど、僕はぞっとしたよ！　まあ、今はたしかに励みになるけどね。でも、最初は失敗するんじゃないかと思ってこの役をやりたくなかった。だってこの役はすでに大勢の役者が演じてきたからね。それにしても、あの三人の中の一人は架空の人物だって考えるとすごいよね！」（BBC One）。彼はこうして役に取り組み、最高のホームズを演じようとした。マイケルによれば、「ジェレミーは最初から制作の

保税倉庫に接するように建てられたグラナダ・スタジオのセット

あらゆる側面に関わった。脚本は長期休業中に書かれたが、彼は原作を何時間もかけて読み直して注釈や下線を入れ、入念に比較していた」

ジェレミーは「過去最高のシャーロック・ホームズ・シリーズ」というマイケル・コックスのビジョンを達成するため、決定版となる今回のホームズではドイルの原作どおりの台詞を話そうと決めていた。これまでホームズの物語が忠実にドラマ化された作品で登場人物が原作どおりの台詞を話したことは一度もなかったため、ジェレミーはこの考えに興奮し、意欲をかき立てられた。

「脚本を読み始めたとき、僕はこう言った。『君はアーサー・コナン・ドイルのシャーロック・ホームズをやってくれと言ったけど、これはホームズじゃないし、ドイルの原作とも違う』。つまり、脚本に行きすぎがあったんだ。するとスクリプト・エディターがこう言った。『ジェレミー、君は演じるためにここにいる。そっちに専念してくれ』。僕は怒ってテーブルをひっくり返し、彼の膝に僕の舌平目が転がり落ちた。それから対立が始まったんだ。以前はよく撮影のはじめに全集を持ってきて、ドイルのために闘ったものだ。1年半くらいして、僕はこう言った。『よく聞け。このまま僕を蔑《ないがし》ろにするなら、もう興味はない』ってね。それだけ激しい対立だったんだ。でも、そこでグラナダが間に入って素晴らしい対応をしてくれた。リハーサルに1週間ではなく2週間くれることになったんだ。おかげで1週目にドイルのために闘って、2週目に共演者と仕事ができるようになった。以来、基本的にずっとそうやってるよ」(NPRのインタビュー、1991年)

▼美しき自転車乗り

第1シリーズの全13話は一連の続きものとして撮影される予定で、その後は世間の反応を見て継続するかどうかをグラナダが判断することになっていた。最初に収録されたエピソード『美しき自転車乗り』（脚本：アラン・プレイター、監督：ポール・アネット、初放送：1984年5月15日）では、ドイルの原作にある森のシーンがチェスター近郊のデラメアの森で撮影された。ベーカー街のセットは、マンチェスターの科学産業博物館にある歴史的鉄道に面した保税倉庫の手前に建てられた。「とにかく圧倒される思いだった。セットは完成したばかりで、何百万ポンドもかかっていたし、何もかもがピカピカで、僕の服はまだごわごわするほど新しかった。それにどうしたら鹿撃ち帽をかぶって間抜けに見えないかとか、左利きの僕はどんなふうにパイプを吸えばいいかとかね」。物語では、聡明で良識と判断力を備えたうら若き音楽教師のバイオレット・スミスが、雇い主から望まぬ関心を持たれる一方、横柄で不愉快なその友人、ウッドレーから身の安全を脅かされる。彼女は毎週、母親のもとへ帰るために自転車で鉄道の駅まで向かう途中、同じく自転車に乗った男に尾行されていた。男は顎ひげを生やし、黒い眼鏡をかけていた。危険を感

じた彼女はベーカー街221Bを訪れ、シャーロック・ホームズに助けを求める。
　ドラマのオープニングは、ホームズとワトスンが共同で借りているベーカー街の下宿の2階の居間から始まる。原作の読者が初めてシャーロック・ホームズとワトスン博士に出会うのは小説『緋色の研究』〔日暮雅通訳、光文社文庫、2006年〕で、ワトスンが手頃な家賃で快適な部屋を探していた一方、続き部屋を見つけたホームズは家賃を分担してくれる相手を探していた。この取り決めから始まった関係は、文学史上屈指の男の友情へと発展した。「僕にとってシャーロック・ホームズの物語は友情の物語にほかならない。ワトスンがいなければ、ホームズはとっくにコカインでだめになっているだろう。僕はこのシリーズで友情の大切さが伝わればと思っている」（ジェレミー）。「それでワトスンとの関係

に興味を引かれるようになった——何がワトスンをそこにとどめているのか。二人の友情はおそらく文学史上最高のものであり、ホームズにとってかけがえのないものだ」(《ブライアン・タイムズ》紙の「ブレット・ビカムズ・ホームズ」でのジェレミー)。「二人はまさに月とすっぽんで、まったくかけ離れた存在だが、それでも何とか共同生活を送っているのは、互いにないものを持っているからだ。彼らは欠点も違えば、強みも違う。私たちはホームズとワトスンが視線を交わし、互いに意思を確かめ合う瞬間をいつも期待していた」(《アームチェア・ディテクティブ》誌のマイケル・コックス、1982年)

スミス嬢への対応の仕方にもこの二人の異なる性格が表れていた。つねに親切で思いやりがあり、女性に弱いワトスンは、スミス嬢を「背がすらりと高く凛とした気品ある若い美女」(「美しき自転車乗り」[日暮雅通訳、光文社文庫、2006年、『シャーロック・ホームズの生還』所収])と表現した一方、ホームズがまず目を向けたのは、自転車をこぐことによってできる靴底の側面の傷とピアニストに見られる「へらのよう」[同前]な指先だった。しかし、彼女の手と顔を「注意深く」[同前]観察するホームズが急にその手を置く動作に、ジェレミーはべつの意味を含ませた。「僕はホームズというキャラクターについてより多くを伝えるため、彼の仮面に割れ目を探してきた。『美しき自転車乗り』でバイオレット・スミスの手を取り、へらのような指先について推理しているとき、僕はホームズがその手に官能的なものを感じたんじゃないかと思ったんだ」(ジェレミー)。ホームズが事件を調査してくれることになって彼女は安心するが、その後の展開は興奮と対決の連続だった。「これはね、スミスさん、当てずっぽうではありません」と自分の能力を控えめに評価するホームズだったが、その言葉は力強く、眼光は鋭い。

一方、このエピソードでは二人の男の友情が試練にさらされる。というのは、ワトスンがスミス嬢を尾行する男の正体を突き止める任務に失敗し、「とんでもないへまをしたもんだ」とホームズになじられるからである。ワトスンは彼の厳しい批判にショックを受けるあまり、「貸家」の看板について不動産屋に問い合わせようとロンドンへ戻ってきた自分がなぜ間違っていたのか理解できない。ただ、村の「居酒屋」へ行けば「いろんな噂が聞けた」はずだと指摘したホームズは、皮肉にも自分がそうすることになる。

ジェレミーはホームズの高い知能を表現する手段として身体性を利用したと言っている。「彼はほかの誰よりもずっと機敏だ。仕事をしているときの彼の頭脳はワトスンをはじめ、周囲の人間の目をくらませるほど高速で働いている。それを可能にするには相当の動力が必要なはずだ」（《シャーロック・ホームズ・レビュー》誌、ジェレミー・ブレットへのインタビュー、1987年3月16日）。森道で空の馬車を引いて暴走する馬を制止させ、立ったまま馬を駆るジェレミーの姿は、依頼人のために戦う勇敢な騎士のような印象を与える。しかし、このエピソードの一番の見どころは、やはり村の居酒屋での優雅でちょっぴりユーモラスなボクシング・シーンだろう。ドイルの原作にある対決シーンが見事に映像化されており、ジェレミーのバレエ・ダンサーのような動きがこれをさらに印象的なものにしている。「対決のはじめにダンスのようなフットワークを見せるというのはジェレミーのアイデア、悪漢を倒したときに見物人からさざ波のように拍手が起こるというのは監督のアイデアだった」(『セルロイドの研究 *A Study in Celluloid*』)

酔っ払いの牧師が居酒屋から千鳥足で出ていくのを見たホームズは、ウッドレーも中にいると推測し、店の主人にあれこれ尋ねることで悪漢をバーへおびきだす。ウッドレーは手の甲でホームズに最初のパンチを食らわせるが、セミプロ級のボクサーであるホームズは戒めにストレートで殴り返し、スミス嬢の名誉を守る。一対一の決闘はウッドレーの負けとなるが、ジェレミーはその前に複雑なフットワークと紳士のボクサーにふさわしい拳闘スタイルで敵を惑わせ、ノックアウトしてテーブルに倒れ込ませる。

ホームズの目の上の切り傷は名誉のしるしとなる。居酒屋の常連たちから思わず拍手が起こったことにホームズは満足し、あとでワトスンに「じつに爽快だった」と語る。

最後の段は完全なメロドラマだ――資格を剝奪された牧師は拳銃を突きつけて強制結婚を執り行ない、恋する雇い主のカラザースは逆上して卑劣なウッドレーを殺そうとし、極度のショックで気を失ったスミス嬢は危ういところを救い出される。ジェレミー演じるホームズの堂々たる態度からは、彼がこの驚くべき事件の全容を把握し、見事に解明したことがわかる。ワトスン博士が医師として怪我人を手当てする一方、二人は拳銃で悪党どもを抑えつけながら、気の毒なスミス嬢に必要な助けを提供する。「ホームズの有無を言わさない強さに、この悲劇的場面でみんなは彼の手に操られる人形のように命令どおり動いた」(「美しき自転車乗り」)。グラナダ・シリーズ

の撮影1作目となったこの作品は、ドイルの原作を正確に、そして視覚的にも見事にドラマ化していた。

最後のシーンでコカインの7パーセント溶液を打つのに使った注射器がちらりと映るのは、数々の超人的能力を持つホームズにも弱さがあることを感じさせる。しかし、ホームズを手に負えない同居人と印象づけ、本編をシリーズ当初のコミカルな感じで終わらせたのは、ベーカー街221Bから煙を噴き出させ、消防隊が呼ばれる羽目になった化学実験である。ジェレミーはこう言っている。「ホームズと同居するなんてあり得ないよ！　でも、根本的な真実として、ワトスンにはなぜか彼が必要としているものがわかるんだと思う。ホームズはキーキーと耳障りな音を立ててバイオリンを弾くし、化学実験もする――下手したら、人を粉々に吹き飛ばすか、『美しき自転車乗り』であったように、ベーカー街221Bで火事を起こすことになりかねない。要するに、彼はどうしようもない問題児なんだ」（ジェレミー・ブレット：ローズマリー・ハーバートによる「リアル・シャーロック・ホームズ」）。「ドイルがホームズの物語でほかに何を成し遂げたにせよ、彼が英文学史上最高の友情を描いた作品を残したのは確かであり、私たちはそれをかつてないほど忠実に映像化しようと決めていた」（『セルロイドの研究』のマイケル・コックス）

《ニューヨーク・タイムズ》紙はこう伝えている。「ジェレミー・ブレットのシャーロックはまったく見事なものだ――虚栄心が強く、尊大で横柄で、思いやりがない」。著書『スクリーンのシャーロック・ホームズ *Sherlock Holmes On Screen*』で、アラン・バーンズはグラナダがドイルの原作を忠実に描き、とくにシドニー・パジェットの挿し絵のカットをコマーシャルの時間やドラマのエンディングに挿入して、「ファンの想像」をかき立てたとして絶賛した。彼はドラマ化によっていかに原作に対する新鮮で刺激的なアプローチが生まれたかについて述べている。とくに「名場面」というのは脚本家が行間を読むときに生じるらしく、「最初に収録された『美しき自転車乗り』のあの名場面はまさにその好例」で、ホームズは悪党のジャック・ウッドレーと対決する。『爽快だった』という二人の対決シーンは原作ではちらりとしか出てこないので、あの組み立ては完全な創作だ。しかし、そのちょっとした短いシーンに、ピーター・カッシングの抜け目のない超人性、ジョン・ネヴィルの独りよがりな身体性、そしてベイジル・ラスボーンの際立った優位性が溶け合って一つの魅力的な完成体が生まれている」(『スクリーンのシャーロック・ホームズ』のアラン・バーンズ)

「僕は弾みがついたように糸口――冷たい仮面の割れ目――を見つけ始めた。彼の女性に対する繊細な心遣いや欠点、ちょっとした人間的要素のようなものをね。とは言え、彼は孤高の男であって生活から感情を排除しているから、ひどく演じにくいのは確かだ」(《クリスチャン・サイエンス・モニター》紙でヒラリー・デ・ブリーズに答えるジェレミー、1988年)

▼まだらの紐

シリーズ撮影2作目にして放送6作目となったのは、原作でも屈指の人気を誇る『まだらの紐』（脚本：ジェレミー・ポール、監督：ジョン・ブルース、初放送：1984年5月29日）だった。チェシャーにある大邸宅のアドリントン・ホールが、物語の舞台のストーク・モランとなった。またしても苦悩する若き女性がベーカー街221Bを突然訪れたことにより、ホームズはハドスン夫人に朝の7時15分に起こされる。さらにワトスンもホームズに起こされて、ミス・ヘレン・ストーナー（ロザリン・ランドー）は暖炉の火と朝食が用意された部屋に迎えられる。ホームズは彼女が緊急に助言を必要としていることを見て取って同情的な気遣いを示す。ドレスに飛んだ泥は、ポニーの引く二輪馬車と汽車を乗り継いで長旅をしてきた証拠である。彼女は乱暴な継父への恐怖と、姉の部屋へ移れという彼の要求への狼狽とで震えている。ホームズは彼女の愛する姉、ジュリアが結婚を目前にして不可解な死を遂げたことを打ち明けられる。深夜の口笛の音、「バンド、まだらのバンド」という姉の最後の言葉、彼女の死にまつわる数々の謎、さらに今度はヘレン自身の結婚が近づいていることから、ホームズは事態の深刻さを悟る。ミス・ストー

ナーの腕に発見した傷は継父による虐待のしるしであり、ホームズは事件に専門家の対処が必要であることを確信する。「この事件はもっと底が深い」

ドイルの原作に登場する悪党の中でも、グリムスビー・ロイロット博士は極悪人の一人で、か弱く無力で、父親に頼って生活せざるを得ない継娘を意のままにしている。彼は流浪の民のロマたちを敷地内に野営させたり、ヒョウやヒヒといった野生動物を放し飼いにしたりして、近隣の者たちとトラブルばかり起こしていた。つまり、グリムスビー・ロイロットはみずからが住むジャングルの王であり、人間社会の通常の掟は通用しない人物というわけだ。ホームズは医者が道を誤ると最悪の犯罪者になると指摘したが、実際、ロイロットは恐るべき敵となる。彼はベーカー街の部屋へ突然現れ、脅迫的な態度で娘がそこへ来た理由を教えろと要求する。彼はホームズを「出しゃばり屋のホームズ、嗅ぎまわり屋のホームズ、スコットランド・ヤードの手先のホームズ」と呼び、火かき棒をぐいとねじ曲げる。その様子は博士の凶暴さを物語っているが、彼の思惑に反して、ホームズは「おかげで大いにやる気が出てきた」。娘たちへの抑圧と虐待——一人は命を落とし、もう一人は次こそ自分だと怯えている——はまるでおとぎ話のようで、シャーロック・ホームズの作品の中でもとくに恐ろしい物語である。ホームズはワトスンにこう語る。「医者が悪事に手をそめると極悪人になる傾向がある。図太い神経と高度な知識をもった連中だからね。(中略)こんどの男はその上をいくやつだが、こっちはさらにその上をいってやるぞ。だが、今夜はかなりおそろしいことになりそうだ」[「まだらの紐」日暮雅通訳、光文社文庫、2006年、『シャーロッ

ク・ホームズの冒険』所収］

ストーク・モランでの調査は、何者かが外から侵入することは不可能で、危険の原因は壁の内側にあることを示唆していた。室内を調べると、隣り合った部屋の間に通風孔がある。博士の部屋には鍵のかかった金庫とミルクの小皿があったが、猫は飼っていないという。娘の部屋には床に固定されたベッドと音も鳴らない呼び鈴の綱──すべてがホームズのような名探偵にしか解けない謎を示していた。見つけた事実から暗示されるものを理解したのはホームズだけで、彼の存在だけがヘレン・ストーナーに安心と身の安全を約束した。ホームズの誠実なまなざしは、ジェレミーが過去に演じてきたロマンチック・ヒーローの姿を感じさせる。ヘレンをその父親から救うため、彼女の部屋で事件が起こるのを待つ間、ジェレミーの震える手と表情にはその緊張感がはっきりと表れていた。「僕は『まだらの紐』で彼の恐怖感を表現したんだ。ホームズは震えているけれど、ワトスンには背中を向けてそれを見せようとしない」（ジェレミー・ブレット：ローズマリー・ハーバートによる「リアル・シャーロック・ホームズ」）。ちなみに、ジェレミーの表情に緊張感があったのは、チェシャーを再び訪れる手間を省くため、夜が明ける前に撮影を終える必要があったという事情もある。撮影に登場した「沼毒蛇」は危険と言われていたが、その蛇はかなり飼いならされており、棒で打つシーンも蛇が映っていないところで行なわれた。ただ、エンディングのタイトル・バックでは、蛇になるべく刺激を与えないように特殊な照明を使って、その場面がリアルに表現された。ここでもまた、グラナダの撮影チームはドイルの屈指の人気作を忠実に映像化したのだった。
一方、デビッド・バークは、かつてナイジェル・ブルースが愛すべき道化を演じたように、なぜ多くの俳優がワトスン役でコミカルな演技に頼ってきたのかを理解していた。「彼らは自分に役割を与えるために喜劇に逃げる必要があって、笑いを取ることがその近道だった」と述べ、さらに「『まだらの紐』でのワトスンの台詞を数えてみたら、43語だった」とも述べている（デビッド・バーク）。ただ、ワトスンの役割が語り手から友人へと変化したことで、ドラマでのバランスが変化し、物語をとおして彼の存在感を示すため、シリーズが進むにつれてデビッドの台詞は増えた。ジェレミーは二人の関係についてこう語っている。「僕たちは愉快な名コンビだよ、だってとても仲良くやっていたからね。デビッドの気さくで愛嬌のあるところは、ワトスンという役の独特の魅力になっている。これはとても幸運なことで、従来のイメージを打ち破るのにも役立っているんだ」（『ベーカー街221bの新しい下宿人 *The New Tenant at 221b Baker Street*』）
「ホームズは謎だ。彼の生活に女性はいないし、親しい友人もほとんどいない――ワトスンだけだ。でも、僕はホームズが孤独だとはまったく思わない。彼は自分だけの時間が好きで、自分だけの空間が好きなんだと思う。孤独を超越しているんだ。そこがドイルの創作のすごいところで、彼は完全に自己充足的な人間を作り出した。ホームズの魅力の理由はそれなんだ」（《アームチェア・ディテクティブ》誌、1992年）。「僕はホームズというキャラクターが自分に向いていると思ったことはないし、なぜグラナダ・テレビが興味を持っているのかも理解できなかった。正直、僕はこの役にひどく怖気づいていたんだ。やってもどうせ失敗すると思っていた。でも、失敗したくなかった。人生にはどうしても失敗したくないときがあるものだよ。すごく辛いから。ところが奇跡が起こって、人気が出始めたんだ。海外でも売買されて、すでに60か国で放送されている。再放送だって一度や二度じゃない、三度もだ。一気にそんな展開になって、すごくエキサイティングだよ。でも、けっして簡単ではなかった。もしそうだったら、逆に僕は気に入らなかったと思う」（NPRのインタビュー、1991年）

▼海軍条約事件

ご存じのとおり、シリーズの正式な開幕エピソードは『ボヘミアの醜聞』だったが、それに向けて俳優やカメラマンなど、制作チーム全体が撮影に慣れて自信をつける必要があったため、いくつかのエピソードが先に撮影された。『海軍条約事件』（脚本：ジェレミー・ポール、監督：アラン・グリント、初放送：1984年5月8日）もそうした作品の一つだった。そのおかげもあって、グラナダのクオリティーの高さは、『ボヘミアの醜聞』で暖炉の火を見つめるジェレミー・ブレットを人々が最初に目にしたときから確立されていた。それどころか、撮影1作目となった『美しき自転車乗り』で、ホームズが愛らしいミス・バイオレット・スミスの訪問によって化学実験を中断させられた瞬間から、質の高さは確かなものだった。ジェレミーとデビッドの間には、ホームズとワトスンの素晴らしい絆が生まれていた。ロザリー・ウィリアムズ演じるハドスン夫人の役割はさらに重要で、ベーカー街221Bの日常は彼女とのたまのやり取りによる相互理解をとおして円滑に営まれていた。ロザリーはとくに思い出深いという最終章のあるシーンについてこう話している。「ジェレミーが私に花をあげたいと言ったんです。彼は小さなマリーゴール

ドをくれたわ、ささやかなお礼のしるしにね。とっても素敵でした。あれは原作にはないもので、芝居の中の出来事だったんです」。彼女が「彩り」と呼ぶそのひとコマは、ちょっとした意思表示ながらも二人の信頼関係を印象づけ、演技に豊かな余韻を残した。

本編はホームズがある男の運命を左右する「化学実験に没頭していた」（「海軍条約文書」日暮雅通訳、光文社文庫、2006年、『シャーロック・ホームズの回想』所収）ところから始まる。そこへやってきたワトスンは、まず部屋の散らかりように驚き、さらに壁に撃ち抜かれた〝V．R．〟の文字を見て、室内で銃の練習をする友人の奇癖にびっくりする。この日、ワトスンは学生時代の友人、パーシィ・フェルプスからの依頼の手紙を持参していた。それは失われた政府の重要文書をホームズに取り戻してもらいたいというものだった。外務大臣のホールドハースト卿の甥だったフェルプスは、ある重要な条約の写しを取るという秘密の任務を与えられており、その文書が失われたとなれば、国家の安全が脅かされ、大惨事に発展しかねない。シャーロック・ホームズ研究家のウィリアム・ベアリング - グールドによれば、その条約は1887年にイギリスとイタリアの間で結ばれた秘密協定に関連しており、イタリアはすでに勢力範囲であったエチオピアに隣接するスーダンおよび上エジプトでのイギリスの自由裁量権を認める代わりに、イギリスはイタリアにリビアでの同様の権利を認めるというものだった。これは同地域で覇権を争うフランスへの対抗策で、戦争を招くおそれもあった。

当然ながら、パーシィは事態の深刻さからストレスで体調を崩し、ずっと脳炎に苦しんでいたが、そんな彼をフィアンセのアニー・ハリスンが献身的に世話していた。ホームズはこの不可解な事件に大いに興味を引かれ、喜んでワトスンの友人を助けようとする――「非常に難解で複雑な事件であることは、どう見ても否定できません」〔「海軍条約文書」〕。彼は条約に関心があった者、あるいはそれによって利益を得た可能性のある者を一人ずつ調査する。文書が失われてから10週間が過ぎても、警察の捜査はどの線も行き詰まっているようで、ホームズ自身もこの事件では特殊な問題に直面する。何の手がかりもなく、明らかな方向性も見えない事件でいかに調査を進めるべきなのか、どんな探偵でも途方に暮れたことだろう。そんなとき、科学的な正確さを持ってあらゆる可能性を試すホームズは、私たちに『四人の署名』でのあの格言を思い出させる――不可能を消去したのち残ったものが、いかに突飛であろうとも真相なのだ。

一方、ホームズはスコットランド・ヤードのフォーブス警部にひどく厳しい態度を見せる。ホームズが警察の情報を利用して手柄を独り占めにしていると非難する横柄な警部に対して、ホームズは耳障りなほど激しく、鳴り響くような声で反論し、近年扱った53件のうち、自分の名前が出たのは4件だけで、残りはすべて警察の手柄になったと統計を用いて威圧する。そして最後にこう言い放つ――「犯人を逮捕したいのであれば、僕に逆らわずに協力したまえ」。ひとたびフォーブスがおとなしく従うと、ホームズは彼を同志と見なし、協力を約束する。

花であふれた病室でパーシィから話を聞いていたホームズは、1本のバラを手に取り、その美しさを叙情的に語り始める。ワトスンはホームズのべつの一面を見せられたような気がしただろう。しかし、パーシィを守りたいフィアンセは、調査をなおざりにして哲学的思索を披露するホームズに苛立ちを隠せない。ホームズはミス・ハリスンの献身的愛情が本物かどうかを確かめたかったのかもしれないが、ジェレミーによれば、それはホームズが女性を理解していたことの表れだという――「バラについて語ったとき、彼はミス・ハリスンが動揺を感じたことに気づいていたと思う」。彼女のそうした反応に、ホームズは彼女のパーシィへの愛が本物であり、文書の盗難に彼女が無関係であることを確信する。当初、マイケル・コックスはこの哲学的思索の場面をカットするつもりだったが、ホームズを思慮深く、感受性の強い人間と解釈していたジェレミーは、この場面を原作と一字一句変えずに残すことを主張した。ただ、彼の主張は全面的に受け入れられたわけではない。「バラというのはほんとうに美しい花だ。宗教ほど推理を必要とするものはありません。すぐれた推理家の手によれば、宗教は精密科学にすらなりうるものなのです。（そのほかのものは神の摂理の最高のあかしは、花のなかにこそ示されているように思われます。（そのほかのものはすべて、力にしても欲望にしても食物にしても、ぼくらの生存にとってまず第一に必要なものです。しかし、このバラは余計なものでしかない。その香りといい色といい、確かに人生を美しく彩るものではあるけれど、必要不可欠なものではありません。）そして、その余計なものこそ、まさに神のなせるわざなのであり、だからこそ、重ねて申しますが、ぼくらは花から多くの希望を与えられるわけです」〔「海軍条約文書」〕。括弧の部分は、神の摂理による贈り物の本質をさらに詳しく伝えているところで、その部分を削除するとドイルのメッセージが少し変化してしまうことに

『海軍条約事件』でのバラのスピーチ

なる。しかし、原作に忠実であることの証として要点はたしかに伝えられており、シドニー・パジェットの挿し絵に描かれたポーズもそのまま残された。原作でホームズとワトスンが列車の客車から「より賢明で、よりすばらしい未来の英国が生まれ出づる」〔「海軍条約文書」〕建物の眺めについて語る場面は、ホームズを哲学的な人間とする見方を裏づけるものだが、ここもドラマではカットされた。なぜなら21世紀のクラパム・ジャンクション駅の屋根の向こうに、ビクトリア朝時代の街並みを映し出すことは不可能だったからだ。

このエピソードは1983年の暑い8月、ウォーキングにある大きな戸建て住宅という設定で選ばれたポット・シュリグリーの民家、ポット・ホールで撮影された。ホームズは田舎の美しい風景に囲まれ、木陰でのんびりと空想にふけりながら一日を過ごした一方、失われた条約文書を取り戻すため、ミス・ハリスンの協力を得て、盗人との危険な対決に備えていた。物語の結末はドイルの描き方とほとんど変わらない。つまり、全場面をとおして原作の言葉がジェレミーの声で朗読されているかのようで、シャーロック・ホームズのドラマや映画でこれほどの忠実性が実現されたのは初めてだった。「僕は何とか監督のアラン・グリントを説得して、取り戻された条約文書に対するパーシィの反応を原作どおりにしてもらった。ずいぶん苦労したけど、このシリーズをできるだけ忠実なものにしたかったんだ」（ニコラス・ユーテチン、「ジェレミー・ブレット：テレビの最新ホームズ」、《シャーロック・ホームズ・ジャーナル》誌、第17巻、1985年）

ホームズは笑わないというイメージも少しずつ覆されていき、ジェレミーはよく笑った。実際、本編は彼のお気に入りだという。「難しい事件では彼の中でかなり緊張が高まっているだろうけど、ひとたび問題が解決されると、その緊張が少々芝居がかった形で爆発する。僕のホームズではそういう面を表現しようとしたんだ。これまで演じたエピソードの中でも『海軍条約事件』はとくにお気に入りで、あのとき初めてホームズに自分を少し重ねることができた。僕はベージュのスーツにパナマ帽をかぶって、あの輝くような夏の一日を過ごした。笑うことを許され、最後には謎が解けたと思ったホームズにちょっとしたスキップやダンスもさせたんだ。視聴者の中には賛成しかねる人もいただろうけど、僕にとっては新境地を開いたようだった」

ジェレミーはドイルの原作を徹底的に研究したことをインタビューで認めている。「シリーズが始まってからずっとこの本をそばに置いているんだ。できるだけ原作に近いものにしたかったからね。脚本家は何でも変えたがる傾向があるから、拠り所として手元にこれが必要だった。気に入らないところがあると、僕はさっと本を開いてこう言ったものだ――『原作のほうがよくないかな?』きっと僕は面倒なやつと思われていただろうけど、原作に忠実であるためには仕方なかったんだ」(ピーター・ヘイニングに対するジェレミー)。「『まったくもう、またジェレミーが本を持ち出したぞ』って言われているのが聞こえるようだ」。デビッド・バークはこう説明する。「彼は大変な完璧主義者だった。シャーロック・ホームズの本をいつも持ち歩いていたんだ、まるで聖書のようにね。だからストーリーを改変しようとする者は誰であれ、それがドラマ化のために絶対必要でないかぎり、ただでは済まなかった。彼は台詞が原作に忠実であることに目を光

らせていただけでなく、撮影の最中も、みんなが正しい服装をしているか、その動きが原作に書かれているとおりのものかをさりげなくチェックしていたんだ」（《スカーレット・ストリート》誌）

あるシーンの演じ方に悩んでいたとき、ジェレミーはこう言った。「煮詰まった時は悩みながら、マンチェスター中を歩き回った。他の人たちと話し合うこともあったし、何度も何度も台詞を読み返すこともあった。こうして、最終的にはコナン・ドイルの原作に戻るのがベストだということを悟った。この書込みの入った本を手に取り、読めば、ほら、ちゃんと答えがあるだろう」（『NHKテレビ版 シャーロック・ホームズの冒険』）

ジェレミーの衣装は、最初に《ストランド》誌に掲載されたシドニー・パジェットの挿し絵をもとにイメージされたもので、そこにはフォーマルな黒いフロックコートにおなじみのトップハットをかぶったホームズが描かれていた。「僕はかなり肩幅が広いほうなんだけど、着ているフロックコートはすごいんだ。肩幅が5センチも詰めてあって、細長く見えるようにしてある。要するに、僕にはサイズが合ってないんだけど、長さを出すために骨格にぴったり合うようにカットされている。ベストも胸にぴったり沿うようにしてあって、鉛筆のようにさらに細く見えるようになってるんだ。靴もやはり細長さが強調されている。体格としては、僕はホームズよりずっとがっちりしているし、胸板も厚い。だからほっそりと痩せて見える黒い衣装には大いに助かっているよ」（ザ・ブラック・ボックス・クラブ）

ポール・アネットは、原作の描写に合うようにカットを調整しているとき、つねに挿し絵をそばに置いていたという。シャーロック・ホームズの熱烈なファンがドイルへの敬意を感じられるように、エピソードの最後やコマーシャルの前後にスチール写真も挿入された。「このシリーズをきちんとやるつもりなら、できるかぎり原作に忠実に作って、それを見た人たちが必要ならドイルに関する博士号を取れるくらいにしたいと僕たちはみな思っていた」（『柳をしならせるように』のポール・アネット）

ビクトリア朝のロンドンのロマンチックな眺めは、産業化時代の都市の現実に取って代わられ、街は石炭の燃焼によって出る黄色い濃霧に包まれ、通りは馬車の往来と清掃設備の不足のために汚物であふれていた。グラナダのリアルなベーカー街のセットは、サルフォードのガス工場近く

にある古い鉄道建築の区域に組まれ、もともと地下室が酒と煙草の保管場所に使われていたというグラナダ本社の保税倉庫から100ヤード（約90メートル）のところにある。

ベーカー街は、行き交う馬車や通りで働く人々の喧騒と絶え間ない動きで活気に満ちていた。「ホームズとワトスンが住む上品で素敵な下宿のあるベーカー街でさえ、かつてはウエスト・エンドのおしゃれな地域というより農家の庭先のような臭いがしていたらしい。だから私はしょっちゅう、『もっと馬糞をくれ』と叫んでいるんだ」。廃線となった鉄道にコロネーション・ストリートと隣り合う形でベーカー街の建設を進めたコックス氏はそう話している（《デイリー・メール》紙の「ホームズの要素」、1983年9月27日）。

しかし、こうした忠実な再現を目指す上では不都合もあり、ホームズが麻薬を使うシーンがそうだった。ドイルは小説『四つの署名』〔日暮雅通訳、光文社文庫、2007年〕の冒頭で、ホームズがコカインの7パーセント溶液を静脈に注射し、戸惑うワトスンに対して「ぼくの頭脳は、停滞しているのが大きらいなんだ」〔『四つの署名』〕と自分の行為を正当化さえする場面を描いている。この場面は『ボヘミアの醜聞』で、テレビの視聴者に新しいシャーロック・ホームズを紹介する手段の一つとして用いられた。そこにはドイルがホームズというキャラクターについて書いたすべてが含まれていた。彼はドレッシング・ガウンを着た音楽家で、痩せて生気がなく、奇行と悪癖を持った審美家だった。それは彼が初めて完全な人格を備えた人物として描かれた瞬間であり、このホームズは理想化されたヒーローにはならないはずだった。現在では麻薬が赤ん坊の疝痛《せんつう》に処方されていたビクトリア朝時代ほど社会に受け入れられていないため、従来の脚色ではこの場面がこれほど生々しく映像化されることはなかった。「僕はホームズをできるだけ危うい感じに演じようとした」と、薬物——コカインとモルヒネの瓶16本——に囲まれたホームズを初めて披露したジェレミーは述べている（《デイリー・メール》紙の「ホームズの要素」、1983年9月27日）。

彼はべつの記者にこうも述べた。「当時はまだフロイトや心理学が登場する前で、もっとずっと乱暴な時代だった。人々は想像をはるかに超えるほど破壊的で危険だった。ホームズは自身がいわばロンドン警視庁の特別捜査班の人間で、犯罪に手を出さずにはいられない男なんだ」(《TVタイムズ》誌、1984年5月19日)

ジェレミーのキャリアは古典を中心としたものだったため、「延々と語り続ける」キャラクターを演じることには慣れていたが、そんな彼でさえ、記憶の助けとなる韻やリズムを持ったシェイクスピア作品と比べて、ドイルの物語は非常に難しく感じられた。そこで彼は集中的に暗記に取り組み、台詞が「反射的に出てくる」ように徹底して覚えることにした。「撮影が始まった頃は、準備のために朝の3時に起きていた。単なるパロディーにならないように、ストーリーの中に深く入り込んでいくには大変な努力が必要なんだ。ワンシーン演じるだけでも、私はトランポリンみたいに跳ね回っていたよ。拡大鏡をみがき、朝食をとり、メイクをほどこし、そのあいだも絶えず26ページ分の台詞を練習していた。温かい夕食を何回も犠牲にしなくちゃならないほど台詞がたくさんあった。午後の4時に撮影が始まり、ディレクターが役者に気合いを求める頃には、私はへとへとで、気合いなんかすっかりしぼんでいた」(『NHKテレビ版 シャーロック・ホームズの冒険』)。「ジェレミーはまさに完璧主義者だった。ただ、彼が腹を立てる相手はチームの中でも自分自身だけだ。みずからの高い基準に見合わないとひどく苛立っていた。彼の言葉を借りれば、『台詞で踊れる』くらい完全に台本を覚え、十分に稽古がなされている必要があった。撮影のリハーサルにはもともと4日か5日充てられていたが、彼にはそれでは足りなかった。撮影を2、

3回終えたところで、彼は私に頼むからもっと準備の時間をくれと言った。そこで私たちはスケジュールを見直し、撮影と撮影の間に週末を挟んでたっぷり8日間のリハーサルを行なうことにした。この変更にはコストがかかったし、今ではあり得ないような話だが、ジェレミーには演技に磨きをかける時間ができたようだ」（『セルロイドの研究』のマイケル・コックス）

▼ボヘミアの醜聞

撮影4作目の『ボヘミアの醜聞』（脚本：アレキサンダー・バロン、監督：ポール・アネット、初放送：1984年4月24日）は、シリーズの開幕エピソードとして放送されることになってい た。『シャーロック・ホームズ』でもっとも象徴的な二つの場面から始まる本編には、この探偵がどんな人物かを伝える『四つの署名』の冒頭の台詞とともにホームズが登場し、さらにアイリーン・アドラーが「あの女性《ひと》」として登場する。彼女はホームズの女性観を変えた。彼女の知性、美貌、オペラ歌手としての美声、そして生き方は、礼儀と品格を第一とするビクトリア朝時代のステレオタイプな女性のイメージを打ち破るものだった。

物語は田舎での数日間の滞在を終えたワトスンが、ホームズの精神状態を心配しながらベーカー街へ戻ってくるところから始まり、視聴者はワトスンが抱いた第一印象を共有することになる。彼が開いた引き出しに皮下注射器を見つけ、また麻薬をやったのかとホームズを責めることによって、それがコカインの「7パーセント溶液」であることが明らかになる。まるで観客との間の壁を突破するかのように、ホームズはワトスンと視聴者のほうを振り返り、「君も試すかい？」と

『ボヘミアの醜聞』

訊く。この場面がとくに印象的なのは、初めて見るシャーロック・ホームズがまさに非凡な紳士のようだからである。「僕の心は停滞することを嫌うのだ。だからつねに事件を待ち望んでいる。暗号を解読し、複雑な謎を解き明かしていれば、精神状態を保てるし、人工的な刺激剤などはいらなくなる。平穏な日々は憎むべきものでしかない。僕には刺激が必要だ。だからこそこの仕事をしようと思いつき、始めたのだ。世界広しと言えど、僕一人だろう。相談役にもなる私立探偵だ」（『ボヘミアの醜聞』）。ホームズがカメラのほうを振り向くまで私たちには彼の後頭部しか見えないため、待望の瞬間への期待と興奮はいっそう高まる。うしろへなでつけられた髪、面長の痩せた顔、表情のある眉――それは新たな人格へと変容したジェレミーの顔だ。そこにはロマンチックな主人公を演じてきた彼の経験も生かされている。ジェレミーには強烈な目力と、浮かんでは消えるさまざまな感情を最小限の動きによって顔に表す能力がある。そしてその独特の甘美な声は、信頼する友に内なる動機を吐露し、調査に取り組んでいないときの自分の人生は無に等しいと訴える。ジェレミーはホームズというキャラクターをつかむため、同じく冷たく閉ざされた外見の奥に孤独を隠し持ったエドワード・アシュバーナムを演じたときのように、みずからの才能のべつの領域に手を伸ばす必要があった。ホームズの冒頭のこの台詞には、そうやって得られたものが最初の一瞥《いちべつ》とともに表現されており、彼は見事に最大限の効果を与えた。

事件は、覆面をつけたボヘミアのヴィルヘルム国王が登場し、アイリーン・アドラーと二人で撮った不都合な写真を回収してほしいとホームズに助けを求めるところから始まる。調査を引き受けたホームズは、さっそく情報収集のために馬丁に変装するが、これはまさにエスター・ディーン率いるメイク班のお手柄だった。酒飲みの馬丁はシドニー・パジェットの挿し絵をそのまま再現したかのようで、ジェレミーはプロデューサーにさえ自分と気づかれなかったことに大喜びしていた。ジェレミーが自分の隣に立っていることに気づかず、その居場所を訊《たず》ねたプロデューサーによれば、「彼は飛び上がって喜んだ」という（マイケル・コックス）。のちのエピソードでも何度かあったが、ジェレミーは変装が得意で、どんな相手も納得させるだけの演技ができた。馬の背中に数回大きくブラシをかけていた彼が、今度はカメラの前でかつらを脱ぎ、眉毛を剥がし、フェイス・クリームを拭き取る。すると素顔が現われる。ジェレミーはそれがホームズの素顔というより自分の素顔になっていないかと懸念したようだが、まったくそんなことはない。彼はこの馬丁について「粗野な男に見えてじつは違う」と述べる一方、あの非国教の牧師については不愉快で、ミュージック・ホールでの大衆演劇に出てくるキャラクターのようだと思ったらしいが、こちらもシドニー・パジェットの挿し絵そのままだった。

ホームズはこの機知に富んだ女性を出し抜こうとするが、思いがけず、彼女の結婚式で証人を務めることになり、彼女はささやかな記念としてソブリン金貨を手渡して去っていく。その晩、ホームズは失業中の役者の一団を雇い、静かに暮らすアイリーン・アドラーの家の外でちょっとした騒ぎを起こさせる。ジェレミーは彼女の香水に対する自分の反応をホームズの反応に生かしたと説明している。彼女の女らしさはもちろん、「僕はその香りに完全に参ってしまった。ホーム

ズにとっては大変な衝撃だったはずだ。彼はそれまで一度も女性の胸元にあれほど近づいたことはないんだからね。彼女は甘い色香に満ちた美女だ。ゲイル・ハニカットはペンハリガンの『ブルーベル』という香水をつけていてね。ホームズは——感覚が鋭敏だから——これにやられてぼうっとなる。このときの彼の頭の中はどうなっていたのか。動揺していたのか。この女性性の猛襲こそが彼女を『あの女性《ひと》』と呼ぶ理由なのか。これはシャイな男の官能だ。彼は感情のために自分の貴重なエネルギーを浪費したくないから、アイリーンを人生から追い出そうともした。でも、アイリーンの神々しい歌声は、音楽を愛する彼にとって非常に大きな意味を持つ。ホームズは彼女に会ってから女性への倫理観を一変させるが、それには代償がともなう。問題はそれが代償に値するものかということだ」（《スカーレット・ストリート》誌、《アームチェア・ディテクティブ》誌および「リアル・シャーロック・ホームズ」）

ゲイル・ハニカットはあの美しいアイリーン・アドラーにぴったりで、完璧と言っていいほどの見事な配役だった。ホームズとの駆け引きでも大変な魅力を放ち、興味をそそるため、彼が恍惚となるのは当然である。ほかの誰とも違って、彼女はホームズの変装を見抜くが、それは彼女が写真の隠し場所を明らかにしたからというだけではない。彼女はホームズがその件に関わるかもしれないことを前々から警告されていた。「アルスター外套のすらりとした青年」〔「ボヘミアの醜聞《スキャンダル》」日暮雅通訳、光文社文庫、２００６年、『シャーロック・ホームズの冒険』所収〕に変装してホームズを家まで尾行し、大胆にも「おやすみ、シャーロック・ホームズさん」と声をかけた彼女は、さすがは「あの女性《ひと》」と思わせるだけの心意気を見せる。

「火事騒ぎで写真の隠し場所を知ったホームズは、いったんベーカー街へ帰り、翌日、国王とともに改めて彼女の家を訪れるつもりだった。ところが、彼女はそんなホームズの裏をかいて姿を消す」。彼女は名探偵シャーロック・ホームズを出し抜くことに成功したのであり、それだけでも偉業だが、そこには魅力という問題、つまり、官能的な女の魅力という問題がある。国王へのいかなる復讐も諦め、保険でもある王との写真を捨てるという彼女の決断も、ホームズが彼女に感服するもう一つの理由だ。そんな彼女の写真はホームズにとって何よりの褒美であり、彼はそれを鍵のついた引き出しに入れ、ときどき眺めては、その後もずっと大切にしている。

ジェレミーはホームズを深く掘り下げるにつれ、キャラクターについて新たな発見をしていた。「『ボヘミアの醜聞』で、僕はホームズも笑うということを発見したんだけど、あの回ではちょっとやりすぎて笑ってばかりいた。とても興奮していたんだ。それまではちらっと笑みを見せるのがやっとだったからね」（《ビデオ・トゥデー》誌のジェレミー）。彼は人々にわくわくするような新しいホームズ像、新しいワトスン像を届けようとしていた。「ワトスンにはホームズが『ありがとう』と言えない性質《たち》であることがわかっている。彼は『おやすみ』も言えないし、『助けて！』も言えない。でもホームズは、『ボヘミアの醜聞』のときのようにさりげない気遣いを見せて、ワトスンに『来てくれると思ったよ。ほら、葉巻だ』と言ったりする。こういうちょっとしたことが大きな意味を持つんだ。僕はホームズがどんなにワトスンを必要としているかを無言で示そう

とした。もしワトスンがいなかったら、ホームズはとっくに死んでいるだろう」（ジェレミー・ブレット：ローズマリー・ハーバートによる「リアル・シャーロック・ホームズ」）。デビッドも二人の関係をこう考えていた。「私には、彼はとても純粋な人物に思えた。うぶといってもいいぐらいにね。ナイジェル・ブルースはこの役を、主に喜劇風に演じた。特徴付けとしてはとてもうまかったと思うが、ちょっと喜劇的過ぎたかもしれない。バランスを取りたいと思ってね。喜劇的な面も演じられるようにしたかったし、かなり偏狭で激しさのあるホームズと、のんびりして優しい性格のワトスンという対照を目立たせようとした」（『シャーロック・ホームズ完全ナビ』［日暮雅通訳、国書刊行会、2016年］でダニエル・スミスに答えるデビッド）

デビッドはワトスンの役割を変化させた。グラナダ版で描かれたこのホームズの伝記作家の人物像は、彼が書いている伝記の主人公と対等の立場にある聡明な軍人というものだった。彼は推理術においてはホームズに学ぶ立場だったかもしれないが、豊富な軍隊経験を持つアフガニスタン帰りの立派な医師であり、友人のそばで怪我人や無実の目撃者に対応したり、同情やちょっとした優しい言葉を必要としている女性に接したりする場合、不可欠となる重要な知識を持っていた。

《ガーディアン》紙も本編を絶賛している。「〈シャーロック・ホームズの冒険〉――未放送のものも含めて全7話のドラマ・シリーズ――は、非常に上質な作品だ。手で触れたら指紋がつきそうなくらい磨き上げられているから、むやみに触らないこと。ただ、甘美なまでに贅沢な時間つ

ぶしとしてはお勧めできる。シャーロック・ホームズをそんなふうに楽しめるというのは最高の褒め言葉だ」（《ガーディアン》紙のナンシー・バンクス＝スミス、1984年4月25日）。《タイムズ》紙も同様だった。「全7話の1時間ドラマからなるグラナダ・テレビの新シリーズ〈シャーロック・ホームズの冒険〉が『ボヘミアの醜聞』によって幕を開けた。もしこの『ボヘミアの醜聞』が基準になるならば、コナン・ドイルは安泰だ。やるに値する仕事は徹底的にやるというプロデューサーの方針に従って、ベーカー街の街並みは大掛かりに再現された。ブレット氏は、画家のシドニー・パジェットの挿し絵でおなじみとなったポーズを取り入れたほか（必須ではない要素）、この探偵の鷲のように鋭い表情をよくとらえている（必須の要素）。バーク氏のワトスンは、ナイジェル・ブルースが演じたような目を丸くしてへまばかりする男ではなく、ホームズの忠実な伝記作家としてふさわしい知性を備えた医師だ。自由奔放なアイリーン・アドラー役にゲイル・ハニカットを選んだのは、これ以上ないほど見事なキャスティングだった」（《タイムズ》紙、1984年4月24日）

「ホームズ役のジェレミー・ブレットは冒頭から素晴らしい。本作での彼の見事な演技は一瞬にして私を虜《とりこ》にし、今後の40話に大きな期待を抱かせた。その間に私は彼こそホームズの決定版だと認めるようになるだろう。彼がいるだけでどのエピソードも眼福だった」（IMDb）。「ブレットはこれまでにないタイプのホームズを演じている。依頼人であれ悪党であれ、愚かな大衆に対しては傲慢と思えるほど手厳しいが、自分と自分の力を本当に必要としている人々への共感は、表面的にいかにそっけなく見えても本物である。彼はソーシャル・ワーカーではないので、仕事を正確に進めるために厳然たる事実のみを依頼人に要求する。人々が彼のところへ来るのは謎の解明のためであって、同情や励ましを得るためではないからだ。ワトスンに対する大いなる信頼と友情もあらゆる形でさりげなく示されている。ここでのワトスンは道化ではなく、天才的なホームズに対してどこまでも平凡な男である」（《ベーカー・ストリート・ジャーナル》誌のケイト・カールソン・レッドモンド）

▼踊る人形

『踊る人形』（脚本：アンソニー・スキーン、監督：ジョン・ブルース、初放送：1984年5月1日）は、ドイルが自身の短編ベスト12選で第3位に挙げた物語のドラマ版で、ファンの間では指折りの人気作、マイケル・コックスにとっては会心の作となった。本編がこれほど満足すべきものとなったのは、ノーフォークの代わりにランカシャーのレイトン・ホールという絵のように美しい場所が選ばれたせいばかりではない。それは「へんな人形がたくさん紙の上で踊っている」［「踊る人形」日暮雅通訳、光文社文庫、2006年、『シャーロック・ホームズの生還』所収］ような絵が屋敷の庭のあちこちに描かれるといった謎のせいでもあり、その絵はなぜか屋敷の女主人を激しく動揺させる。いったい誰がそんな絵を描いたのか、そしてなぜそれがそんな不安を引き起こすのか……。ウィリアム・ベアリング-グールドによれば、「一九〇三年、サー・アーサー・コナン・ドイルは、ノリッジ近郊のヘイズバラのヒル・ハウス・ホテルにほんのしばらくの間滞在していた。署名帳に記帳を求められた時に、彼はそのホテルの経営者の息子で七つになるG・J・キュービットが、自分の名前と住所を『踊る人形』で書いているのを見つけた。その後、『踊る人形』の

物語を書くにあたって、コナン・ドイルは『踊る人形』とキュービットという名前を、物語の中心に置いたのであった」（『詳注版 シャーロック・ホームズ全集8』〔コナン・ドイル著、W・S・ベアリング・グールド、解説・注、小池滋監訳、筑摩書房、1997年〕）

ドイルの原作にできるだけ忠実であろうとしたジェレミーは、当初、台本には含まれていなかった冒頭のやり取りをぜひ本編に加えたいと考えた。原作の台詞をそのままホームズとワトスンに語らせるという試みで、彼は昼休み中に準備と暗記を行ない、見事にワンテイクでそのシーンの収録を終えた。「僕は『踊る人形』の最初の1ページ半を原作から丸ごと取り出したんだけど、そうさせてもらえたのは監督のジョン・ブルースのおかげだよ。『反射的にできるようなら、やってもいいかい？』と訊いたら、『試してごらん』と言ってくれたんだ」(《アームチェア・ディテクティブ》誌)。このシーンは、南アフリカの株に投資しないことにしたワトスンの決断についてホームズが推理を披露する場面で、ワトスンは説明を聞いても「何だそんなことだったのか」と言わないように釘を刺されていたにもかかわらず、説明を聞いた途端にうっかりそう口走ってしまう。こうしたユーモアは二人の関係性を定義する助けとなっている。ジェレミーの勝ち誇ったような一瞥と「パン、パン、パン、パン」は、やっぱりねと言わんばかりの反応だ。そこでワトスンは仕返しに、ホームズは依頼がないと決まって憂鬱になるか、コカインに逃げるかだとからかい、「シャーロック・ホームズは陽気である、それゆえにシャーロック・ホームズは事件を抱えているに違いない!」という必然的な結論に達する。これらのシーンからは、二人の無邪気なやり取りやワトスンの懐の深さが生き生きと伝わってくる。

ヒルトン・キュービット氏が自宅周辺で奇妙な人形の絵を見つけたとしてベーカー街へやってきたとき、3年間の幸福な結婚生活が損なわれた氏に対してホームズは少しも同情を示さなかった。ただ、シカゴからの手紙が封も切らずに暖炉で燃やされたことはたしかに不可解で、なかでもホームズが気になったのは、キュービットがけっして妻に説明を求めようとしなかったことだ。過去について尋ねることを「それはできません、約束ですから」と頑なに拒む彼の姿勢は、やがて大きな悲劇を招くことになる。ホームズは絵を写し取ったメモを解読しようとするが、その暗号を解くにはもっと例文が必要だった。

子供の落書きのようにも見える絵の謎を解くため、ホームズはベーカー街の部屋に黒板を用意し、慎重に線を描いて解読の進展ぶりを記録する。そして新たな絵の写しが届くにつれて、メッセージが明らかになる。『踊る人形』の頃までに、ジェレミーとデビッドはコンビ役として理想的な関係を築いていて、本編の暗号解読をめぐっても大いに盛り上げてくれた。ワトスンが暗号に関するホームズの論文をこっそり読むという場面も、二人のアイデアだったのではないかと思う。彼らが喜んでやりそうなことだからね」（『柳をしならせるように』のマイケル・コックス）。ワトスンがじつはその論文をまだ読んでいないことはホームズに隠されているが、いずればれるのは明らかだった。これらのシーンはホームズの手法を具体的に示すと同時に、仕事中は友人に静粛を求めるなど、ホーム

ズとワトスンの関係性を物語ってもいる。一方、単語の区切りを意味する旗の記号の実演は、頭を酷使する作業にちょっとした息抜きをもたらし、ジェレミーが踊る人形をまねてユーモラスな身ぶりを披露する機会にもなった。

ジェレミーはもともと左利きだったため、右手で紙に何か書くのは難しかった。そこで原作にある何枚かの紙の代わりに黒板が用いられた。手の代役が使われたとも言われたが、マイケル・コックスによれば、ジェレミーは本編のために粘り強く右手で頑張り、練習を重ねてものにした。こうした意志の強さは彼の俳優としての優れた長所の一つであり、シリーズをとおして何度も見られる。おかげで苦労はしたものの、原作に忠実なホームズを維持することができた。

キューピットの妻の名がエルシー（Elsie）であるという事実は、Eがアルファベットでもっとも頻繁に使われる文字であることから、メッセージの解読に重要な鍵をもたらす。ところが、終盤でワトスンがその解読の鍵についてマーティン警部に説明するシーンでは、ホームズはそばで見ているだけでまったく口を挟まない。たしかに、ここでホームズ自身が説明していたら、みずからの手法を明かして馬鹿を見た『赤髪連盟』のときのように、彼の評判が落ちることになったかもしれない。とは言え、ワトスンではなく、ホームズ自身の口から説明を聞けたら、このシーンはもっとドラマチックなものになったと思うと残念である。

原作の綿密な研究から、ホームズが超人的な推理力を持つ天才であるという結論に達していたジェレミーは、しばしば動いている馬車から飛び降りたり、ソファを飛び越えたりといった俊敏

な身のこなしによって、こうした面を表現した。踊る人形の新たな例文を記した手紙が来たとしてソファの背を衝動的に飛び越えるシーンは、事態の緊急性を示している――「エルシー神に会う準備をしろ」というメッセージは脅迫そのものだ。彼はすぐさま決意を固め、行動を起こすべく、踊る人形のメモをつかみ取ってワトスンとともに部屋から駆け出す。薄いグレーのスーツに合わせたホームズの鹿撃ち帽は、彼がいかにも田舎を訪れている――町中で鹿撃ち帽をかぶっている紳士は一人もいない――という印象を与え、このエピソードのアクセントとなっている。これは原作にないにもかかわらず、あとからホームズのトレードマークとして加えられた装飾はできるだけ排除しようという制作チームの判断だった。

ダービシャーにあるキュービットの屋敷、リドリング・ソープ荘に到着したホームズは、ヒルトン・キュービットが殺され、妻が重傷を負ったという予想外の知らせを聞く。マーティン警部の考えでは、エルシーが夫を殺した後、自殺を図ったのではないかという。ドイルの原作で、ホームズが対応を先送りにしたために依頼人を死なせたケースは、本件のほかにはもう一件だけだ。対応が遅れて悲劇を阻止できなかったホームズは、せめて正義が行なわれるようにと尽力する。ここからの調査と解決は探偵として最高の仕事ぶりだった。ホームズはいくつかの説を検討して仮の結論に達し、屋敷の使用人への聞き取りから推理の裏づけを得る。階下からの火薬の臭い、窓枠に残された弾丸、そして正確かつ優美なバレエ・ダンサーのような動きで行なわれる窓外の砂利の捜索は、ホームズが警察の近代的手法を用いていることを示し、彼をまさしく名探偵として定義させる。踊る人形の暗号を使って悪党のエイブ・スレイニーをおびき出し、このシカゴ暗黒街の凶悪なギャングと対決するシーンはメロドラマのような興奮をもたらし、スレイニーはほかの男と恋に落ちたエルシーへの未練を吐露する。

デビッド・バークとエドワード・ハードウィック、二人の異なるワトスン博士のうち、どちらを選ぶかと訊かれて、ジェレミーはこう答えている。「選ぶなんてできないよ。二人ともそれぞれに素晴らしかった。僕には好きなシーンがいくつかあるんだ。たとえば『踊る人形』で、僕のことを知らない地元の警察に対して、デビッドが前に立って『こちらはシャーロック・ホームズ』と代わりに紹介する場面とかね。『最後の事件』での演技も感動的だった。それに『空き家の怪事件』で、エドワードが帰ってきたホームズを見て気を失い、それからいかにも安心したように喜ぶシーンもじんときた。彼の弱さが表れていたから。『マスグレーブ家の儀式書』でも見事だったし、僕と息がぴったり合っていた。本当のところ、エドワードはワトスンを演じることに気乗りしていなかったんだけどね」（《スカーレット・ストリート》誌）

▼まがった男

サンドハースト士官学校で撮影された『まがった男』（脚本：アルフレッド・ショウネシー、監督：アラン・グリント、初放送：1984年5月22日）は軍隊に関連した物語で、ホームズは大佐の突然の死について調査するため、連隊が駐屯するオルダーショットに呼ばれるが、兵舎でのホームズの態度は横柄でそっけない。ジェレミーは父親のウィリアム・ハギンズが大佐だったことから軍隊にはなじみがあり、いつも父の功績を大いなる誇りとしていたため、彼が本編でホームズの反応を歪めて表現したとは思えない。しかし、黒いロングコートにトップハット姿でステッキを振りながら練兵場を闊歩する様子やマーフィ少佐への冷淡な接し方は、ホームズが軍隊に対して反感を抱いていたことを示唆している。スキャンダル絡みということで少しは正当化されるかもしれないが、ホームズは反感どころか軽蔑さえ表し、事件を解決したいなら「ことの次第を話していただかないと」と苛立つ。彼の声のトーンやスタッカートの利いた話し方は少佐との面会に不穏な空気をもたらし、間を取り持つワトスンをひどく戸惑わせる。ホームズのこうした態度については、ドイルの原作に従ったものではないためジェレミーもデビッドも混乱し、脚本を

めぐってはさまざまな議論があったと言われているが、本編が力作であることは間違いない。ジェレミーはこう語っている。「僕は傲慢な人間が好きじゃないし、利己的なのも好きじゃない。相手に高圧的な態度を取るホームズのようなのは大の苦手だ。ただ、ホームズがいくら横柄でも、ワトスンにはその理由に理解を示すだけの思いやりがある」（『ベーカー街221bの新しい下宿人』）

このエピソードは、英国陸軍でもっとも有名なアイルランド連隊の一つ、ロイヤル・マローズ連隊のバークレイ大佐が「殺害されたらしいという事件」［「背中の曲がった男」日暮雅通訳、光文社文庫、2006年、『シャーロック・ホームズの回想』所収］から始まる。クリミア戦争やインド大反乱での彼らの功績は目覚ましいもので、ジェームズ・バークレイはその武勲によって将校に昇進した。「明るくて、活発で、とても魅力的な」ナンシー・デボイ嬢と結婚した後も、彼はさらに出世を続け、とうとう司令官にまで任命された。こうした華々しいキャリアにもかかわらず、バークレイ大佐は急にふさぎ込む癖があり、憂鬱な気分が何日も続くこともあった。いつもは陽気な彼がときに粗暴な一面を表し、とくに若い下士官に対しては過酷なほど非情だった。そのうえ、妙に迷信深いところがあり、日が暮れてから一人にされることをひどく嫌った。ある晩、鍵のかかった扉の向こうで、大佐と妻のナンシーが激しく言い争う声が聞こえた。次の瞬間、凄まじい雷鳴と耳をつんざくような悲鳴がして、急に静かになった。異変を感じた従卒が鍵のかかった扉をあきらめてテラスの窓から部屋へ入ってみると、恐怖に顔を歪めた大佐が暖炉の囲いの脇に倒れて死んでおり、そばの長椅子にバークレイ夫人が気を失って倒れていた。

続くシーンではいつもと違うホームズを見ることができる。まず、彼は今回の事件の性質を示唆するワトスンの見解――「暑いところじゃ、士官や奥さん連中の軽い浮気ってのはざらにある話だからね」――に嫌悪感を示し、「軍隊内の風紀に関することはよくわかったよ、ありがとう」と曖昧な返事をする。これに対して、メイドを尋問するときの誘いかけるような様子は、ホームズのもっとも魅力的で説得力のある一面だ。「お二人の口論を聞いたことはないかね？」という質問は、大佐とバークレイ夫人の間で日常的にいさかいがあったのではないかという疑念を表している。さらにホームズは、バレエ・ダンサーのような優雅な動きでテラス周辺を調査し、侵入者の足跡をたどって芝生を走り抜ける。鳥かごにカナリアを発見したことから、一人の人物が何

か「肉食獣」を連れて窓から入って出たという結論が導き出される。真実を追うホームズの機敏な動きはここでも見ることができ、物語が展開するにつれて、気まぐれにも見える彼の手法は一つの形をなし、ホームズはやはり信頼できると思わせる。ちなみに、いつもの身のこなしで再び部屋へ戻ってきたジェレミーが、無意識に髪をなでつける仕草は演技に深みと趣を添えている。

一方、ナンシーの友人ミス・モリスンとの面会は解決への糸口となり、マングースを連れた背中の曲がった男の存在が明らかになる。「お友達を裏切るようなことを言うわけにはまいりませんわ」という彼女の言葉は夫人への純粋な義理立てだったのだろうが、ホームズから夫人が勾留中で夫の殺害の嫌疑をかけられていることを知ったミス・モリスンは、「私、彼女とのお

約束を破ります」と考え直し、真の友情のために約束を犠牲にする。軍の兵卒が集まる酒場でヘンリー・ウッドと連れのマングース、テディを見つけるシーンは見事な描写で、説得力がある。軍服姿の男たちの中で浮いていたホームズとワトスンだったが、背中の曲がった男はそんな二人に、かつて凛々《りり》しい若者だった自分を醜い老いぼれに変えた苦難の過去について語り始める。ウッドの話はインド大反乱に巻き込まれた男の悲惨な記憶だったが、もっと重要なのは、それが大佐の死を引き起こした愛と裏切りの記憶でもあったことだ。「これは時の試練に耐えてなお胸を締めつけるような愛の物語である。ナンシーを得るためにライバルを確実に死へ追いやろうとしたバークレイが、嫉妬と権力の乱用によって引き起こした悲劇的な出来事だ。こうした背景を知らされると、バークレイが苦悩に苛まれた不幸な男として卒中で死ぬの

は当然の結果に思える」（《タイムズ》紙のリン・トラス）

鍵のかかった扉の向こうから聞こえた「デービッド（David）」というバークレイ夫人の叫び声は、旧約聖書のダビデ（David）とバテシバの物語――イスラエルのダビデ王がヘト人ウリヤを進軍の最前線へ送り、彼を死なせてその妻を自分のものにしようとした〔旧約聖書サムエル記下11章14～17節〕――にもとづいていた。帰宅してすぐに聖書を調べたホームズは、事件の暗示となったこの一節についてワトスンを試さずにいられない。ところが、ワトスンはこれに対してちょっとした仕返しをする。「私たちは作家や俳優によって長年の間に加えられてきた決まり文句を使わないようにしている。だから『初歩だよ、ワトスン君』という台詞もない。原作でホームズは一度もそんなことは言っていないからだ。でも、本編の最後では、ホームズとワトスンを入れ替えてこう言わせている――『初歩だよ、ホームズ君』」（『ベーカー街221bの新しい下宿人』のマイケル・コックス）

一方、細かい部分まで原作どおりに再現することは不可能という理由から、ストーリーが改変され、ひっくり返されることには大きな反発もあった。ジェレミーとデビッドがひどく驚いたのは、ヘンリー・ウッドが街灯の下で初めてナンシーを見つけ、彼女が自分を陥れた男と結婚したとも知らずに、かつての恋人の名を叫ぶという悲しいシーンが失われたことだった――「ややっ、ナンシーじゃないか！」〔「背中の曲がった男」〕。この場面は貧しい人々への慈善活動という現実的な設定に置き換えられたため、納得できない二人は抗議した。「もう少しで血を見るところだったし、涙も流した。残念ながら、僕たちは闘いに負けたんだ」（デビッド・バーク）。ジェレミーは憤慨し、さらに一歩踏み込んだ。「『まがった男』に取りかかる頃には、ストーリーがしばしば原作からかけ離れるようになってしまって、僕は失望した。脚本家は僕に間違いを指摘されるのをひどく怖がっていたようだけど、僕は彼らのところへ行って、これ以上原作から逸脱するなら手を引くと言ってやった。最初の13話はやると約束していたから降りるわけにはいかなかったけど、胸が張り裂けそうだったよ」（《シャーロック・ホームズ・ガゼット》誌）

このエピソードはとくに映像化が難しかったらしく、マイケル・コックスは本編を第1シリーズに入れるために相当な説得を要したようだが、批評家たちには大好評だった。「調査の主要部分はショウネシーの脚本によってホームズらしい尋問シーンが演出されていて面白いし、演技も素晴らしい。ブレットはその滑らかな声と説得力のある口調、魅力的な笑みによって、口の堅い目撃者から真実を引き出すべく独特の誘うような雰囲気を表現している。さらに、猫のように入念にテラスを調べてから猟犬のように芝生を大股で横切っていく姿には、ホームズを駆り立てている動物的な追跡本能が感じられる。デビッド・バークについても、ショウネシーがワトスンに与えた積極的な役割を強い信念と行動力を持って演じている。チーム全体の努力のおかげで、本作はドイルの短編を最大限に生かし、ホームズらしい調査の基本的要素を保持したまま、その悲哀や異国情緒によって見る者の感性と想像力を魅了する」（arthur-conan-doyle.com）

「もしホームズのDVDを一枚だけ買うとしたら、これにするべきだ。もしホームズのエピソードを一話だけ見るとしたら、『まがった男』にするべきだ。なぜなら、本作は最高の出来だからである。ここには真のホームズとワトスンがいる。ブレットのホームズ――気難しくて、気取り屋で、気まぐれで、無作法で、横柄で、性急で、それでも魅力的な――は、原作をこれ以上ないほど深く理解して初めて引き出されるものだ。これまでも同じ台詞に同じような努力がなされてきたが、こんなに成功した役者はいない。ほかのどのホームズも、何かに取り憑かれたような非凡な頭脳、狂気と天才が紙一重のところにある頭脳を表現したブレットの演技には及ばない」(IMDb)

▼青い紅玉

クリスマスの物語である『青い紅玉』（脚本：ポール・フィニー、監督・デビッド・カースン、初放送：1984年6月5日）は、残念ながらクリスマスの番組表には入れられず、6月に放送された。グラナダ側に計画性が欠けていたせいで、ガチョウやヒイラギ、ガメジズ百貨店で買ってきたプレゼントの包みといったビクトリア朝時代のクリスマスの雰囲気を味わう楽しみが失われた。オープニング・クレジットでは、20年前に発見されたというブルー・カーバンクル《青い紅玉》の忌まわしい歴史が紹介され、今度はその因縁の宝石が未亡人のモルカー伯爵夫人のもとから盗まれる。しかし、冷淡でよそよそしい伯爵夫人が宝石の盗難に逆上して叫び声を上げても、不思議と同情は起こらない。本編での人々の同情は、宝石を盗んだとして捕まった無実の配管工ジョン・ホーナーに向けられた。ちょっとした手間仕事で呼ばれた彼が濡れ衣を着せられたのは明らかだったからだ。そうしたわけで、ホームズが調査に乗り出し、事件の背景が解き明かされる。

その日、ワトスンが早起きしてプレゼントを買いに出かけた一方、まだベッドの中にいたホームズはハドスン夫人に依頼人だと言って起こされる。たいていホームズのほうがワトスンを起こ

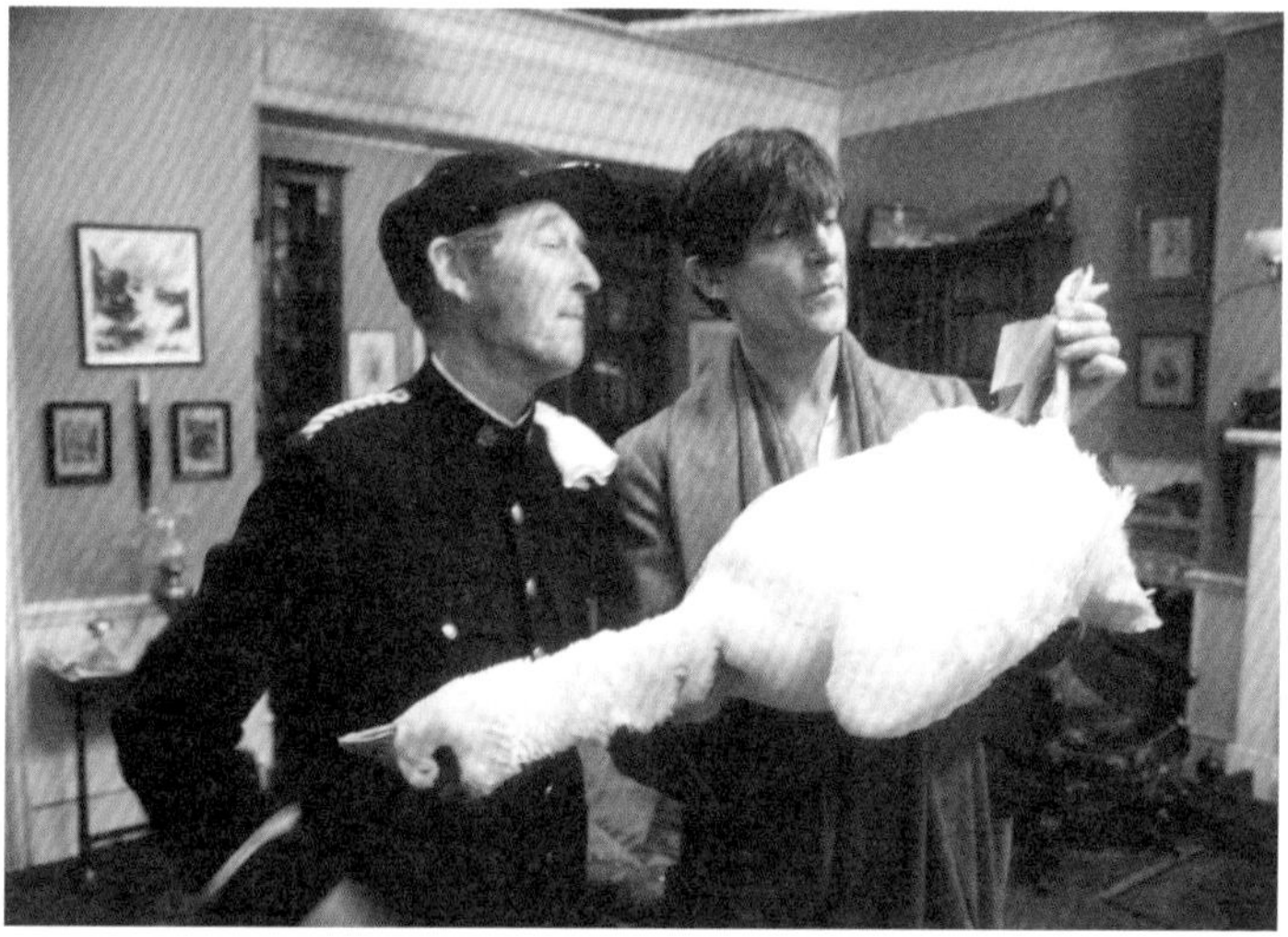

すので、彼が揺り起こされているシーンは珍しい。また、目覚めの一服のために必死でマッチを探す様子もユーモラスで、ニコチンを欲するホームズの気持ちはジェレミーにもよくわかるようだ。居間でガチョウとフェルトの山高帽を手にして立っているメッセンジャーのピータースンに対する彼の態度は、緻密に作り込まれたディテールとユーモアに満ちていた――まさにパジェットの挿し絵がそのまま再現されていた。
事件はピータースンがひょんなことからこの二つの品を拾ったところから展開する。それは殺人とは関係ないものの、一つの疑問を投げかける――なぜガチョウと古帽子の持ち主はそれらを放り出して逃げなければならなかったのか……。身元の手がかりとして残されたのは、ガチョウの足についていた「ヘンリー・ベイカー夫人へ」というカードだった。ジェレミーはこ

のシーンでホームズの演技に自分なりのユーモアを盛り込み、絶賛された。「クリスマスを祝って」気前よく飲み物を出したり、早めに調理する必要がありそうなガチョウをプレゼントしたりして、ピータースンに手厚くお礼をして彼を帰らせる。相手は押し出されるように部屋を出されたことに気づいていないようだった。

このブルー・カーバンクルの盗難事件をめぐる物語の原作は、ワトスンがクリスマスの二日後にベーカー街へやってくるところから始まる。驚いたことに、ホームズは紫色のドレッシング・ガウンを着てソファにもたれ、手の届くところに拡大鏡とパイプ立てを置いて、「かなり使い古してあちこち破れ目のある、みすぼらしいフェルトの帽子」〔「青いガーネット」日暮雅通訳、光文社文庫、2006年、『シャーロック・ホームズの冒険』所収〕をしげしげと眺めていた。グラナダ版ではこれがクリスマスの数日前に繰り上げられ、ホームズが古帽子とその持ち主に関して確信に満ちた鋭い分析をする一方、ワトスンは古帽子について友人の推理を裏づけるような重要な点は何も見出せず、曖昧なコメントをする。ホームズの観察によれば、持ち主は「かなり知性のある」男だが「いまは落ちぶれて」おり、「細君との夫婦生活もうまくいっていない」ということだが、ワトスンはこれに同意しかねるようで、「言いすぎじゃないか？」と笑う。二人のこの楽しいやり取りからは友情の深さが伝わってくる。

もっとも苦労したエピソードはどれかと訊かれたジェレミーは、この『青い紅玉』を挙げている。理由はシドニー・パジェットの挿し絵だ。「じつに素晴らしいもので、ホームズがソファに斜めにもたれかかっているんだ。おかげで僕は1日半、その体勢でいなくちゃならなくて、撮影が終わってもまっすぐ立ち上がれないくらいだった。たしかに見事な推理による作品だし、人はたいてい間違った思い込みをする。でも、あれはとくに骨の折れる撮影だったよ」（zomboscloset.com）。そんな苦労にもかかわらず、彼が本編でホームズ役により自信を深めていたのは明らかで、ここではジェレミーとホームズがうまく融合している。実際、唇に人差し指を当てるといった特有の癖が現れ、微笑や笑いが計算ではなく、より自然な反応として出ている。ヘンリー・ベイカー氏の帽子をかぶり、自分の耳が隠れるほど氏の頭が大きいことを見せるシーンは、彼の知性が帽子の持ち主の知性よりも明らかに勝っているからこその印象的な場面だ。また、ブルー・カーバンクルの発見という劇的なハイライトを迎えるにあたっては、ガチョウが生き返って空へ飛び去ったのかといった愉快な想像も披露される。宝石泥棒の犯人の追跡は証拠と個人的経験を見事に駆使した結果で、ベーカー街の部屋へ現れたヘンリー・ベイカー氏は、帽子の持ち主に関するホームズの同情的分析をすっかり裏づける。ベイカー氏が犯人でないことは明らかで、彼はガチョウが食べられてしまったと知ってひどくがっかりするが、代わりのガチョウをもらうと満足して退場する。

やがてホームズとワトスンは、見失ったガチョウの居場所を突き止めようとするジェームズ・ライダーに遭遇する。この部分は原作どおりに描かれており、ジェレミー演じるホームズの自信と貫録が物語をさらに楽しいものにしている。ワトスンのほうも、ガチョウが町育ちか田舎育ちか

をめぐる賭けに勝利し、調子に乗って賭け金5ポンドを要求する。ホームズはガチョウの行方を餌にジェームズ・ライダーをベーカー街に誘い込むが、そこで様子が一転し、ホームズは獲物を追う捕食者となる。最初はライダーにその粘り強さへの褒美として宝石を差し出すが、すぐに態度を翻し、彼の卑劣な窃盗行為を容赦なく非難する。こうして犯人を捕らえたホームズは、打ちのめされたこの男から残りの嘆かわしい話を聞くと、いつになく怒りと嫌悪を露わにして彼を放免する。ホームズの目的は、地元の警察署に勾留され、憐れにも有罪判決と「七年の懲役刑」〔「青いガーネット」〕を待つ無実の男、ホーナーを釈放してやることだけだったからだ。ホームズが法に反する行為をするのは本編がシリーズで初めてである――彼は実際には「重罪を犯している」のだが、それはジェームズ・ライダーの魂を救うために「重罪を減刑し

てやっている」と言ったほうが正確だろう。

ジェレミーは優れた役者であると同時に、優れた技術者でもあった。撮影の仕組みをよく理解していた彼は、機会があればいつでもラッシュを見た。舞台裏の写真には、しばしばカメラのレンズを覗き込み、そのシーンの照明の具合や構図、自分の立ち位置などをチェックする彼の姿が見られる。『ステージ・ストラック *Stage Struck*』という小冊子で、彼は映像作品を幻灯機《マジック・ランタン》のようで魅力的だと述べ、グラナダの8人のチームが一つの石を「青い紅玉」として映し出し、「みごとなものだ。ほら、こんなにきらきら輝いている」〔「青いガーネット」〕と言わせるだけのものに見せるため、いかに連携して撮影に取り組んだかに触れている。それはカメラによって演じられた一つの役であり、「カメラのスティーブ・オクスリーが石にピントを合わせる」一方で（ポールとマイクが）「トラックを回し」、音声担当とブーム係が控えるなか、（レイ・グードが）完璧な照明を当てて、青いガラスのかけらを「まさに息をのむような」「素晴らしい宝石」に変えたのだった。

ジェレミーは演技に新たな可能性をもたらすカメラの近さに興奮すると同時に、こうした絶妙な瞬間を生み出すカメラの自由さにも興奮していた。「それは巨大なモザイク画を作り上げるようなものだ。カメラがごく近くにあるから、役者は緻密な表現がいろいろできるし、一言も発することなく、表情だけで気持ちを伝えることができる。すごくエキサイティングだ。たとえば、ワトスンが急に部屋の反対側のホームズを見るというショットから、視聴者は彼が心配しているんだとか、また旅に出ているんだとかいったことがわかる」。ホームズとワトスンが視線を交わし、互いに相手の考えていることはわかっていると伝え合う……そんな瞬間をチームはいつも求めていた。演技に対するこうした新たなアプローチに加えて、現場の空気はスタッフの間に連帯感をもたらした。ジェレミーはそれを独自のやり方で促し、作品の成功をみんなで喜べるようにチームの絆を深めていった。「撮影とは不思議なものだね。15人もの人間が究極の瞬間を映像に収めるという同じ目的のために働いているなんて感動的だ。これこそ真のコミュニケーションだよ」(「初歩 Elementary」)

そうしたコミュニケーションはスクリーンを離れても続いたようだ。「撮影スタッフはジェレミーのためなら何でもやっただろう。これには二つの理由がある。一つは彼が仕事に関してプロに徹していたということ、もう一つは彼がスタッフ一人一人を個人的に知っていたということだ。彼は初日の撮影が終わる頃には全員の名前を覚えていたばかりか、誰の車が車上荒らしに遭ったかとか、誰の赤ん坊が病気かとかいったことも知っていた。しかもそれは相手に取り入るための策ではなく、純粋な気遣いからだった」(《シャーロック・ホームズ・ガゼット》誌のマイケル・コックス)。ジェレミーのボディーガードだったトニー・エアーズの息子が飼い犬を亡くしたときも、ジェレミーは新しい子犬をプレゼントして、その子を大喜びさせたという。

撮影のラッシュを一緒に見ようとエドワード・ハードウィックを誘ったとき、ジェレミーは彼に断られて驚いたが、その理由は個人的なものだった。「僕は撮影の途中でラッシュを見るとひどく自信を失うんだ。でも、ジェレミーはよくこう言っていた。『そうだね、でも自分のためだけに見るわけじゃない。照明や音声、スタッフみんなが励ましを求めている。だからラッシュを見れば、翌日、彼らのもとへ行って「すごくよかったよ！」って言ってあげられるんだ』」（《アームチェア・ディテクティブ》誌）。1992年のグラナダ・テレビでのスピーチで、ジェレミーはスタッフや電気技師だけでなく、フィルム・エディターや作曲者、セット・デザイナー、システム・ディレクター、プロダクション・マネージャー、リサーチャー、スクリプト・エディターといった各分野の専門家一人一人に敬意を表したうえ、「僕の素晴らしいメイクアップ・アーティスト」としてスー・ミルトン、そして「この国最高の衣装デザイナー」としてエスター・ディーンに特別な賛辞を贈った（チャールズ・アレン、グラナダ・テレビ）。

一方、ワトスン役にデビッド・バークを選んだことは、ホームズ役にジェレミー・ブレットを選んだことと同じくらい重要だった。マイケルはこう述べている――「ワトスン役は颯爽としたハンサムな軍人というイメージを回復できて、シャーロック・ホームズの友人としてふさわしい男でなければだめだと決めていた。考えてみれば、ホームズは友人選びにひどく要求が厳しいはずだからね。ホームズに友人兼同僚として道化のような男をあてがうわけにはいかないと誰もが思った。だからこのシリーズでは、君や私のように普通の人間を代表したようなリアリティーのある人物が必要だった。ワトスンはそこそこ頭がよくて、何かと役に立つ。もちろん、天才のホームズとはレベルが違うけど、ワトスンは誰もが自分と重ね合わせられるような人物なんだ」（《アームチェア・ディテクティブ》誌）。「デビッド・バークは直感で配役した。（中略）彼はまた、

その普通さに魅力と知性とウィットをプラスし、ホームズが『君の担当だよ、ワトスン』と言ったように、女性を相手にするセンスももっていた。総合すると、あらゆる面でバランスのとれた人物がワトスンで、デビッドはその条件を完全に満たしていた」(『NHKテレビ版シャーロック・ホームズの冒険』および《アームチェア・ディテクティブ》誌)。「ジェレミーは僕にとても親切だった。シリーズでコンビを組む年下の僕をすぐに打ち解けた気分にしてくれて、言い争いなど一度もなかった。彼が主演俳優として素晴らしかったのは、一緒に仕事をするスタッフをとても大切にしたことだ。インスタント・カメラで僕のような俳優ではなく、スタッフの写真を撮ってはそれを全員が見られるように掲示板に張り出したりした。現場が和気あいあいとした家族のような雰囲気だったのは、おもに

ジェレミーのおかげだよ」（デビッド・バーク、2015年9月）

和やかな現場の雰囲気を作ろうという決意にもかかわらず、ジェレミーはホームズを非常に演じにくい役だと思っていたようで、それはこの探偵が彼自身の性格とかけ離れていたせいだった。「ホームズは冷淡だ。もし彼が通りを歩いているところを見かけたら、きっと僕はこう思うだろう――『気の毒な男だ。何か苦労があるんだろう。幸せとはほど遠い』。そもそも仕事がないとふさぎ込み、薬がないと眠れないような男がどうして幸福になれるだろう」。ホームズの暗くて陰鬱な面に不安を感じたジェレミーは、この天才と折り合いをつける手段として「冷たい仮面に割れ目を見つけること」にした。「最初の5編の撮影中、僕はよくマンチェスターのホテルの部屋へ帰って、『まったくもう！　こんな暗い男を青白い顔で一日中演じていられるか！　夜はぱあっとお祝いでもしないと』と思ったものだ。それでシャンパンのハーフボトルを注文した。もちろん、髪を洗って、できるだけ明るい感じの服を着てね。2年後、ハーフボトルはフルボトルに変わった。そしてさらに1年後の今、ディナーではフルボトルとワインだ。べつにお祝いするためじゃない。自分を眠らせるためだ。ホームズが麻薬を打つのもそのためで、自分をぼうっとさせるためなんだ。誰かに彼の夢を見るかと訊かれて、僕はこう答えたよ。『いや、幸いにもそれはない。でないと僕は昼間だけでなく夜もずっと彼と一緒にいることになるからね』」

シャーロック・ホームズの冒険
第2シリーズ

〈シャーロック・ホームズの冒険〉（第1および第2シリーズ）の全13編は、放送では前半の7話と後半の6話との間に13か月の間隔が置かれたが、収録自体は一気に行なわれた。これは視聴者の反応、つまり、新シリーズの見込みの指標となる世間からのフィードバックがまったくないことを意味した。しかし、クオリティーの高さは当初から明白で、後半の6話ではさらに自信が増したようだった。ジェレミーは自分の演技について記者にこう語っている。「僕はまだ手探りの状態で、核心にまでたどり着いていない。ホームズはきわめて複雑かつ孤独な人物で、まったくの変人だ。並外れた才能を持ちながら、真夜中にふらふらとロンドンの街を徘徊するような男だ。女性に対しては非常に丁重だが、恐怖心もあり、とにかく世間のことや些末なことを意に介さない」（「ザ・ハント・フォー・ホームズ」、《デアデビルズ》誌、1984年11月）《ガーディアン》紙のナンシー・バンクス＝スミスは、このシリーズを「甘美なまでに贅沢な時間つぶし」と評価した。さらに《サンデー・タイムズ》紙のフィリップ・フレンチもこれに同意し、「ジェレミー・ブレットとデビッド・バークは私が見た中で最高のホームズとワトスンだ。今

ベーカー街

回だけでも、ホームズがなぜ事件の調査にだけは情熱を注ぐのかがわかる。ひとたび依頼が来ると、彼はにわかに活気づいて激しく興奮する。アイリーン・アドラーの身辺を探るために嬉々として人夫や老牧師に変装したり、ちょっとした推理の技を披露してワトスンを驚かせたりと、いたずらっぽい面も見せる」。またべつの記事で彼はこうも言われている。「本来はきわめて陽気で社交的な人物が躁鬱病の探偵を演じるということで、下手をしたら役に身を滅ぼされかねないところだが、彼には余りあるほどの快活さがある。そんな厚かましいほど魅力的なブレット氏が明日、〈シャーロック・ホームズの冒険〉の新シリーズで再びあのベーカー街の探偵になって戻ってくる。英米両国で史上最高のホームズと絶賛されるブレット氏は、その皮肉で物憂げな口調と青白いメイクによる巧みな演技で、かのベイジル・ラスボーンさえも凌駕するほどだ」（マーガレット・ペイトン）。ただ、ジェレミーは82歳の祖母から受け取った手紙を紹介してこう述べている。「『一躍スターになったわね。怖いくらいよ。あなたも同じように感じているかしら？』――祖母が言おうとしているのは、『謙虚でいますか？』ということなんだ」

▼ぶなの木屋敷の怪

1123万人の視聴者を獲得した『ぶなの木屋敷の怪』（脚本：ビル・クレイグ、監督：ポール・アネット、初放送：1985年8月25日）は、シリーズがヒットしたことの証だった。ホームズは最初、家庭教師の職に関する奇妙な条件についてベーカー街へ相談にやってきた若い女性の依頼を面白みがないとして退ける。彼はひどく不機嫌な態度で対応するが、うら若きナターシャ・リチャードスン演じるバイオレット・ハンター嬢に身寄りがないことを知ると、しだいに態度を和らげる。彼女はミス・ストーパーのウエスタウェイズ職業紹介所である家庭教師の口を勧められるが、ジョス・アックランドが怪演する雇い主ジョフロ・ルーキャッスル氏の要求は何とも不気味で、彼女はそれに対して誰の同情も保護も受けられない。ホームズは興味をそそられる――なぜこの男は彼女に三桁の給料に加え、支度金として30ポンドの前金を支払う見返りに、「命令には何でも従ってほしい」、そして彼女の「一種独特の栗色」［「ぶな屋敷」日暮雅通訳、光文社文庫、2006年、『シャーロック・ホームズの冒険』所収］をした豊かな髪を短く切ってほしいなどと要求するのか……。彼女がみずからの体験を語るなか、ホームズはそれを「変わった好み」と呼び、ビ

クトリア朝時代には許されないことながら、思わず彼女の髪に手を触れる。ジェレミーは依頼人の人間性を忘れないことが重要だとしてこう述べている。「苦悩する人々――彼らを生身の人間と考え、それを演じる役者を目の前にすると、こうした人々がずっと豊かな感情を備えた存在として浮かび上がってくる。それはたとえば髪を切れと言われ、断れば仕事を失うため、思い悩んでやってきた若い娘の場合も同じだ」（ニコラス・ユーテチン、「ジェレミー・ブレット：テレビの最新ホームズ」、《シャーロック・ホームズ・ジャーナル》誌、第17巻、第2号、1985年）

『ぶなの木屋敷の怪』には、人里離れた田舎の屋敷に暗い秘密が隠されているというゴシック小説の要素が多く含まれている。カーンフォースのそばのストーズ・ホールは閉ざされた塔のあるゴシック様式の邸宅で、ハンター嬢の新しい雇い主と同じくらい不気味である。こうした雰囲気は、彼女が世話を任された不愉快な子供で、ゴキブリを殺して喜んでいるエドワードや、よそ者を近づけないようにいつも腹を空かせている獰猛《どうもう》な番犬の存在にも感じられ、いずれもこの無力な若い家庭教師を怯えさせる。ジョフロ・ルーキャッスルは悪党であり、ミス・ストーパーの職業紹介所での奇妙な振る舞いを見れば、彼に雇われることがどんなに危険かは志望者の誰もが認識したはずだった。ハンター嬢も当初の判断を貫くべきだったが、彼女は申し出を受ける決心をしてベーカー街を訪れる。幸い、何かあればホームズとワトスンがいつでも力を貸してくれることになった。

ホームズに助けを求めるバイオレットの電報は差し迫ったものだった。彼女はブルーのドレスを着るように言われたことやルーキャッスルが屋根裏部屋に何か隠しているらしいこと、そして窓の前に座っていたとき、垣根の向こうからこちらを見ている男の姿があったことなどを近くの宿屋でホームズに話す。さらに、こっそり塔の様子を調べに行ったとき、今度また塔へ近づいたら犬に食わせると脅されたことも打ち明けた。ジョフロ・ルーキャッスルはエイブ・スレイニーやグリムスビー・ロイロットとは格が違うが、彼らと同じく危険な男だった。バイオレット・ハンターはこの不気味な屋敷で大変な脅威にさらされていたが、何か心を乱されることが起きても、同情してなだめてくれるような家政婦はいない。それどころか、ぶなの木屋敷の管理人夫婦はひどく冷淡で、夫のほうはたいてい酒に酔っていて役に立たない。もやに包まれた屋敷に到着したホームズとワトスンは、門の南京錠が開けられていることから何か重大な事態が生じたことを察知し、不気味な物語は恐怖の物語に変わる。運動神経のいいジェレミーとデビッドは機敏な動きでルーキャッスルのあとを追うが、二日も餌を与えられていないあの番犬が庭に放たれると、危険はさらに増し、恐怖感が高まる。しかし、最後にはルーキャッスルの娘、アリスをめぐる真実が暴かれ、ごまかしと監禁の事実が明るみに出る。ホームズは事件に巻き込まれた無力なバイオレットを保護し、ルーキャッスルはみずから仕掛けた残酷な罠にはまる。ただ、ホームズとワトスンの介入がなければ、結末はまったく違うものになっていたはずだ。

一方、「データ、データ、データあるのみ。粘土なくしてはレンガは作れんよ」といった発言や、点在する田舎の家々を邪悪な犯罪と結びつけようとする考え方には、ホームズの気難しい一面が表れている。冒頭のシーンでは、バランスを欠いた事件記録のせいで依頼の質が低下したと不満を述べ、ワトスンの文章をけなして彼の気分を損ねる。ワトスンはホームズが理屈をこねたくなると必ず同じパイプを選ぶと言い返すが、ホームズの苛立ちの本当の原因はハンター嬢からの手紙にあった。「悲しいね、僕が出ていくほどの独創的な事件は皆無だ。たまに依頼があると子猫を探せとか、若い女性の身の上相談まで来るんだからね」。ホームズはそれまで裕福で影響力のある人々の事件を扱ってきたため、当然ながら、自分の才能や評判にふさわしくない依頼が来ると苛立ちを露わにし、傷ついたプライドが乱暴な言葉や口調をとおしてほとばしる。ワトスンは不満をぶちまけるホームズに腹を立てたようだが、彼には友人が悲嘆に暮れる理由もよくわかる。そのため、エンディングでホームズが「いやいや、とんでもないことだよ。君の文学的才能に僕はただひたすら敬意を表するのみだよ」と潔く認めると、いつもの親しみやすいワトスンに戻るのだった（『ぶなの木屋敷の怪』）。

この物語に関しては、ホームズがバイオレット・ハンターに恋愛感情を抱いていたのではないかとする研究者もおり、彼の振る舞いからもこの説には説得力がある。そもそもバイオレットが「芸術的だなどとも言われたことのある」［「ぶな屋敷」］豊かな髪の色を「奇妙なほど図々しい方法で」［「ぶな屋敷」］自慢する場面は、彼女がホームズを自分の網に引き込もうとしているかのようで印象的である（『詳注版 シャーロック・ホームズ全集6』）。また、ホームズが若い女性に対する独身男性のしかるべきマナーを無視して彼女の髪に触れたことも、こうした解釈の根拠としてふさわしい。「それはブレット演じるホームズにとってほとんど反射的な感覚だった。彼のホームズは堅牢な砦のようなもので、表面的には揺るぎなく見えるが、内面的には情緒不安に苛まれている」（キース・フランケル、『グラナダの名探偵 *Granada's Greatest Detective*』）。「コラレタシ。オネガイ！」［「ぶな屋敷」］と助けを求めるバイオレットの電報は、感傷的で馴れ馴れしいとさえ言えるもので、依頼人の言葉遣いとしては不適切である。「『オネガイ！』というのは、困っている者が私立探偵に送る電報の言葉であろうか」（『詳注版 シャーロック・ホームズ全集6』のアイザック・S・ジョージ）。ちなみに、ある新聞のレビュー（未確認）によれば、本編がテレビ初出演だったバイオレット・ハンター役のナターシャ・リチャードスンは、「さすがにバネッサ・レッドグレーブとトニー・リチャードスンの娘だけあって、親譲りの物腰と才能で」「見事な」デビューを果たしたという。

一方、マイケル・コックスは撮影中に何度か交渉が行なわれたことについて、こう述べている。「ジェレミーはときどき私や監督に対して『ああもう、長たらしい台詞だな。本当に必要なのかい？』と言った。実際、『ぶなの木屋敷の怪』に、親指の特徴から職業もわからない大衆に何がわかるといった台詞があって、彼は当初、それをカットしようとしていた。そこで私が『いや、素晴らしいじゃないか。ホームズの観察力を見事に表しているよ』と言ったら、もとに戻すことに同意してくれた。持ちつ持たれつなんだ。私たちは原作を必死に守ろうとするジェレミーを心から尊敬していたし、その気持ちは揺るぎないものだった」（《アームチェア・ディテクティブ》誌

のマイケル・コックス）

マイケルはまた、このシリーズが最初にアメリカのテレビ局PBSで放送されたときの反響についてこう述べている。「ニューヨークの街を歩いていて、あちこちのバス停にポスターが張ってあるのを見るのは最高だった。通りでよく声をかけられ、どこへ行ってもお祝いを言われた。シリーズに対する人々の感想もとても率直で、大半が褒め言葉だったから、彼もすごく喜んでいたよ」（《スカーレット・ストリート》誌、第21号）

▼ギリシャ語通訳

いつものようにベーカー街の家庭的なシーンから始まる『ギリシャ語通訳』(脚本:デレク・マーロー、監督:アラン・グリント、初放送:1985年9月1日)では、ワトスンがホームズに関する個人的な事実を知らされる。何とホームズにはある政府機関で会計検査官を務めるマイクロフトという兄がいたのだ。ワトスンはホームズが「人間離れした男」で、卓越した知性を持ち合わせている分、義理人情を欠き、女嫌いであるのは身内がいないせいだと思い込んでいた。ワトスンがホームズの家族のことを知らなかったのは、ホームズの内向的な性格と、親友にさえプライバシーを侵されたくないという意思の表れだった。

マイクロフトとは会員制の紳士クラブ、ディオゲネス・クラブで会見した。ここは「ロンドンでもっとも人付き合いの悪い連中の集まり」で、撮影はナッツフォードのタットン・パークで行なわれた。ホームズは兄には自分より優れた観察力や推理力がありながら、「野心とエネルギーがない」と言うが、二人の技量は視聴者がワトスンと経験を共有することによって試される。兄弟はさっそく窓の両端から下の通りにいる二人の人物について詳細な分析を行ない、観察した証拠

から見事な推理を披露し合う。グラナダ版では、知性と誇りを等しくするこの二人の紳士が切磋琢磨するわけだが、弟のシャーロックがあらゆる点で兄を尊敬していることは明らかで、二人は外見こそ違うが、興味は共通しており、どちらも選んだ職業において一流のエキスパートである。メラス氏がクラブの来客室に通されて事件について話すとき、弟よりも「ずっと背が高く、恰幅もよかった」（「ギリシャ語通訳」日暮雅通訳、光文社文庫、2006年、『シャーロック・ホームズの回想』所収）というマイクロフト——チャールズ・グレイ演じる——がその圧倒的な存在感で画面を支配するなか、細身のホームズが兄の背後から一歩前へ出てくるシーンは、ジェレミーによって入念に計算された粋な構図となっている。また、「あなたが弟の記録を出されるようになって、いたるところで弟の評判を聞きます

よ」というマイクロフトの言葉から、ホームズの名声がワトスンの著述のおかげであることもわかる。

ギリシャ語通訳のメラス氏の奇妙な話には、冒頭シーンの家庭的な雰囲気とは正反対に、ゴシック風の残虐な要素が含まれている。思いがけず通訳の仕事を受けた彼は、やってきたラティマー氏に棍棒で脅されながら、覆いをかけた馬車でどこかへ連れていかれる。秘密の場所に着くと、彼はそこで明らかに拷問を受けたと思われる囚われの身の男に質問するように命じられる。哀れな男は顔を大きな絆創膏で覆われていた。ギリシャ語を理解できるのは自分と彼だけだとわかったメラス氏は、質問に自分なりの言葉を加えることで、ポール・クラティディスというこの男について情報を得ることができた。ところが突然、男の妹が入ってきたため、彼は部屋を出され、来たときと同じように馬車に目隠しをされて帰された。

マイクロフトが新聞にポールとソフィのクラティディス兄妹についての情報を求める広告を出したところ、反応があり、ベクナムの屋敷に関連があることがわかる。捜査令状が必要だったが、それに署名してくれる判事を探すのに手間取り、ホームズは高まる懸念を抱きながら待つことを余儀なくされる。ようやく問題の屋敷に到着すると、上の部屋で硫黄の毒ガスが充満しているという想像を絶する事態が明らかになる。ここでホームズはまたしてもリーダーシップを発揮し、みずからの命を顧みずに部屋へ駆け込み、二人の男を救出して外へ運び出す。ポール・クラティディスはすでに絶命していたが、ここではワトスンの医師としてのスキルがものを言った。

ラティマーの相棒のケンプは、分厚い眼鏡をかけ、優しげな話し方をする卑劣な悪党で、同じ犯罪者でもグリムスビー・ロイロットやジョフロ・ルーキャッスルとは異なっていた。彼はじわじわと巧妙に拷問を加えて犠牲者を痛めつけ、残忍な笑みを浮かべてそれを楽しむようなサディストである。ポール・クラティディスは、この二人の極悪非道の悪党から3週間にわたって無慈悲な拷問を受けていた。最後まで降伏しなかった彼はとうとう硫黄の毒ガスの中で死ぬが、殺人には正義の裁きが下され、罪の代償が払われることになる。ドイルの原作では、ラティマーとケンプはソフィを連れて逃亡するが、大陸で命を落とす。新聞に載っていたのは、一人の女性を連れて旅行中だった英国人男性二人が「悲惨な死に方をしたという記事だった。二人とも刺し殺されていて、ハンガリー警察の見解によると、けんかになって互いに刺しちがえたのだとのことだった」（「ギリシャ語通訳」）。しかし、ホームズはあのギリシャ人の娘が兄への仕打ちに対して二人に復讐したのではないかと考える。

一方、グラナダ版では原作の結末が引き延ばされる形となった。原作の結末へと滑らかに溶け込ませた面白いエンディングは、異なる糸と糸をうまく結びつけて説得力のあるものになっている。『ブラッドショー鉄道旅行案内書』の助けを借りて、ホームズとマイクロフト、ワトスンの三人は列車で大陸へと逃亡した悪党どもを追い、彼らと対決した。自分の目の前に座っているのがシャーロック・ホームズとドクター・ワトスンであることを知ったラティマーの客車でのシーンは緊迫したもので、今度は彼自身が追い込まれるという皮肉なものでもある。ジェレミー演じるホームズは、列車が近づいてくる線路へソフィを道連れに飛び降りようとするラティマーからとっさに彼女を奪い取り、危機に際して本能的に反応する勇敢なヒーローの姿を見せる。神妙な表情でワトスンとソフィを抱きかかえるホームズは、地獄から二人を救った英雄そのものである。ソフィの振る舞いは、ラティマーから結婚を申し込まれたことによって彼に支配されていたことを示唆している。彼女が取り調べのために警察に連行されるとき、ホームズは皮肉っぽくこう言う。「同情のひとかけらも持てない冷酷な心の持ち主だが、犯罪者ではないからな」

本編はサセックスのシェフィールド・パークにあるブルーベル鉄道で撮影された。ここが選ばれたのは「素晴らしくクラシックな駅舎があったばかりか、『ブルーベル鉄道保存協会』によって完璧にメンテナンスされた車両の中に、マイクロフトがウィルスン・ケンプと食事をともにし、彼がケンプから小さなピストルを抜き取るシーンに使われたロンドン・ブライトン&サウス・コースト鉄道の重役車両が含まれていたからだった」。分厚い丸眼鏡をかけたウィルスン・ケンプは、映画『マルタの鷹』のピーター・ローレのような話し方をする男で、「神経の病気のように言葉の間にときどき忍び笑いが入るが、何と言ってもぞっとするのはその目で、灰色がかった青色の冷たくぎらぎら光る目が、意地の悪い、血も涙もない冷酷さをたたえている」(『セルロイドの研究』)。ジェレミー演じるホームズがプラットホームを優雅に力強く歩いて引き返し、霧へと消える最後のシーンは印象的なハイライトだ。一方、ジェレミーは冒頭で謙遜という美徳に対するホームズの台詞を取り戻すべく闘った――「論理を扱う人間だったら、ものごとはなんでも正確にありのままに見なければならない。必要以上にへりくだることは、大げさに見せるのと同じで、事実からはずれてしまうことになる」〔「ギリシャ語通訳」〕。それはホームズという男の「優れた頭脳だけでなく、彼の弱さや心の中にある孤独で卓越した人間性も含めて」（ジェレミー）より多くを表現したいというジェレミーの願いによるものだった。

《ニューヨーク・タイムズ》紙はホームズ兄弟についてこうコメントしている。「ベテラン俳優のチャールズ・グレイが好演したマイクロフトは、一族に顕著な特異性を持ちながら、超然とした態度がむしろ愉快な気晴らしの域に達している。メラス氏は殺人、詐欺、そして冷酷な女性が絡んだシナリオでホームズ兄弟に関わることになるが、これは女性全般に対するシャーロックの評価の低さを裏づけるものである。事件自体はあまり夢中にさせるようなものではないが、アラン・グリントが監督、デレク・マーローが脚本を担当した本作では、シャーロックが警察を厳しく非難するシーンが何度かある一方、彼の比類なき推理力がきらりと光る。ブレット氏のホームズは今や堂々としてたまらなく魅力的であるなか、バーク氏のワトスンも素晴らしいパートナー兼引き立て役へと発展した。周期的な居眠りの発作から目覚めたマイクロフトも、弟はホームズ家の行動力を一身に受け継いだようだと認めている」（《ニューヨーク・タイムズ》紙、1986年2月8日）

1989年、年間最優秀パイプ・スモーカー賞を受賞したジェレミーは、ITVの朝の情報番組『ティービーエーエム「TVam」』のインタビューで司会のマイク・モリスに、本編の撮影中に貴重なパイプの1本がなくなったという話をした。彼は持参した2本のパイプを見せながら、柄のカーブした細長いサクラ材のパイプはホームズが議論したい気分のとき、柄の長いクレイ・パイプは瞑想したい気分のときにポパイのように吸うのだと説明し、こう言った。「『ギリシャ語通訳』をやっている間に盗まれたんだ。周囲にＶＩＰが何人かいたから彼らが盗ったに違いない。保守党青年部かロイヤル・バレエだけど、僕は保守党青年部だと思うね」

▼ノーウッドの建築業者

『ノーウッドの建築業者』(脚本：リチャード・ハリス、監督：ケン・グリーブ、初放送：1985年9月8日)では、たくさんの興味深い要素が想像力を刺激する――復讐に異常な執念を燃やす悪党、ほとんど絶体絶命の依頼人、本質的な事実をつかめずに苦悩するホームズ。ナイトシャツにドレッシング・ガウンを羽織ったホームズが調査に絶望し、依頼人が絞首刑になるかもしれないときに「食物の消化などにエネルギーを消費する余裕はない」として食事を拒むシーンには、彼の悲壮なほどの心痛がうかがえる。しかし、とにかく朝食を取ってから「ノーウッドへ行って様子を見よう」と励ますワトスンの存在は、二人が互いを信頼し合っていることを強く印象づける――「今日ほど君の存在と激励をうれしいと思ったことはないよ」(ホームズ)

本編は、ジョン・ヘクター・マクファーレンという若者がベーカー街の居間へと「目を血走らせ、血相を変えて部屋に飛び込んできた。顔は青ざめ、髪を振り乱し、ハアハアと息を切らしている」[「ノーウッドの建築業者」日暮雅通訳、光文社文庫、2006年、『シャーロック・ホームズの生還』所収]ところから始まる。彼はホームズとワトスンがすでに自分のことを知っていると想定していた―

方、ホームズはこの若者が「独身で、事務弁護士で、フリーメーソンで、喘息」であると見抜いて優れた推理力を披露する。マクファーレンは自分がロウアー・ノーウッドのジョナス・オールデーカー殺害容疑で逮捕されそうだという驚くべき事実を明かし、ワトスンに買ってきたばかりの新聞の記事を見せる。そこへコリン・ジェボンズ演じるレストレード警部がやってきて、さっそくマクファーレンを殺人容疑で逮捕しようと迫る。ワトスンは警部のことをおどけて「おなじみ」〔「ノーウッドの建築業者」〕などと呼ぶが、この事件で警部は依頼人の運命をめぐってライバルとなる。遺産相続を約束されたというマクファーレンの話は奇妙で信じがたく、彼は放火と殺人の容疑をかけられる。レストレードは一応、話に耳を傾けるものの、結局、マクファーレンに手錠をかけて警察へ連行する。

いくつかの推理が可能だとするホームズはノーウッドではなく、まずブラックヒースへ行ってみると言ってレストレードを惑わすが、マクファーレンの母親がかつてこの建築業者のオールデーカーと婚約していたことは事実だった。残忍で執念深い男だというジョナス・オールデーカーは本編の悪役だが、材木置き場の焼け跡から焼死体が見つかったことにより、彼は殺人の被害者と考えられる。実際、大詰めで犯人の策略が明らかになるまで、この説を覆す証拠は出てこない。残念ながら、マクファーレンに不利な証拠ばかりが現われ、焼け落ちた建物の灰の中からオールデーカー氏のズボンのボタンも発見される。一方、ロザリー・クラッチリー演じる家政婦のレキシントン夫人は、アンナ・マッセイ演じるドラマ『レベッカ』のダンヴァース夫人を思わせる冷淡な女性で、その軽蔑するようなよそよそしい態度は画面を支配する。ホームズは徹底した取り調べによって彼女を威圧しようとするが失敗し、最後にもう用はないと言わんばかりに挨拶し、彼女が何か隠していることを皮肉っぽく示唆する。ただ、オールデーカーの屋敷で親指の指紋が発見されるまで、不利な証拠が容赦なく積み重なっていき、依頼人を救うことは不可能なように思われる。レストレードも今や自分がこの若者の運命を握っていると確信し、有罪は決定的と信じ込んでいる。ホームズの努力をあざ笑い、勝ち誇ったように振る舞うのは、ついにこの名探偵を打ち負かせると思っているからだ。ホームズ自身、こう認めている――「ぼくの勘がいちいち事実と食い違うんだ。それに、この国の陪審員たちときたら、どう考えたって、レストレードの並べる証拠よりもぼくの推理を重く見るほど目が高くはない」(「ノーウッドの建築業者」のホームズ)

しかし、事態が好転するとともにトーンが変わり、調査はぐっと明るく活動的なものになる。親指の指紋が偽造されたのは、ホームズが前日にそこにはなかったことを確認しており、留置所にいたマクファーレンがやったはずもないことは明らかだからである。ジェレミーの演技にも活発な体の動きが戻り、話す代わりに踊ったり、走ったり、跳び上がって喜んだりする。じっと座ったまま身動きもせず、依頼人のことを案じるあまり、食べる気力もなかった先のシーンとはまったく対照的である。屋敷の構造から寸法を調べるときのじつにエネルギッシュな動きは、ホームズを難問解決へと導く「新証拠の重大な欠陥」を際立たせるために入念に計算されたものである。

本編のハイライトはこの致命的な欠陥にあり、迷走した事件の調査は満足な結末へと向かう。3人の警官が二つのわら束と水の入ったバケツを2個用意して集まり、ワトスンがわらにマッチの火をつけ、全員で「火事だ」と叫ぶと、驚くべきことが起こる――ホームズが手品師になったかのように、復讐に燃える犯人が転がり出てくる。ジェレミーがその響き渡るような大声で手本を示し、警官たちにもっと声を張り上げるように促すシーンは一番の見どころだ――「もっと大声で、腹の底からだ。火事だ！」。また、ホームズ、レストレード、ワトスンの3人が羽目板を見つめ、「重要証人」が隠れ場所から出てくるのを目にしたときの構図も絶妙である。

グラナダ版で加えられたのは、おもにオールデーカーの服を着た浮浪者の殺害に関する部分で、これはマクファーレンのさらなる有罪の証拠を提供するためだった。しかし、ホームズが顔を汚し、髪をだらりと垂らして巧みに浮浪者に変装したこと――まさに「私服の」ジェレミー――によっ

て、欠けていた情報が得られた。彼は焼け跡の調査で警察が見落としていたものを発見する——サメの歯と、路上生活者が仲間にこの家は親切だと知らせるサインである。老いた船乗り、大将の役柄はジェレミーにとってなじみ深いものだったかもしれない。というのも、彼の生家であるバークスウェル・グランジでは、厳しい時代のせいで落ちぶれた人たちに母親がいつも親切にしていたからだ。ジェレミーの運動神経のよさは本編でも大きな強みで、ディープ・ディーン・ハウス（オールデーカーの屋敷）として撮影されたボードンにあるビクトリア朝時代の屋敷の敷地で火事の現場を調査するとき、ホームズは焼け焦げた横木に猫のような正確さで飛び乗った。

ジェレミーはその華々しいキャリアの中でもホームズほど演じるのが難しい役はないと言っている。「ホームズを演じるのが難しいのは、彼がいつも一人でほとんど他人と交わらず、ほかの誰よりもずっと頭がいいからだ。彼は男がみんな憧れ、女がみんな誘惑したがる人物なんだ」（《TVタイムズ》誌）。「彼のせいで僕はいつも落ち着かない。つかめたと思ってもいつだって彼はずっと先にいる。気持ちが休まることがないし、そもそも彼をとらえることなんて無理なんだ」。ただ、ジェレミーはホームズの歩き方についてはつかめそうに思った。「おもに靴、原作に描かれているような先のとがった編み上げ靴のおかげだよ。それから手だ」。「僕はホームズになりきろうとした。もし自分がミニマリストで、孤立主義者で、仕事以外にほとんど関心がない人間だとしたらどうかということを理解しようとした。つまり、ホームズは石のようでなければならないんだが、僕はしょっちゅう体のあちこちをぴくぴくさせる。そんな自分を見ていると気が滅入ってくるよ。自分ではじっとしているつもりでも、眉が動いたり、鼻孔が動いたり、口元が動いたりする。彼はそうじゃないのに」（ITVの情報バラエティー番組『ズィス・モーニング』の「シャーロック・ホームズの舞台裏」でのインタビュー）。「ブレットは本来、ホームズ役としてキャスティングするには意外と思われるほどの二枚目だ。しかし、彼はこの優れた犯罪学者になるための緻密な演技をものにして、ホームズに繊細な神経を与え、役を素直に演じたベイジル・ラスボーンの記憶を完全に超越している。人々はほかの誰が演じたホームズとも違う彼の孤独なホームズを愛している。しかも、彼はじつにさりげないタイミングで受け答えをして、たびたび人々を笑わせる。これは思いがけないユーモアと心を持ったホームズなのである」（《デイリー・エクスプレス》紙のモーリーン・ペイトン）。ジェレミーは《カルガリー・ヘラルド》紙のインタビューで、ニューヨークのタクシーでのことを語っている。「ドライバーが口の端っこで何かぶつぶつ話しかけてきて、『あの焼け焦げた材木に乗っかって、ステッキを持ったまま下を見たときは猫みたいでしたね』と言ったんだ。『あなたが話しているのは、その……』と言うと、『そうです、ブレットさん、「ノーウッドの建築業者」のことですよ』だって。すごい瞬間だった！　ニューヨークのタクシー運転手があのドラマのワンシーンを取り上げてくれるなんてじつにエキサイティングだし、スリリングだよ」（《カルガリー・ヘラルド》紙、１９９１年11月5日）

▼入院患者

『入院患者』（脚本：デレク・マーロー、監督：デビッド・カースン、初放送：1985年9月15日）もまた、ミステリーに犯罪の要素が含まれたドラマチックなエピソードだった。オープニング・クレジットで、自分が金貨に囲まれて棺に横たわっているという恐ろしい悪夢を見る男が登場する。その後、「原因不明の神経障害」［「入院患者」日暮雅通訳、光文社文庫、2006年、『シャーロック・ホームズの回想』所収］に関する有名な論文の著者としてワトスンも知っていた医師のパーシー・トレベリアンがベーカー街へやってきて、さらに詳しい情報が提供される。将来を期待されて大学を出たものの貧乏暮らしをしていた彼は、慈善家のブレッシントン氏がメイフェアに家を借りて彼を開業させる代わりに、病院の収入から一定の割合を徴収し、自分も「入院患者」として同居するという話をもちかけてきたとき、これに応じた。2年後、トレベリアンへの投資でブレッシントン氏はすっかり金持ちになったが、彼は全財産を自室の金庫にしまって鍵をかけていた。ある日、近所に泥棒が入ったことを知ったブレッシントン氏は、不可解なほど取り乱し、すぐさま家に錠前や鉄格子を取りつけさせると、「死の危険に脅かされているとしか言いようのない有り様」

で部屋に閉じこもった。そこへ二人の男が強硬症の診察を受けるためにやってきて、突然姿を消した。何者かが自室に侵入した形跡があったため、震え上がったブレッシントンはトレベリアン医師にシャーロック・ホームズを呼んできてほしいと要求する。しかし、話を聞いたホームズらが部屋を訪れると、ブレッシントンは恐怖のあまり3人に銃を向ける。ホームズはそんな彼の姿に何か隠された秘密があることを見抜く。そしてこの依頼人に深い疑惑と不信を抱き、彼を助けることなく立ち去る。
　葉巻の種類や通路の足跡についての詳しい分析は、ホームズがこの家に入った瞬間からすべてを細かく観察していたことを示している。ブレッシントンの遺体を下ろすときの険しい表情も、しだいに調査の高揚感に取って代わられる。マイケル・コックスはこう語る。「ジェレミー・

ブレットはホームズが犯行現場を調査するシーンにとても熱心だった。体を投げ出すべき床やよじ登るべきマントルピースがあれば、ジェレミーは期待に鼻孔を広げたものだ。彼がこの撮影でブレッシントンの部屋を精査する場面がとくに好きなのは、それが肉体的な挑戦だったからではなく、完全な沈黙の中で行なわれたからだ。無言の宝石強奪シーンが25分間にわたって続くジュールス・ダッシン監督の有名なギャング映画〔『男の争い Du Rififi chez les Hommes』〕に敬意を表して、彼はそれをリフィフィ・シークエンスと呼んだ。こちらは原作の短い一節にもとづくわずか2分間のシークエンスだったが、ホームズが室内の家具や絨毯の表面から繊維や塵、灰を集める様子が細かく表現され、そこから犯行の実態が明らかになる」(『セルロイドの研究』)。「私にはそれがいかにもシャーロックらしく思える。ただ、音声の空白部分を長くしないというのはテレビの約束事の一つで、そうしないと視聴者から『何かの故障か?』と電話がかかってくる」(《シャーロック・ホームズ:ザ・ディテクティブ・マガジン》誌のマイケル・コックス)。煙草や葉巻の種類に関する自身の論文のおかげで、ホームズはその部屋に3人の男がいたことを確信し、ほんの数時間前に何が起こったのかについて確かな結論に達する。彼が最初の訪問で階段の足跡を入念に測っていたのは、それによって男たちの姿をイメージできるからだ。しかし、本編を探偵ドラマの新たな高みへと押し上げているのは、ブレッシントンが死んだ部屋を検証するときの客観的事実にもとづく正確さである。ドイルの物語はジェレミーの緻密に計算された体の動きによって命を吹き込まれたばかりか、新たな領域へと高められた演技によって洗練されもした。口元にか

すかな笑みさえ浮かべず、調査に没頭するホームズは、その思考過程をみんなに話すようにワトスンに言われるまで、必要最低限の事実しか口にしない。
一方、そんな二人の友情は冒頭の理髪店のシーンにおいてより丁寧に表現されている。1924年に出されたドイルのユーモラスな掌編小説『ワトスンの推理法修業』〔日暮雅通訳、《小説新潮》2014年5月号〕が含まれたこの場面では、ワトスンがホームズのやり方をまねて推理する様子が描かれている。原作の細部についてはまだ著作権下にあったものの、脚本のデレク・マーローは独自のバージョンを創作し、ワトスンはホームズが歯ぎしりをし、理髪店の椅子の肘掛けを指でずっと叩いているのはハドスン夫人の大掃除に対する苛立ちの表れだと推理する。ところが、ホームズはその推理がまるで見当違い

で、指を叩いていたのは前の晩に二人で行った演奏会でのベートーベンのバイオリン協奏曲の複雑な指使いを思い出そうとしていたからだという。「しかしだ」、彼はワトスンの推理にも当たっている点が一つあると認め、友人を大いに喜ばせる。事件記録の題名をめぐるラスト・シーンにおいても、「ブルック街の怪事件」からホームズが推す「入院患者」に変えるというコミカルな演出がなされている。

ベーカー街に戻ったホームズは、この事件に証拠をもたらすことになる新聞の切り抜きを探して、書類やメモを片っ端からひっくり返し、部屋をめちゃくちゃにする。あまりの散らかりように、ワトスンは自分たちが無事に家を離れるまで、大掃除を終えたばかりのハドスン夫人に中の様子を見せないように部屋のドアを閉めたままにする。犯人たちは国外へ逃亡するが、ホームズは新聞記事の写真からブレッシントンがワージンドンの銀行強盗事件に関わった一味の一人であることを突き止め、それによって全容を明らかにする。ブレッシントンは一味の中でも一番の悪党で、じつは勅撰弁護士に共犯の仲間を売ったサットンだった。裏切られた仲間たちはサットンに復讐するため、彼を見つけ出して天井のフックに吊るし、裁きと処刑を行なったのだった。

「『入院患者』はけっして心躍る冒険というわけではないが、デレク・マーローのユーモアはこのエピソードを明るく陽気で、活気あるものにしている――理髪店での愉快なオープニング・シーンや、最初は迷っていたワトスンが最後はホームズに言われた題名を採用して満足するラスト・シーン、そしてもちろん、ハドスン夫人に船の模型を褒められたワトスンがゴミ捨て場と化した居間から悪いことをした子供のようにそそくさと出ていくシーンも。まっすぐでほほえましいこのベーカー街の愉快な三人組は、胸が悪くなるような忌まわしい犯罪に対する解毒剤として働いている」(arthur-conan-doyle.com)

「このシリーズが受けてきたしかるべき称賛の多くは、ホームズ役にジェレミー・ブレットを抜擢したという完璧なキャスティングのおかげだ。この役を演じた名優はほかにもいるが、ジェレミー・ブレットが実写版ホームズの決定版であるという事実は変わらず、今後も彼の演技を上回るものは出てきそうにない。ホームズをこのように演じることは悲惨な結果を招くおそれも十分にあったが、ブレットは感情を巧みにコントロールし、この名探偵の暗い側面を過度に強調しすぎないようにした」(cult-tv-lounge.blogspot.com)

▼赤髪連盟

『赤髪連盟』（脚本：ジョン・ホークスワース、監督：ジョン・ブルース、初放送：1985年9月22日）には、原作では『最後の事件』にしか出てこない犯罪界の巨人、ジェイムズ・モリアーティ教授が名優エリック・ポーターの威圧感あふれる演技によって登場する。マイケル・コックスによれば、シャーロック・ホームズを葬り去るためにドイルが選んだこの悪の巨人の役には、ポーター以外に考えられなかったという。『赤髪連盟』は当然ながら人気作の一つで、ドイル自身の短編「ベスト12選」でも第2位にランクされた。本編の最初の見どころは、ジェレミー演じるホームズが部屋を出ていくワトスンを引き止めようとソファを軽やかに飛び越えるシーンである。彼は非常に興味深い依頼人との会談にワトスンの同席を望んだ。ジェレミーはこう語っている。「僕はずいぶん威勢がよかった。ソファを飛び越えたりして『赤髪連盟』が大好きになった。あとで息子が電話をかけてきて、『お父さん、だいぶ元気になったみたいだね』と言われたよ」

事件はかなりの報酬と引き換えに大英百科事典を書き写すことになった赤毛の男、ジェイベズ・ウィルスンを中心に展開し、彼はこの茶番に困惑し、腹を立てる。オープニング・シーンは

好奇心とユーモアでいっぱいだ。ホームズがソファを優雅に飛び越えるところから始まり、続いてウィルスンの経歴に関して専門的な分析が行なわれる。ホームズは彼が肉体労働をしていたことがあり、嗅ぎ煙草を吸い、中国に行ったことがあり、「最近、書き物をした」ことを言い当てて、驚くべき観察力を披露する。ところが、そんなせっかくの推理を赤毛の男にいとも簡単に片づけられたホームズは、「種明かしをすると、僕の評判は難破船のごとくぼろぼろになるようだ」と機嫌を損ねる。「omne ignotum pro magnifico」というラテン語を「何事も説明すれば当たり前」と訳したワトスンの翻訳もあまりに大まかすぎて、ホームズには不満だ。しかし、ジェイベズ・ウィルスンの話す「奇怪な」状況に二人が笑いをこらえ、ついには噴き出してしまうシーンでは、今度はウィルスンのほうが馬鹿にされたように感じ、その皮

肉な展開がとてもユーモラスだ。大いに興味をそそられたホームズは、「こんな面白い事件をよそへ持っていかないで下さいよ。じつに風変わりな事件ですな」と言って彼をなだめる（『赤髪連盟』）。「何ともコミカルで楽しい話だ。もったいぶった赤毛の男に百科事典を書き写させるなんて奇妙な仕事、そのうえ銀行強盗とは、ベン・トラバースの笑劇の要素がすべて揃っているよ。ドイルは立派な喜劇作家になれるね」（『柳をしならせるように』のジェレミー・ブレット）。さらに面白いのが「パイプ3服分の問題」で、ウィルスンの話を聞いて推理を行なうため、パイプを吸いながら「50分ほど」考え込むホームズが両膝を顎のほうへ引き上げて椅子に座っている姿は、シドニー・パジェットの挿し絵を忠実に再現している。親友のワトスンはこれに理解と気遣いを示し、ホームズがそれまでに提示された証拠について沈思黙考する間、向かいの椅子に腰かけて居眠りをする。

果たして、名探偵ホームズはどんな謎でも必ず解き明かす。彼はウィルスンの質屋の店員として相場の半分の給料で雇われ、この奇妙な連盟の欠員に応募するように主人を促した男スポールディングの態度に不審を抱いた。そもそもこの組織がくだらない仕事のために気前よく金を払うのはなぜなのか……。店員のスポールディングの特徴にも心当たりがあったホームズは、質屋のあるサックス＝コバーグ・スクエアの周辺を調査し、ジェイベズ・ウィルスンを店から遠ざけることの背後にどんな理由があるのかを確かめる。「つまりね、ワトスン（中略）最初からはっきりわかっていたのだが、赤毛組合の広告や大英百科事典を書き写させるといった、あのいささか奇妙なできごとの目的は、あのあまり賢くない質屋を毎日何時間か外へ連れ出すため以外にはあり得なかったんだ。変わった手段ではあったが、たしかに、あれ以上の手はなかったろう」(「赤毛組合」〔日暮雅通訳、光文社文庫、2006年、『シャーロック・ホームズの冒険』所収〕)。ジェレミーのホームズには、こんな大胆な推理の飛躍もさもありなんと思わせるだけの崇高な自信とカリスマ的人格がある。また、カメラの向こうの視聴者にホームズの優れた能力を納得させるだけの強烈な目力もある。ワトスンが友人の才能に感嘆してこう記すのも当然だろう。「今回もわたしは彼と同じことを聞き、同じものを見た。だが、さきほどの言葉からすると、ホームズはこれまでの経緯だけでなくこれから起こることまではっきりわかっているらしいのに、わたしのほうは、事件全体がいまだに混沌として謎のままなのである」(「赤毛組合」)

ホームズが警察官のジョーンズと銀行の頭取のメリウェザー氏を呼び、みずからの推理を証明しようとする緊迫したシーンでは、ワトスンがホームズを弁護し、彼の言葉には耳を傾け、何より敬意を払う価値があることを頭取に忠告する――「彼は私立探偵だが、警視庁でも相談を頼むほどの人なんですよ。犯罪史上ユニークな存在なんです」。この銀行の地下室の場面で、大胆不敵な銀行強盗の気配に耳を澄ませるジェレミーはずっと張りつめた険しい表情をしている。最近、フランス銀行から6万枚ものナポレオン金貨が借り入れられ、地下室には通常よりもはるかに大量の金が保管されていたからだ。やがてホームズらが予想したとおり、ついに地下室の床からジョン・クレーが姿を現す。またしてもホームズは悪党どもを出し抜くが、それによってロン

ドン犯罪界の陰の首謀者で赤髪連盟の黒幕でもあるモリアーティの注意を引くことになる。モリアーティを本編に登場させたのは、次なる『最後の事件』に向けて、モリアーティの重要性と危険性を強く印象づけようとするグラナダの脚色だった。

本編でさらにキャラクターに展開があったのが、ホームズの音楽を愛する性質である。ホームズとワトスンは指定の時刻に銀行の地下室で待ち伏せすることになったが、それまでの時間、二人はセント・ジェームズ・ホールで開かれる著名なバイオリニスト、サラサーテの演奏会に行く。ワトスンはホームズが音楽に身をゆだね、穏やかな笑顔を浮かべて「幸福に浸りきって」いるのを見て感慨にふける。しかし、そんな友人の安らいだ姿は、彼に狙われている連中がやがて不幸に見舞われることを予感させる。事件の結末でのホームズの説明は、「僕は推測はしない」というモットーのとおり、証拠のあらゆる面を徹底的に考え抜く能力と、ただひたすら「平凡な存在」から逃れる努力とを物語っている。「君は人類の恩人だよ」とホームズの貢献を称えるワトスンに対して、ホームズはギュスターヴ・フローベールの言葉を引用してこう答える「L'homme c'est rien—l'oeuvre c'est tout」——「人間は無。仕事がすべて」

▼最後の事件

「最後の事件」〔日暮雅通訳、光文社文庫、2006年、『シャーロック・ホームズの回想』所収〕は、ドイルがシャーロック・ホームズを葬り去るために書いた物語である。大衆の要求を負担に感じていた彼は、今後は敬愛するウォルター・スコットのようにもっと歴史小説を書いていきたいと思っていた。彼にはこれが不朽の名声を得るためのチャンスと感じられた。（短編集で12作目となる）最後のシャーロック・ホームズ物語を書くにあたって、ドイルは母親に手紙でこう言っている――「僕はホームズを抹殺しようと思っています。これで永久に終わりにするつもりです」。母親の反対にもかかわらず、2年後、彼は結核と診断された妻のルイーザと過ごす時間を増やすため、それを実行した。するとそれまでスポーツの世界にしか見られなかったような熱心なファン集団が、シャーロック・ホームズの死によって一夜のうちに誕生した。彼らは黒い喪章をつけたり、ロンドンでドイルの馬車に詰め寄ったりした。毎日何千通もの抗議の手紙がドイルと《ストランド》誌に殺到し、「ホームズを生かしておく会」（のちに数々のシャーロック・ホームズ協会に発展）を結成し、たちまち2万人が《ストランド》誌の予約購読をキャンセルした。大打撃を受けた《スト

ランド》誌は廃刊になるところだった。「ある女性からの抗議の手紙にはいきなり『このけだもの！』と書かれていた」（ドイル）一方、桂冠詩人のジョン・メイスフィールドは「毎月毎月、次のシャーロック・ホームズの冒険を待っているのは苦痛だ」と声を上げた。9年後、初期のホームズ譚として『バスカヴィル家の犬』［日暮雅通訳、光文社文庫、2007年］が発表されると、あっという間に《ストランド》誌の予約購読数は回復した。翌1903年には、アメリカの出版社から新たにホームズの短編1話につき5000ドルという破格の条件を提示され、ドイルはこれを拒否できなかった。おかげでホームズは復活し（彼はそれから32編の物語を書いた）、人々は書店で売り切れと言われてがっかりしないように、ホーム

ズの復活本の第一刷を求めて《ストランド》誌のオフィスの外に列を作った。

グラナダ版の『最後の事件』（脚本：ジョン・ホークスワース、監督：アラン・グリント、初放送：1985年9月29日）は、ジョン・ホークスワースによって感動的で忘れられない作品に仕上げられ、ホームズの喪失感を和らげるにはすぐに次の『空き家の怪事件』を見る必要があると多くの視聴者が言っている。「ドイルはホームズを抹殺するのに普通の男ではだめだとわかっていたはずだ。ただ、天才的な犯罪者を作り出し、彼が望むようにホームズを葬ったとしても、人々からあれほどの反響が出るとは思いもしなかっただろう」（《スカーレット・ストリート》誌のエリック・ポーター）。本編の撮影はスイスで行なわれたが、実際にライヘンバッハの滝でロケが行なわれるのは初めてのことだった。激流が「巨大な深い淵」へと落下していく「恐ろしい場所」［「最後の事件」］での撮影は、物語の恐怖感にリアリティーを与えた。ホームズとモリアーティの格闘シーンは収録に6回のテイクを要し、約400フィートもある滝の水しぶきのせいで岩棚がひどく滑りやすくなっていたため、エリックとジェレミーはまさに危険と隣り合わせだった。この迫力ある光景は、幾筋にも分かれて轟音とともに巨大な深淵へと落下していく三つの滝からなっていた。しかし、本編の真のヒーローはスタントマンのアルフ・ジョイントとマーク・ボイルの二人で、彼らは沸きかえる「巨大な裂け目」［「最後の事件」］から必ず生きて戻ってこられるように、鋼鉄のケーブルとハーネスを装着していた。二人にはそれぞれ2500ポンドの報酬が支払われることになっていたが、彼らが指摘するように、万一ワイヤーが切れたり、プラットフォームが崩れたりしたら、一巻の終わりだっただろう。「あれにはまったく冷汗をかいた。私とエリックは滝の縁から約8フィートのところで格闘シーンを撮ったが、下を見るたびに気分が悪くなり、それだけでも充分怖かった。スタントマンの2人がどうやって崖っぷちを越えたのか私は知らない。翌日の彼らの傷を見せたかった。（中略）崖っぷちでのモリアーティとの格闘では6回も撮り直した。泥や草や水しぶきにまみれて、のたうちまわりながら、注意しないと、崖から本当に落っこちて、コナン・ドイルのもくろみどおりになってしまう、と自分に言い聞かせたのを覚えている。そうなると〝ジャーロック・ホームズの帰還〟はないことになってしまうからね」（『NHKテレビ版シャーロック・ホームズの冒険』）。ジェレミーはスタントマンの二人が落下する様子を怖くて見ていられなかったが、彼らが無事に戻ってくると、さっそくその勇気を称えるために持参したシャンパンのボトルを開けた。

ドラマはホームズが次々と命を狙われるという痛ましいシーンから始まる——暴走する馬車にひかれかけ、石像の落下からかろうじて死を免れ、最後は二人の悪漢に襲われるが何とか撃退する。ベーカー街へ戻った彼は、埃にまみれた姿で2階の裏窓から部屋に入り、疲れと緊張でぴりぴりした様子だった。彼はモリアーティの手先どもから襲撃を受けたこと、そして今も空気銃で狙われているかもしれないことをワトスンに話す。「ちょっとばかりまずいことになっている」せいで「このところかなり無茶を重ねたからね」という言葉は、いかにもホームズらしい控えめな表現だったが、彼の乱れた服装が実態を物語っていた。ちなみに、悪漢との格闘シーンはマンチェスターのチータム音楽学校で撮影された。

モリアーティが敵意をむき出しにし始めたのは、ルーブル美術館から盗まれた『モナ・リザ』をホームズが取り戻し、贋作詐欺の計画を台無しにされてからで、これはモリアーティの復讐心に拍車をかけることとなった。本編のこの部分は、1911年に『モナ・リザ』がルーブル美術館から盗まれ、2年間行方不明になったという実際の盗難事件をもとに作られており、脚本のジョン・ホークスワースがエリック・ポーター演じるモリアーティのキャラクターを発展させるためにつけ加えたものだった。ドイルの原作を守ろうとずっと闘ってきたジェレミーも、このときはしぶしぶ認めた。とはいえ「ジェレミー・ブレットは台本が気に入らないようで、読み合わせは楽しいものではなかった。ドイルの作品に対して原理主義的な態度を取るジェレミーにとって、ジョンは邪悪な改革論者で、私は悪魔の代弁者というわけだ。賢明にもデビッド・バークとエリック・ポーターは自分の考えを明らかにしなかった。私はなぜ原作に話をつけ加える必要があるのかを説明しようとしたが、ジェレミーはまったく受けつけなかった。初日の稽古のランチはたいてい和やかなものだが、このときはみんなばらばらだった」(『セルロイドの研究』のマイケル・コックス)。

ホームズとモリアーティが互いに宣戦布告したのは、二人が敵意を露わにしたベーカー街での対面のときだった。ピストルを手元に置き、瞬きもせずに鋭い視線を向けるホームズに対し、威圧感のある声と爬虫類のような風貌のモリアーティは二人の死闘を予感させた。互いへの激しい

憎悪には彼らの命がけの覚悟が表れていた。モリアーティは、ホームズが「天才的で非常によくできた作戦」と評した『赤髪連盟』の「ナポレオン金貨の件」を筆頭に、いくつも不満を列挙した――「君が初めてわしを妨害したのが1月4日、2月の半ばには君のために非常な迷惑をこうむった。そして3月の末には、わしの計画を徹底的に壊した。そして今回のモナ・リザ事件においては、君の執拗な追及によって挫折はおろか、わしの自由さえ問われかねない状況になった。事態はすでに忍耐の限界に達しておる」（『赤髪連盟』）。ホームズが「手を引いて」モリアーティの邪魔をしないことを拒否したため、二人の対決は避けられないものとなった。「ベーカー街でのブレットとポーターのやり取りはすべてが完璧だった。巧みな問答、口調、間合い、沈黙、視線。上達したい役者はこれを見習うと

いい。まさに演技のマスタークラスだ」（Amazon.co.uk）。ホームズがワトスンに語ったところによれば、モリアーティは犯罪界のナポレオンであり、ロンドンの犯罪の半分は彼が黒幕だというので、スイスは一時の避難場所として最適に思われた。しかし、いくらワトスンを鉄道駅に無事到着させるために複雑な指示を出しても、ホームズが正体を隠すためにイタリア人老司祭に変装しても、二人の逃亡をごまかすことはできなかった。モリアーティが彼らを追うために特別列車まで仕立てたことは、このきわめて危険な犯罪者の断固たる決意と狡猾な知性を表していた。

マイケル・コックスは、時間の関係で最終的にカットされることになったものの、氷河のそばで優雅なビクトリア朝風のシャンパン・ピクニックを撮影したときの様子を記している。そのときの写真は数枚残っているだけだが、一枚は『セルロイドの研究』に掲載されたもので、ジェレミーが「カメラに応えて」両腕を伸ばしている。ペーター・シュタイラーが営む「イギリス館」に到着すると、物語はいよいよホームズとモリアーティの宿命の対決というクライマックスへと動き出す。モリアーティが偽の知らせによってワトスンを遠ざけたのは明らかで、その企ては見事に成功した。ホームズからの別れの手紙と遺言は、それが予期されていたことだけに非常に胸を打つ。事実を把握できていないのはワトスンだけで、彼が親友として多くを分かち合い、「わが生涯、最上かつもっとも聡明」とする男を追悼する最後の台詞からは喪失感が伝わってくる。ジェレミーはこう説明している。「モリアーティは最後に残った悪の象徴だ。ホームズは葬られる運命にあり、まさに死に直面している。自分がモリアーティの手先に消されることを知っているんだ。だからこそ優しくこう言う――『いいかい、ワトスン。僕は君を危険にさらしたくないから国を出る』。ところが一転して今度はこう言う――『一緒に来てくれないか?』。そう、彼は怯えているんだ。そしてライヘンバッハの滝でのことを生涯最大の手柄にしようとしている」(ジェレミー・ブレット:ローズマリー・ハーバートによる「リアル・シャーロック・ホームズ」)

グラナダが批評家からも一般の視聴者からも好意的な反応を受け、その制作と演技を絶賛されたことから、スタジオは高まる自信と華やぎに包まれていた。当然ながら、人々の注目を一身に集めていたのはジェレミーのホームズだった。すでにホームズの演技に徹底した理解と献身を捧げていたジェレミーについて、エリック・ポーターは《スカーレット・ストリート》誌でこう語っている。「ジェレミー・ブレットとの共演は素晴らしい挑戦だった。彼はホームズに深く入り込んでいて、細部にいたるまで把握していたからだ。私がモリアーティに重厚な印象を与えられたとしたら光栄だ――ただし、ジェレミー同様、あの二人のスタントマンが崖から飛び降りるところは怖くて見ていられなかったがね」

一方、スイスではグラナダの制作チームが『空き家の怪事件』の一部の撮影も行なっていた。マイケル・コックスはこんな記者声明を発表している。「コナン・ドイルが人々の強い要望に応えてライヘンバッハで姿を消したホームズを復活させたように、われわれも視聴者の声に応えてシリーズを継続し、新たに7編の制作を決定しました」。批評家たちはこれを歓迎し、「ジェレミー・ブレットのホームズはまさにはまり役だ――そのうねるような滑らかな声、唇に押し当てられた感

嘆符のような指、駅の待合室の壁にずっともたれていたかのように片方が少しめくれ上がったつば広の帽子」（「エブリー・ホームズ・シュッド・ハブ・ワン」）。ジェレミーは本編でホームズの代名詞とも言える鹿撃ち帽をかぶる必要性を認めていた。「僕はずっと鹿撃ち帽を丸めてポケットに入れておけるような学生帽みたいに考えていた。ホームズを演じるのにお決まりの常套手段は使いたくなかったし、あのイメージが好きじゃなかった。『最後の事件』でちょっとだけ海泡石のパイプを吸ったのは、ホームズがスイスでそれを買ったかもしれないと思ったからだ」（《スカーレット・ストリート》誌のジェレミー）。マイケル・コックスはホームズにふさわしい相棒を作るという目的においても成功した。「ワトスンを道化にするのはフェアじゃないし、ホームズだってそんな間抜けな男と同居したり、友達になったりしたはずがない。だから私はドクター・ワトスンのよさを十分に認めて、その魅力をきちんと引き出そうと決めた。なぜならワトスンを貶《おとし》めることは、ホームズを貶めることにもなるからだ。ホームズがいなければ、ワトスンの人生はひどく退屈なものになるだろうし、ワトスンがいなければ、ホームズの人生は悲惨なものになるだろう」（『ベーカー街221bの新しい下宿人』）

ジェレミーとジョーン

「僕たちは一生に一度の恋をした。彼女は素晴らしい人で、男が想像し得る最高の妻だった。一つの文の出だしを僕が書いて、彼女が仕上げる……そんな恋愛だった。誰かの瞳の奥を覗き込んで、まるで生まれたときからずっと知っていたみたいに感じるときがある。まさにそんな感じだった」（ジョーン・アッシャーに答えるジェレミー）。「二人は同じ日に生まれたんだ。僕が彼女に電話をかけようとして受話器を取ると、話し中だった――向こうも僕に電話をかけようとしていたからだ。そんな絆は二度とあり得ないと思う」。彼は完璧な妻だった「ジョーニー」を亡くしたとき、自信を失った。ノエル・カワードの戯曲『デザイン・フォー・リビング Design for Living』の舞台でジェレミーを見た彼女は、きっとこの人と結婚すると確信したという。意外なことでもないが、ジェレミーは自分が女性を選ぶよりも、その反対のほうがいいと言っている。「ジョーンがしたように、女性が僕を選んでくれるほうがいい。僕がそうしたこともあるけど、よくわからない。女性は男性よりずっと頭がいいし、直感だけでなく素晴らしい知性もある。それに女性は

男性よりずっと賢くて抜け目がない。男を操って最高の気分にさせてくれる。少なくとも僕の妻はそうだった」。ジェレミーとジョーンが出会ったのは、PBSが『恋がたき』を放送していた1975年の初めで、二人はたちまち惹かれ合った。ジェレミーはこのシェリダンの戯曲に関する紹介番組のインタビューでこう語っている。「『恋がたき』のスターは僕だけじゃなかったから、彼女は番組をまとめるのに夢中だったと思う。ほかに数人いた中から僕が選ばれた。僕たちはカメラの前で出会って、4分間でいいところを2時間半も話した。1976年(11月22日)の結婚式のとき、介添人を務めてくれた友人が結婚の贈り物としてそのときカットされた分のフィルムをくれた。幸い、暗闇でもそれが見えた。二人とも顔がピンク色に染まっていたからね」

ジョーンはチェロキー系アメリカ人の元女優で、

ジェレミーより4歳年上だった。つねに正直であることをモットーとしていたが、自分の年齢は認めようとしなかった。週に最大70時間も働く猛烈なキャリア・ウーマンで、仕事を非常に重視していた。とくに1973年から『傑作劇場 Masterpiece Theatre』のアーティスティック・ディレクターを務め、ボストンPBS局のWGBHで英国ミステリーの発信源である『ミステリー！ Mystery!』のクリエイターをしていたときはなおさらだった。「『傑作劇場』では、彼女がその鋭いセンスと配慮で料理を厳選し、サービスを監督していた。僕はただの給仕長だった」（《LAタイムズ》紙、1985年7月9日）

ジョーンはこの「快活で屈託のないイギリス人」と恋に落ち、「ジェレミー・ブレットのことを熱く語ったが、彼が配偶者であることを公にはしなかった」。二人ともダンスが大好きで、しばしば夜明けまで語り合うこともあった。「彼女はいちゃつくのが好きで、結婚して母親になることを一つの喜びとしていたけれど、やはりキャリアが第一だと言っていた」。二人ともワーカホリックだったので、仕事のオファーがあると、ジェレミーはたびたび彼女と離れて暮らした。《ウーマン・アンド・ホーム》誌のインタビューによれば、彼は個人的な関係にある相手には多くのことを求めるため、パートナーには忍耐が必要だと言っている。「僕と一緒に暮らすのは楽じゃない。物事を中途半端にするのは嫌いだし、ちょっとしたことで突然歌い出したり、ディスコで一晩中踊ったり、そうかと思えば朝の4時に起きたりする。仕事がハードなときは、もう気が狂ったようになるしね」（《ウーマン・アンド・ホーム》誌、1984年）

〈シャーロック・ホームズの冒険〉の撮影中、ジェレミーは妻とその二人の継子を連れて、ロンドンのメイフェアの友人の家の最上階に部屋を借りたが、平日はマンチェスターのスタジオに近いミッドランド・ホテルに滞在していた。「今のところは非常に幸せそうで、住所不定でも平気なようだ。ブレット家のロサンゼルスの屋敷が売りに出されていても、ジェレミーはまったく『意に介さない』といった目をして将来への希望に輝いていた」（同誌）。同年、彼らはロンドン南西部のクラパム・コモン・ノースサイド47のペントハウス・フラットを購入した。これはフランス・ルネサンス様式が特徴的な由緒ある建物で、ジョーンは作曲家のエドヴァルド・グリーグが滞在したというその歴史と、ジェレミーの心まで晴れやかにさせるクラパム・コモンを見渡す立地が大いに気に入った。残念ながら、引っ越す前に彼女が病気になったため、二人がそこに住むことはなかった。ジョーンの死後、1985年7月末にようやく家に帰るまで、荷物の箱は開けられないままになっていた。ジェレミーは子供たちのことを誇らしげに語り、ジョーンの子供を実子同然に考えていた。「僕には3人の子供がいるんだ。最初の結婚で得たデビッドと、二度目の結婚で得た継子のケーレブとレベッカだ。3人ともほんとに優秀なんだよ。デビッドは画家、ケーレブは弁護士、レベッカは立派な主婦、しかも美人で鋭い直感の持ち主なんだ。つい先日の日曜日、家族で祖父母のためのパーティーをしたんだよ」（同誌）

グラナダ・スタジオでの〈シャーロック・ホームズ〉シリーズの撮影が休みになると、ジェレミーは膵臓癌と診断されたジョーンと一緒に過ごすためにアメリカへ飛んだ。彼がこの衝撃的な知らせを受けたのは、スイスで『最後の事件』を撮影していたときだった。彼は記者にこう説明している。「休暇が欲しかった。それは妻のそばにいるためでもあったんだ。１９８４年の『最後の事件』の撮影終盤に彼女が癌だと知り、目の前が真っ暗になった。もう仕事をする気になれなかった」。「ジョーンと一緒にいられないことにはひどく不満を感じていたけど、じつは化学療法を受けている間、彼女は僕がそばにいることを望まなかった。『あなたには耐えられないわ』と言ってね。処置室へ入った僕は、彼女に装置が取りつけられるのを見て心が潰れそうになった。でも、本当に打ちのめされたのは、化学療法で髪を失った2歳の女の子を目にしたときだ。ジョーンとその子を重ねて見ることがあまりにも辛くて、そのまま気絶してしまった。まったくの役立たずさ。ジョーンに『もうこんなことしないで。あなたのためにならないわ』と言われて謝った。実際、次に行ったときはまだよかったけど。ジョーンを失った悲しみを乗り切るには多くの時間と努力を要した。彼女が亡くなった後、僕はしばらく精神状態が悪化して、『知るか！　何でわざわざ！』と思ってばかりいた」（ジョー・ウィードンの「ついに僕はホームズの影から自由になった」）

ジェレミーは治療を続ける彼女のそばにいられるように、『アーント・ウィー・オール？ Aren't We All?』というブロードウェイの舞台に出演した。生前、ジョーンがまだ元気だった最後の日に二人で舞台の成功を祝い、大好きなダンスをした。「プロデューサーが舞台初日の晩にレインボー・ルーム［ニューヨークのロックフェラー・センター最上階にあった有名レストラン］を予約していたんだ。

ジョーンとジェレミー（N・S・ジョンソンの厚意により提供）

4月のことで、店内は桃の花でいっぱいだった。シルバーと深紅のドレスを着たジョーンは、彼女の髪にそっくりの素敵なウィッグをつけていて、本当にまぶしいくらい美しかった。僕たちはみんなの注目を浴びながら踊ったんだ」。ジョーンが亡くなったとき、ジェレミーは率直にこう語っている。「僕は1985年7月4日に彼女を亡くした。舞台——23日まで続いた——が終わってからイギリスへ帰ったが、それまでどうやって演技をしていたのかわからない。ふらふらになって舞台を終え、目の前は真っ暗だった」。彼は《ザ・スター》紙にこうも語っている。「僕はジョーンが亡くなったことに今でも激しい怒りを感じる。そして自己憐憫に陥るけど、それがよくないことはわかっている。僕はいつも奇跡が起こって彼女が回復すると思っていた。でも、そうはならなかった」（キャロル・マローンの「シャーロックの悲しみ」、《ザ・スター》紙、1986年1月9日）。「ジョアンは、私に大きな自信を与えてくれた。ありのままの私を愛してくれた。ジョアンが最後に私に言った言葉は、『あなたは大丈夫？』だった。あのような状態の時、それはとても意外な言葉だった。ジョアンは54歳だったが、自分の未来に素敵な夢を描いていた」（『NHKテレビ版 シャーロック・ホームズの冒険』）

シャーロック・ホームズの生還
第3シリーズ

マイケル・コックスは、第3シリーズとなった〈シャーロック・ホームズの生還〉を「最高の時期であり、最悪の時期」と呼んだ。人気の高まりとともに制作チームの士気が高まる一方、主役のホームズを演じるジェレミーがきわめて不安定な状態にあったためだ。彼は第2シリーズの最終編の撮影中に、最愛の妻ジョーンが病気であることを知らされた。癌の宣告は衝撃的で、こうした場合に多くの人々がするように、みんなが最後の最後までジョーンの回復を願っていた。「そう、あれは大変なショックだった。彼女が1985年7月4日に亡くなって、僕は完全に途方に暮れた。ホームズどころか、何にも意味を見出せなくなった」。ブロードウェイでの仕事が終わると、彼はジョーンと二人で買ったクラパム・コモンの自宅へ戻ったが、そこには荷物が箱に入ったまま置かれていた。

9月、グラナダ・シリーズ撮影中の定宿としていたマンチェスターのミッドランド・ホテルで、「僕は世捨て人のようになっていた。自分の部屋で食事を取り、ホテルの壁をただじっと見つめていた。ホームズを演じるときは愛や愛情といったものを排除する。彼は非常に暗い人物で、日常的

に演じるにはひどく不愉快な役なんだ」。「僕はもともと陽気で社交的なのに、ホームズは孤独で気難しいからまるで月の裏側みたいに暗い気分になる。それに彼は口数が少ないから僕もしんとなる。だから髪からポマードを洗い流すと同時に役を洗い落とす必要があったんだ」。「ジョーンが亡くなって、人生から光が消えてしまった。そう、彼女は僕の自信そのものだったんだ。僕はもうホームズを演じたくなかった。意味がないからだ。でも、契約の関係で2か月後の9月には撮影を始めた。それまでのシリーズとは演じ方が違ったけど、それはそれで役に合っていたよう

だ」（「ハッピー・ホーム・フロム・ホームズ」、「ザ・モア・ザン・エレメンタリー・ミスター・ジェレミー・ブレット」、『ベーカー街221bの新しい下宿人』より抜粋）

▼空き家の怪事件

『空き家の怪事件』（脚本：ジョン・ホークスワース、監督：ハワード・ベイカー、初放送：1986年7月9日）は、その一部がホームズとモリアーティ教授の対決の舞台となったスイスのマイリンゲンで撮影された。ホームズの生還を予想していた制作チームは、その点では抜かりがなかった。しかし、ワトスン博士役のデビッド・バークの降板は、ストーリーを完結させるために追加の撮影が必要であることを意味し、再びスイスを訪れる予算もなかったため、代わりにウェールズの山地でロケが行なわれた。ロイヤル・シェイクスピア・カンパニーから妻のアンナ・カルダー＝マーシャルとの共演をオファーされたデビッドは、当時5歳だった息子のトムのことを考えて、グラナダ・シリーズを降りることにした。「我々は、ほぼ18カ月間びっしりとマンチェスターで撮影を行ない、私は一度も家に帰って家族に会うことができなかった。ストラトフォード・アポン・エイボンのロイヤル・シェークスピア・カンパニーに入り、アンナと共演することができるので、そうすることに決めた。妻との仕事は大変楽しかったたし、マキシム・ゴーリキーの『小市民』で、大悪党を演じるというおまけまでついた。ワトスン役とはなんとかけ離れた役

だったことか」（『NHKテレビ版シャーロック・ホームズの冒険』）。マイケルはこれがどれだけの影響を及ぼすかを認識していた。「大打撃だった。ジェレミーはこれまでどの役者も表現してこなかったホームズの一面に目を向けて、前任の名優たちを凌駕するまでになっていたし、一方のデビッドもワトスンのイメージを一変させていた。彼はドイルが描いたとおりのワトスンを演じていたが、今度はその彼の代わりを探さなければならなくなった」。デビッドの後任にエドワード・ハードウィックはどうかと提案したのはアンナだった。ラジオのシェイクスピア劇『タイタス・アンドロニカス』でエドワードと共演したことがあった彼女は、彼の才能を高く評価していた。数年後、ジェレミーとエドワードがITVの情報バラエティー番組『ズィス・モーニング』でリチャード・マドリーとジュディ・フィニガンによるインタビューを受けたとき、ジェレミーは共演者が替わったことについて不安はなかったかと訊かれてこう答えている。「正直、あったよ。でも、そこから奇跡が起こったんだ。エドワードはとても温厚で繊細な人物だから、何とか波風を立てないように力を尽くし、見事に成功した。シリーズにとって大惨事になりかねなかった出来事が思いがけない贈り物に変わったんだ。ただ、約1年半も一緒だったデビッドとはすごくい い関係だった」ため、「最高の友人」を失ったとも述べた。

一方、エドワードはこうコメントしている。「何よりもまず波風を立てないように注意した。ジェレミーをはじめ、作品に取り組むスタッフの間には素晴らしい雰囲気があったからね。ただ、僕はデビッドとは違う人間だから多少の変化は避けられない。どんな役者でも、自分が何者でどういう人間で、どんな容姿をしているかによっていくらかの制限があるものだ」。じつはエドワードがジョン・ワトスン博士を演じたのは『空き家の怪事件』が初めてではない。彼なりのワトスン像を作り上げるため、すでに2、3編の撮影を経験していた。とは言え、最初に撮影された『修道院屋敷』の冒頭から、彼は非常に鋭敏で有能な俳優であることを証明した。さらに『マスグレーブ家の儀式書』では、ホームズとの関係をコミカルに演じて視聴者を楽しませ、その後も27編のドラマと1編の舞台に出演した。

「わが親友が滝壺へ消えてから3年が過ぎた。長い3年だった。あの目もくらむような深い谷底、渦巻く水の底に、悪名高いモリアーティ教授と当代きっての名探偵はともに永遠に横たわっている。3年後の今でも、ロンドンのどんな街角も、旧友の記憶が残っていない場所はない。(中略)またこの街を訪れれば、過去を思い、失った友を悼む思いがさらに痛切になるばかりだ」(グラナダ版『空き家の怪事件』)。『空き家の怪事件』の最初の15分はワトスンが主役で、私たちは彼が一人の町医者、監察医、そして医学者として、犯罪現場でホームズなしに合理的な推論を行なう姿をシリーズで初めて目にする。エドワードはこの転換をスムーズに成し遂げ、ワトスンとホームズの関係を何よりも重視した完璧な演技によって、とりわけ熱心な視聴者をも満足させることに成功した。ホームズが生還すると、ワトスンは友情の深さと目の前の劇的な展開に対する反応を試される。そしてそれまでの悲しみはたちまち興奮と新たな冒険への期待に取って代わられる。

ホームズが生きていたという驚くべき事実と変装の正体を知ったショックから、ワトスンが「わが生涯、あとにも先にも初めてのことだが」〔「空き家の冒険」日暮雅通訳、光文社文庫、2006年、『シャーロック・ホームズの生還』所収〕気を失って倒れるというのはメロドラマのようだった。ホームズは愛情深い手つきで彼の顔に触れながらこう言う――「ワトスン君、本当にすまないことをしたね。こんなに驚くとは思わなかったのだ」。背中を丸めた古本屋の老主人の変装は傑作で、アデア卿殺人事件の検視審問でこっそり傍聴席に入り込んだときも、診察室に姿を現す前、法廷を出るワトスンと階段でぶつかって座り込んだときも、ホームズは本人と気づかれなかった。変装を解いた彼は窓の前でその長身を優雅に伸ばし、「背が高いくせにずっと何時間も一フィートほど縮まっているなんて、それこそ拷問だった」〔「空き家の冒険」〕という原作の台詞を見事に表現した。

ライヘンバッハの滝では、恐怖と混乱に陥ったデビッドのワトスンが「ホームズ!」と叫び、友人のアルペンストックと置き手紙を見つける一方、ホームズは警官らが「ひどく真剣ながら、まったく効果の上がらぬ」やり方で自分の死の調査をしている様子を安全な岩棚に隠れて見守っている。マイリンゲンで撮影されたこのシーンは、ホームズの心情を表す重要な場面だ。彼がワトスンに呼びかけようとして思いとどまる瞬間、それは二人の絆を強く印象づけた。ジェレミーがデビッド・スチュアート・デービスに語ったところによると、あの場面はもともと台本になかったが、ワトスンに対するホームズの深い愛情が「本来の現実的な気質」を上回り、感情に押し流されそうになる様子を表現するために敢えてやったという。「ホームズが友人に叫び返したい衝動をぐっと抑えて、そのまま3年間行方をくらますというあのシーンは、私のお気に入りだ」(マイケ

ル・コックス)

滝の水しぶきを浴びながら、ホームズがバリツという日本の格闘技によってモリアーティを倒したと知ったワトスンは、驚嘆と喜びでいっぱいだった。ちなみに、ホームズがその後の空白の3年間をどう過ごしていたかというと、彼は大好きな探検を思う存分楽しんでいたらしい。「シガーソンという名前のノルウェー人」としてフィレンツェからチベットへ旅し、ラサでダライ・ラマのもとを訪れたのち、ペルシャからハルツームへ行ってカリフと面会し、最近は関心のあったコールタールについて研究していたという。モリアーティとの恐ろしい格闘の記憶から、危険きわまりない場所を脱出して遠いエキゾチックな土地へと逃れ、さまざまな新しい体験とともに誇るべき偉業や功績、挑戦を果たした記憶へと話が移り変わるとき、ジェレミーはホームズの気分が表面下で刻々と変化していくのを表現した。原作ではこの3年間はほんの数行で説明されているだけだが、ホームズがこれまでに起きたこととこれから起きることを十分に把握していることは、自信に満ちた新たなオーラと落ち着きをまとった彼の姿からはっきり見て取れる。

しかし、ホームズは九死に一生を得たものの、現場にいたモリアーティの残党に脱出を目撃され、依然として大きな危険にさらされていた。一方、ハドスン夫人との感動的な再会は鏡に映るというハワード・ベイカー監督ならではの演出で描かれ、ホームズの悲劇的な死を悼んで黒い布が掛けられたマントルピースの上のライヘンバッハの滝の絵は、「あの奈落の底」からの生還がいかに困難なものだったかを物語る。セバスチャン・モラン大佐はモリアーティの一味の一人で、スイスからずっとホームズを追ってきたスナイパーとされている。十分な口径で先の軟らかい拳銃用の弾を発射できる強力な空気銃を使ってロナルド・アデア卿を殺したのも彼で、実際、銃弾はまだ発見されていなかった。そして今、街灯の下で様子をうかがう見張り役から情報を得て、彼はホームズに狙いを定めていた。

ベーカー街の部屋の窓に特製の蠟の胸像を置き、3年も待ち続けた逮捕の瞬間に備えて待ち伏せするホームズとワトスンは、かつてのコンビを復活させる。武勲赫々たる「したたかなハンター」は邪悪なモリアーティの遺志を引き継ぐつもりだったが、そんな彼でもジェレミー演じる勇敢なホームズを負かすには態勢が不十分だったようだ。こうして「ロンドン第二の危険なる人物」を刑務所に送り、晴れてベーカー街へ帰還したホームズは、ロンドンがようやくモリアーティ一味の悪事から解放されたという安心感をもたらした。ドラマにはコミカルな場面もいくつかあり、ハドスン夫人がホームズの蠟の胸像のうしろに身をかがめ、いたずらっぽい笑みを浮かべて15分おきに向きを変えるというシーンもそうだ。また、ワトスンと無事に帰ってきたホームズに、彼女が落ちていた銃弾を手渡すシーンもそうで、これはモラン大佐をアデア殺害で有罪とする証拠になる。エンディングのシャンパンでの乾杯も、本編にふさわしいものだった。ドイルは自分が生み出したヒーローをこうして見事に復活させ、読者をわくわくさせたのだった。

20世紀の人々もまたこれを待ち望んでいた。「〈シャーロック・ホームズの生還〉――ジェレミー・ブレットが再びホームズを演じる全7話の新シリーズは、これ以上ないほど素晴らしい。舞台でワトスン博士を演じたこともあるブレットは『彼らは二人で一人なんだ』と語った」(「シャーロック 滝から現わる」、《デイリー・メール》紙、1986年7月6日)。「原作で1892年に滝へと転落したホームズが、1903年に『空き家の冒険』で生きて帰ってきたとき、当時の《ストランド》誌の読者は大喜びした。〈シャーロック・ホームズの生還〉(第3シリーズ)を制作したグラナダ・テレビには、昨年のライヘンバッハの滝のエピソードで死んだと思われていた名探偵が生還したとき、視聴者が同じように大喜びすると期待するだけの資格がある。純然たる事実として、グラナダ版ホームズはこれまでで最高の出来である。私はジェレミー・ブレットのホームズを見れば見るほど、ベイジル・ラスボーンを懐かしいと思えなくなり、グラナダの二人のワトスン(最初はデビッド・バーク、今はエドワード・ハードウィック)を見れば見るほど、ナイジェル・ブルースのハリウッド的なワトスンが滑稽に思えてくる」(《タイムズ》紙、1986年7月9日)。「〈シャーロック・ホームズの冒険〉(第1および第2シリーズ)(1984年〜85年)が賛辞も喝采もないまま暗闇の中で制作されたのに対して、今回の全7話の新シリーズは根底に揺るぎない自信が感じられ、クオリティーの高さを自負するチームによって制作されたことがわかる」(『スクリーンのシャーロック・ホームズ』)。「ジェレミーは一緒に仕事をする人間として素晴らしい。じつに豊かな才能の持ち主で、私にとって最高のホームズだった」(《スカーレット・ストリート》誌のパトリック・アレン)

▼プライオリ・スクール

『プライオリ・スクール』(脚本：T・R・ボウエン、監督：ジョン・マッデン、初放送：1986年7月16日)は、多くの人にとってお気に入りのエピソードではないだろうか。プライオリ・スクールとしてハドン・ホールが、第6代ホールダネス公爵の館としてチャッツワース・ハウスがロケ地に使われたというだけでも、名門寄宿学校から生徒が失踪するという物語の魅力的で威厳に満ちた背景を作っている。オープニング・シーンは、探偵らしく落ち着いて対応するホームズの堂々たる存在感や直感とともに展開される。今回の依頼人は国王ではないものの公爵で、富も権力も影響力もある前閣僚だった。

結びのシーンを除いてドイルの原作に忠実な本編は、ベーカー街の部屋で眠っているホームズの上着のポケットにワトスンが名刺を入れるというユーモラスな場面から始まり、次の瞬間、「じつに大柄でもったいぶって偉そうで、まるで沈着冷静、意志堅固が服を着て歩いているかのよう」[「プライアリ・スクール」日暮雅通訳、光文社文庫、2006年、『シャーロック・ホームズの生還』所収]な男がひどくドラマチックな形で登場する(「プライアリ・スクール」)。文学修士、哲学博士の肩書

きを持つこのソーニークロフト・ハクスタブル博士は、たちまち気を失って暖炉の前の敷物の上に伸びてしまう。そして回復すると、彼が校長を務めるプライオリ・スクールへ同行し、なかでも重要な生徒の一人であるサルタイア卿の誘拐について調査してほしいと二人に懇願する。ホールダネス公爵の一人息子だというこの9歳の少年の不幸な家庭環境が今回の失踪に関係があるかもしれないと、ホームズは捜索に乗り出す。少年と少年をかどわかした悪漢の両方を見つければ6000ポンドの報奨金が得られるというのも大きな魅力で、本件はホームズにとって特別な依頼となる。身代金の要求についてのホームズの質問が本質をついていたのは、じつは要求がいっさいなかったためだ。ドイツ人教師の役割をめぐって深まる謎は、ハクスタブルと一緒にダービシャーへ行って調査を始めるだけの動機をさらに強める。ホームズはほかの人間と違って公爵に堂々と異議を唱え、令息の失踪の本当の理由についても答えにくい質問を突きつける。

独特の熱意を持って調査を始めたホームズは、すぐにドイツ人教師が学校を抜け出して荒地に向かうサルタイア卿を追っていった状況をたどることができた。自転車のタイヤ痕と馬の蹄鉄が事件解決の鍵となる——二人の人間が逃亡するのに自転車が1台というのは奇妙で、馬の蹄鉄が打ち直されている点も重要なヒントだ。荒地に出て痕跡を探すシーンには、ホームズが珍しくワトスンの空腹に触れるというユーモアも盛り込まれている。事件について考え込んでいたホームズは、ワトスンがこんなに切迫した状況でも宿屋はないかと言うのを聞いても無視しているが、突然、それが自分の提案であるかのように「昼飯だろ、わかってるよ、君が餓死しそうだってこと

は！」と叫ぶ。食べ物に関するネタはシリーズ中に何度か出てくるが、この部分はジェレミーとエドワードが二人の友情をべつの面から探究しようとしてなされたものだ。「これは男同士の優れた友情物語だが、今はもう男の友情なんてなくなってしまった。ホームズとワトスンの素晴らしいところは、彼らがこのかけがえのないプラトニックな関係を持っていることだ」。あの「ひどい」昼飯も、「二人によるコミカルなシーンだった」（エドワード・ハードウィック）

ホームズとワトスンはまず公爵の館を訪れ、それから逃亡者の痕跡をたどるために2頭の馬を借りるが、おかげでジェレミーは乗馬の名手としての腕前を披露するとともに、彼の一番の気晴らしを楽しむことができた。馬から降りるときにみっともない着地をするおそれもあったが、ジェレミーは手綱に足を絡ませることなく優雅に降りた。馬の扱いに慣れていたおかげで、彼はホームズが借りた馬を専門家のように調べ、「古い蹄鉄に新しい釘」という発見をするシーンも自然に見せることができた。これが意味するところは、公爵がこの地方の寒さでは牛の放牧は無理という事実に触れたときにはじめて明らかになり、ホームズは牛の蹄の重要性に突然気づく――「これはまったく不明でした」。再び荒地に出た二人は、絞殺され、ハシボソガラスの餌食となったドイツ人教師、ハイデッガーの遺体を発見する。公爵が沈痛な面持ちで告白したように、秘書のワイルダーはじつは公爵のかつての恋人との間にできた子供で、結婚生活が破綻したのもこの息子のせいだった。そしてこれが事件に決定的な展開をもたらす。

本編では、パトリック・ゴワーズの音楽とサイモン・プレストンが指揮するウェストミンスター寺院少年聖歌隊の歌声がじつに効果的に使われており、とくにミサ曲『われを解き放ちたまえ Libera me』は失ったわが子への哀悼の歌となっている。「『ジョン・マッデン監督の『プライオリ・スクール』は、私のお気に入りの一作だ。洞窟で撮影された最終シークエンスはじつに印象的で、原作以上の仕上がりになったと思う。それにジェレミーが素晴らしかった。まるで一流プレーヤーとテニスをしているような感じだったよ。私が何とかラケットを振ると、彼はこちらをめがけて鋭くボールを打ち返してくるんだ」(ITVのドキュメンタリー『初歩だよ、ワトスン君 Elementary, My Dear Watson』のエドワード・ハードウィック)。「『プライオリ・スクール』――今週のホームズ&ワトスンは、エンディングがいつになく物足りないドイルの原作に比べてずっといい。ドイルの周到な物語として評価が高い本作に対して、脚本のジョン・ホークスワースとT・R・ボウエンはフィナーレの舞台を洞窟に設定し、他のあらゆる点と同様、古典的な形で犯人を追いつめたことにより、原作純粋主義者たちからリンチされる危険を冒した。今さらジェレミー・ブレットとエドワード・ハードウィックをホームズ&ワトスンの決定版として称えるのは月並みだが、それでも初めてこのドラマを見るという視聴者には、今晩、彼らのためにどんな逸品が用意されているかを知る権利がある」（《タイムズ》紙の「チョイス・バイ・ピーター・ダベル」、1986年7月16日）。「今回シャーロック・ホームズを演じていて、私が嬉しいことがもうひとつある。それは一緒に仕事をしているスタッフのことだ。現場の全員が、最初の撮影までに脚本をしっかり読んでいるなんてことは、めったにあることじゃない。本当に助かっている。（中略）最高の効果を得るためには、素晴らしい美術、優れた照明技術、そして明瞭な音声が必要なんだ」（『NHKテレビ版 シャーロック・ホームズの冒険』）

▼第二の血痕

『第二の血痕』（脚本：ジョン・ホークスワース、監督：ジョン・ブルース、初放送：1986年7月23日）が第3シリーズの撮影3作目となったのは、『空き家の怪事件』に向けてエドワードがワトスン役になじめるようにするためで、本編はワトスンが事件の記録を公表する許可を得ようと、引退してサセックスで養蜂を営んでいるというホームズのもとを訪れるところから始まる。養蜂家の衣装も蜜蜂の巣箱も用意されていたこれらのシーンが最終的にカットされたのは、おそらく番組の編集や放送時間の関係と思われるが、この失われたシーンの写真だけはまだ何枚か残っている。

撮影はホワイトホールおよびウェストミンスター周辺で行なわれ、首相官邸のダウニング街10番地は立ち入り禁止区域だったものの、政府の所在地は実際と同じで、ゴドルフィン街も場所を特定してエドアルド・ルーカスのシーンに使われた。「あれはどこかの通りに着いて、ジェレミー・ブレットと二人でハンサム馬車に座っていたときのことだ。私たちの背後に窓があって、そこにカメラが設置されていた。道路に黄色いラインが見えたんだが、すぐに小道具係がテープを持って

出てきた。あれには本当にびっくりしたよ。もしかしたら道路に黄色いラインが引いてあるかもしれないと誰かが予想していたんだろうね」（シアター・アーカイブのエドワード・ハードウィック）

本編の「導入部」は、ある文書の紛失事件をめぐって朝の8時半に二人の高名な人物がお忍びでやってくるという場面から始まり、ベーカー街の部屋では朝食の食器などが急いで片づけられる。「威厳たっぷりの」〔「第二のしみ」日暮雅通訳、光文社文庫、2006年、『シャーロック・ホームズの生還』所収〕首相のベリンジャー卿とヨーロッパ担当大臣のトレロニー・ホープ閣下が持ち込んだ緊急を要する依頼というのは、「さる外国の君主からの書簡できわめて重要なもの」が鍵のかかった政府の文書箱から盗まれたため、至急回収してもらいたいというものだった。自宅の安全上の問題や個人の不注意が原因で文書が紛失した可能性を示す証拠はなく、文書の存在を知っているのはほぼ閣僚のみだった。二人の紳士はこれが国家機密に関わるものであること、そして文書が発見され、公表されればヨーロッパに大惨事――戦争――をもたらすおそれがあるため、いかなる調査も秘密厳守で行なわれなければならないことを強調する。しかし、ホームズは彼らが自分と自分のやり方に全幅の信頼を寄せていないとして事件を引き受けようとしない。冷淡な笑みを浮かべて依頼を断るホームズは、自分を信じてすべてを打ち明けるか、さもなければほかを当たるようにと二人の政治家に迫る。

一方、彼らが帰るとすぐにまたべつの訪問客がある――レディー・ヒルダ・トレロニー・ホープが夫のことを聞き出そうとやってきたのだ。ホームズは夫人の目的が情報を得ること以外にないと知って彼女に興味を引かれるが、探偵としての名誉にかけて誓った秘密については何も話すことができず、「そのご質問にお答えはできません」と言わざるを得ない。ただ、手がかりや動機を求めて依頼人を注意深く観察したホームズは、夫人の不自然な態度――「興奮を押し隠して、いらいらと落ち着きなく、それに執拗な質問ぶり」――に気づき、彼女の本当の狙いは何なのかと思いめぐらす。これはホームズが女性に何らかの関心を示すシーンの一つで、彼はワトスンに「女性は君の専門分野だろ」と言いながら、女性の不可解さを手厳しく非難する――「じつに些細な行動に重大な意味があるかと思うと、大騒ぎの原因が何とヘアピン1本だけだったという場合もある」。ただ、これにはそんなちょっとしたことをやけに気にしているような印象も受ける。実際、ジェレミーもそう感じたようで、あるインタビューでこう語っている。「ホームズは他人を寄せつけない、ひどくよそよそしい人物のように見える。でも心の底、心のずっと奥底では、ものすごく繊細で感情豊かな男だと思う」（《ブライアン・タイムズ》紙、1988年9月8日）

盗まれた文書を買い取るだけの金を持ち、これほどの離れ業をやってのけられるのは3人だけとしてホームズが挙げたのは、オーバーシュタイン、ラ・ロシエール、エドアルド・ルーカスだった。彼らの居所を調べるために出かけようとしたちょうどそのとき、ホームズはそのうちの一人が殺されたというニュースを知らされて立ち止まり、結果として二つの事件の関連を追うことになる。本編の一番の見どころは、18世紀の家々が立ち並ぶウェストミンスター寺院の近くで、ゴドルフィン街にあるエドアルド・ルーカスの自宅のシーンだ。担当のレストレード警部は、居間の床板についた第二の血痕が絨毯の血痕の位置と合わないという謎についてホームズが説明してくれることを期待するが、警部と同様、ホームズも自分の知っていることを明かすつもりはない。というのも、ホームズの調査にとっては犯罪者と同様に警察もまた危険だからである。現場を調査するシーンで、レストレードの注意をわざと外にいる見張りの警官のほうへそらし、部屋から遠ざける場面はユーモアと緊張に満ちている。ジェレミーはそれっとばかりに床に身を投げ出し、盗まれた文書の隠し場所を探して必死に「正方形の床板一枚一枚に爪をひっかけていった」［「第二のしみ」］。ワトスンはその様子を心配そうに見守りながら、レストレードと警官から目を離さない。ホームズは床板をあちこち調べ、ついにその中の一枚を持ち上げて鼻息を荒くするが、「中はからっぽ」で「怒りと失望のこもったうなり声をあげ」る〔「第二のしみ」〕。このときのジェレミーの姿はまたしても《ストランド》誌のシドニー・パジェットの挿し絵そっくりだった。彼はこう説明している。「ホームズが床に這いつくばるシーンはなかなか愉快だ――本で読んでもべつに面白いとは思わないけど、彼がさっと身をかがめて、床に鼻をくっつけんばかりに手がかりを探す様子を実際に見たら、笑いが止まらないよ。あの機敏さは彼の頭の回転の速さを表現しようという僕の悲壮なまでの試みなんだ」（「ホームズ・ルール」のジェレミー、《ビデオ・トゥデー》誌）。「絨毯の向きが変えられたというからくり――レストレードのお手柄――が見事に描かれているし、ホームズが焦って床板を調べる様子にはすごく緊張感がある」（『セルロイドの研究』）

レストレードが戻ってきたとき、ホームズは絨毯をもとの位置に戻して何事もなかったかのように椅子に座っている。警官の報告から、事件の翌日に若い女性がこの部屋を訪れたことが判明し、ホームズはレディー・ヒルダが関係していることに気づく。事実を話すように説得された夫人は恐喝と凶悪な殺人に巻き込まれたことを告白し、文書を盗んだのは彼女で、今もそれを持っていることが明らかになる。ここで必要とされるのは、とにかく盗んだものを文書箱のしかるべき場所に戻すことだった。箱は画面では丸見えになっていたが、ホームズはカメラに映っていないところで手品師のような一瞬の早業によって不可能を成し遂げる。このシーンには、ホームズの動きは映っていないのだから説明の必要もないというグラナダ側の開き直りも感じられる。再び視界に入ってきたジェレミーが平然と煙草に火をつけたのは、ホームズというキャラクターに

絶大な信頼を感じている証だった。

最後に「大成功！」と叫んで階段から勝利のジャンプをするというのは、マイケル・コックスに言わせればいかにもジェレミーらしい盛大な振る舞いで、締めくくりにぴったりでもあった。ところが残念ながら、着地がかっこよく決まらなかったため、このシーンは着地寸前のところでカットされた。ちなみに、これはその少し前に調査をどう進めるべきか迷っていたときのホームズの言葉を思い出させる――「この事件を成功裏に解決できるとしたら、僕の経歴に栄光を添えるのは確かだろうがね」。ホームズはパイプを吹かしながら満足げにそう話すが、次の瞬間、うっかり新聞に火をつけてしまう。彼はジェレミーが言ったとおりの「問題児」というわけで、視聴者にまた一つユーモラスで絶妙なワンシーンを提供した。「そもそもホームズは仕事をしていないとダメになる。この点が演じやすいのは俳優もそうだからだ――仕事にありつけないと僕たちはみんな落ち込むんだ。でも、そこでホームズはどうするかというと、彼はすぐに7パーセント溶液を静脈に注射したり、やたらと煙草を吸ったり、キーキーと耳障りな音を立ててバイオリンを弾いたりする」（ジェレミー・ブレット：ローズマリー・ハーバートによる「リアル・シャーロック・ホームズ」）

「ジェレミー・ブレットと一緒に仕事ができたこと、それもシャーロック・ホームズを演じる彼と共演できたことは女優として大変な名誉です。彼のホームズは最高の称賛に値するもので、あの偉大なキャラクターの決定版だと思います。ホームズ役に没頭し、細部まで綿密に注意を払い、セットの小道具一つ一つに精通していた彼の姿勢を私はけっして忘れません。彼はまた撮影に驚くほどの集中力を発揮していました」（《スカーレット・ストリート》誌のパトリシア・ホッジ「レディー・ヒルダ役」）

▼マスグレーブ家の儀式書

第3シリーズの撮影2作目となった『マスグレーブ家の儀式書』(脚本:ジェレミー・ポール、監督:デビッド・カースン、初放送:1986年7月30日)は、ホームズがワトスンを脇役としてまさに舞台の中心に立ち、ジェレミーがホームズというキャラクターにいっそう近づいた作品と言われている。この54分間のエピソードには、しばしばコカインの影響を思わせるシーンが登場し、ジェレミーは次々と変化するホームズの精神状態を幅広く表現している。冒頭シーンで最初に登場するホームズは、ワトスンとともに馬車に揺られて、サセックスにあるハールストンの屋敷へ向かう旅の途中である。彼は「しぶしぶ」といった様子で、屋敷の寒さに対する不満と、旧友で陰気なレジナルド・マスグレーブとともに過ごす退屈な時間への悲観的な見通しを口にする——ホームズがコカインに逃げるのも無理はないかもしれない。ところが、次のシーンではそれまで見せたことのない一面を披露し、コカインの影響を受けたホームズは、かつて執事にフランス語で「ピッコロの由来」を講釈されたことを思い出して大笑いする。最初はびっくりした様子だったワトスンも、すぐに彼の上機嫌につられて一緒に笑い出す。ジェレミーはピーター・ヘイ

「友人にして同僚のワトスンだ」――『マスグレーブ家の儀式書』

ニングにこう語っている。「ホームズは感情の多くを抑え込むから最初は確信がなかった。でも、ひとたび彼の武装に隙間が見つかり始めると、彼にも笑う瞬間があることに気づいた。僕はこの役に自分なりのユーモアも少し取り入れたいと思ったんだ」

物語は執事のブラントンを中心に展開される。マスグレーブ家の儀式書について調べるだけの教養も好奇心もあったこの執事が、儀式書のことを雇い主よりもずっとよく理解していたのは明らかで、ホームズはあらゆる局面で彼がすでに目的の場所に到達したことを知る。ブラントンの婚約者だったレイチェル・ハウエルズの奇妙な言動によってブラントンの失踪が明らかになり、続いてレイチェル自身も姿を消すが、二人の失踪の謎はホームズが最終的に儀式書を解き明かして初めて判明する。本編でマスグレーブ家の屋敷として登場するのは、ウォリックシャーにあるバッデスリー・クリントンという堀を擁する中世のマナーハウスである。興味を引かれたホームズは儀式書を読み上げさせ、そこに書かれたさまざまな要素を探究する。彼が「長老とも言うべき樫の木」に注目したことから、暮れかかる空を背景に傘をさす3人がシルエットとなって浮かび上がるという印象的なシーンが生まれる。だが、雨のせいでそれ以上の調査は断念せざるを得ない。

一方、ホームズはもはや無気力から回復し、探偵の本領を発揮して宝探しに打ち込む。風見に樫《かし》の木の飾りを発見したこと、さらに楡《にれ》の木があった場所とその影の長さをマスグレーブが覚えていたことから正確な測定がなされ、さっそく探索が始まる。ホームズが先頭に立って歩数を数え、ステッキで方向を指し示したり、これを肩にかついだりして、今度はこっち、次はあっちと軍隊のようにきびきびと進む様子はじつにユーモラスだ。そしてついにこれ以上進めないところまで来ると、3人は漕ぎ舟に乗って堀を渡る。船首に立つホームズはまるで水の上を歩いているかのようだ。ホームズは想像力を働かせることによって謎を解き明かすが、これは彼のきわめて強力な武器である。地下から発見された宝は、チャールズ1世の肖像が描かれた硬貨と「スチュアート王家の頭を飾っていた」古き時代の王冠であることが判明し、崩れた金属片を組み直してその姿を再現するシーンは、またしてもジェレミーらしい成功の喜びに満ちている。

脚本家のジェレミー・ポールは原作を効果的にアレンジし、ブラントンのもつれた女性関係を描くとともに、彼をホームズやワトスンと交流させた。この作品でアメリカ探偵作家クラブ賞の最優秀テレビエピソード賞を受賞したのも当然である。「ハールストンのロケ地としてウォリックシャーの堀に囲まれた立派な館を選んだのは正解だったが、儀式書に記されたとおりに足取りを再現するのは大変だった。本当に忠実かつ正確に描くとしたら、3人をアザミの土手に立たせただろう。『樫の木と日輪』の問題もあったが、これはまるで神の御業《みわざ》かのように、たまたま先端に樫の木の飾りがついた風見があったおかげで解決できた。ホームズが堀の手前で立ち止まり、その先の建物へ漕ぎ舟で渡ることになるシーンはじつに愉快だ。一方、前半にはホームズが明らかに薬物の影響を受け、ワトスンがその様子にびっくりするという場面が二回ある。これは原作では強調されていないが、私たちは今後のエピソードでホームズがコカインをやめ、(近年では議論を招きかねない)この問題にけりをつける場面に備えて伏線を張ろうと考えた」(『マスグレーブ家の儀式書』台本のまえがき)

エドワードは今回の謎解き体験についてこうコメントしている。「実際に歩いてみたら、敷地をぐるりと一周して出だしに戻っただけだった。ドイルの原作はそんなことばかりだが、それでも読者が納得していれば問題にならない。優れた作家というのはそういうものだ」

▼修道院屋敷

エドワード・ハードウィックがワトスン役として初めて撮影に臨んだ『修道院屋敷』（脚本：T・R・ボウエン、監督：ピーター・ハモンド、初放送：1986年8月6日）は、ワトスンの台詞も少なく、役に慣れるにはちょうどいい作品だった。ホームズが灯した蠟燭を手にワトスンを起こすシーンはおなじみのオープニングだが、エドワードのワトスンにとっては劇的な始まり方である。原作の「さあ、ワトスン、獲物が飛び出したぞ！」〔「アビィ屋敷」日暮雅通訳、光文社文庫、2006年、『シャーロック・ホームズの生還』所収〕という台詞は、シェイクスピアの『ヘンリー五世』からの引用で、そこから10分もしないうちに二人は辻馬車の中におり、ケント行きの列車に乗るためにチャリング・クロス駅へ向かっている。地元警察のスタンリー・ホプキンズ警部から至急応援を求める手紙が届いたからだ。列車の中でホームズはワトスンの文章の書き方を批判し、ワトスンが自分の偉業を科学的な分析というより物語にしようとするために、事件のしかるべき記録が損なわれていると指摘する。それなら自分で書けばいいというワトスンの言葉に、ホームズは「もちろん、書くつもりでいるとも。隠居の身になったらね」と答える。エドワードによれ

ば、自分よりはるかに優位なホームズに対してただ反応を示すだけで、台詞がほとんどないキャラクターを演じるのはひどく難しかったという。「私はジェレミーにこう言ったのを覚えているよ、『僕は衣装の中に消えていきそうだ』。すべてがあまりに圧倒的だったからね」（ITV『初歩だよ、ワトスン君』のエドワード・ハードウィック）

屋敷に着いたものの、事件の調査は不要となる。レディー・ブラッケンストールが意識を取り戻し、ルイシャム・ギャングのランドルの3人組について詳しく証言したからで、彼らが「ケント州で一番の富豪」だった夫の頭を火かき棒で殴って殺したとされた。夫人は若く美しい女性で、オーストラリアからメイドのテレサとともにやってきて、サー・ユースタスと結婚したが、夫は暴力的で大酒飲みだったため、結婚生活は幸せなものではなかったと打ち明ける。しかし、ホームズは夫人の証言に納得せず、いくつかの手がかりを得る——ポートワインの三つのグラスのうち、澱《おり》が残っていたのは一つだけだったこと、呼び鈴の紐が金具から3インチも下で切れていたこと、そして燭台の蠟燭が使われたこと。つねに真実を求めるホームズは、「ご苦労がおありになったのはわかっています。ご信頼を下さって、友人とお思い下されば、ご信頼に背かぬつもりです」と夫人を説得するが、夫人がもうすべて話したと言い張るため、ホームズはしかたなく引き下がり、屋敷を去る。

本編の見どころは、随所で発揮されるジェレミーの身体能力の高さと動きの敏捷さである。手がかりを見直す必要性に気づいたホームズが駅から屋敷へ引き返す場面では、突然列車からホームへ飛び降りたり、走っている馬車の上で立ち上がったりする。ここでのジェレミーは恐れを知らぬスーパーヒーローとなり、矢のように謎を追いかける。なかでも印象的なのは、彼が巨大な暖炉から張り出したマントルピースに颯爽とよじ登っていくシーンで、危険をともなう向こう見ずな行為ではあったが、ドイルが生き生きと描写した場面だっただけに欠かせなかった。ジェレミーは何のためらいもなく、自信と品格を持ってマントルピースによじ登り、切れた呼び鈴の紐を調べるためにそこからさらに手を伸ばした。「身体能力を要する演技は大変な危険をともなう場合があって、暖炉によじ登ったり、カーテン・レールの上に乗ったりするときはとくにそうだ」（「ホームズ・ルール」のジェレミー、《ビデオ・トゥデー》誌）

ジェレミーのホームズは調査を大きく前進させ、彼の研ぎ澄まされた観察力によって盗まれた銀器が池に投げ込まれたことが発覚し、それが事件を解く決定的な証拠となる。彼は泥に腕を突っ込み、名札のついた首輪の残骸を引き上げて、夫人の愛犬ファッジの墓が二度も打ち割られていることさえ発見する。その結果、サー・ユースタスが「サディスティックな酔いどれ」であったことがわかり、強盗が盗んだ銀器を手近な池に投げ込んだとも思えないため、ランドル一味はこの事件に関与していないことも判明する。こうした事実が発覚したことで、レディー・ブラッケンストールの証言が嘘だったことが明らかになる。終盤、事件の全容を知ったホームズは夫人の身の上に理解を示すが、感謝のあまり衝動的に抱きついてきた彼女には拒絶するような慎重な態度を見せる。しかし、ホームズはもしかしたら夫人の魅力に危険を感じていたのかもしれない。

とくに彼女が礼儀作法に反した態度に出たため、女の策略から自分を守ろうとしたのかもしれない。
　一方、騎士道的精神を持つクロッカー船長の関与が明らかになると、ホームズはサー・ユースタスの殺害方法を推理することによってこの善良な船長を何とか味方に引き入れ、事件の詳細を話すように説得する。すべてを告白した船長はホームズの意のままになるが、またしてもホームズは正義のために法から離れる――「わが良心を欺くより、イギリスの法をごまかすほうがましだ」。結びのシーンでは、ワトスンがイギリスの陪審を代表し、予想どおりの評決が下される。判事を務めるホームズは、「Now, gentleman of the jury（さて、陪審員各位）」という台詞でワトスンに語りかけ、「gentle man（温厚なる人物）」を強調して、友人に敬意を表

す。そして「無罪です」の評決に続いて、「民の声は神の声なり。被告人を釈放する」と言ってこれを承認する。クロッカーも最初はその高潔な道義心から評決を受け入れることに抵抗するが、最終的に説得される。

エドワードはワトスン役として素晴らしい仕事をした。「そう、エドワードは卓越した人物だ。たぶん、これまで出会った中で最高に優秀な男だよ。彼は役に溶け込もうと過去13話を見直して、少しでもデビッド・バークに似せるようにした。それでかつらというか、つけ毛をしたり、上げ底の靴を履いたりしたんだ。でも、僕と初めて撮影した『修道院屋敷』では、野原を走りまわるシーンで、かかとが高すぎて転びそうになっていた。だから僕はこう言ったんだ。『ねえ、エドワード、そんなものは脱いで！　あとは僕が膝を曲げるから！』」（ラジオのインタビューでのジェレミー、1991年）

▼もう一つの顔

「正直なところ、一見これほど単純そうで、そのくせこれほどやっかいな事件には、お目にかかったことがないよ」［「唇のねじれた男」日暮雅通訳、光文社文庫、2006年、『シャーロック・ホームズの冒険』所収］。ホームズがこんなふうに語る『もう一つの顔』（脚本：アラン・プレイター、監督：パトリック・ラウ、初放送：1986年8月13日）は、二人の夫の失踪をテーマにした物語――一人はワトスンに、もう一人はホームズに発見される――で、シェイクスピアやワーズワース、チョーサーの言葉を引用してシティのビジネスマンを楽しませる物乞いを中心に展開される。オープニングでベーカー街の部屋に戻っているのはワトスンだけで、ホームズは「煙のごとく消え失せてしまって」姿が見えない。そこへケイト・ホイットニーが夫を連れ戻してほしいと相談に訪れる。アイザ・ホイットニーもまた「煙のごとく消え」たようで、どうやらアッパー・スワンダム小路にある「金の延べ棒」というアヘン窟で、ほかの常連たちにまじって悪癖にふけっているらしい。案の定、ワトスンはそこで酩酊状態のアイザを見つけるが、思いがけず、今度は「背の高いやせた老人」［「唇のねじれた男」］に変装し、アヘン常用者として独自の調査を行なっていたホームズに腕

をつかまれる――「あそこで正体がばれたら、僕の命などそれこそ吹っ飛んでしまうさ」(『もう一つの顔』)

　ワトスンが待たせてあった馬車にホイットニーを乗せて帰らせると、そこへぼさぼさの髪とよろよろした足取りですっかりアヘン常用者になりきったジェレミーのホームズが合流する。変装を取り去ると、ホームズは自分が追っている事件の関係でこれからケント州リーにある屋敷を訪ねるのでワトスンにも同行するように提案する。一緒に来るかというホームズの誘いに、ワトスンはまたしても「もちろんさ」と即答する。ホームズの調査とは、数日前から行方不明になっているネビル・セントクレアの不可解な失踪から始まっていた。「何事にも節度があり、よい夫であり、優しい父親」だったというこの37歳の若い紳士には、負債もなく、失踪するだけの理由が何もなかった。ところがある日、夫人はまったくの偶然からアッパー・スワンダム小路にある建物の二階の窓に夫の姿を見たという。家の主のインド人水夫に強引に追い出された彼女は、ブラッドストリート警部とともに引き返してきたが、部屋には「足の悪い乞食」［「唇のねじれた男」］のブーンしかいなかった。物乞いが本職のブーンは、ひどく醜い顔ながらシェイクスピアやワーズワースを引用するというので評判だった。ネビルがその部屋にいたという証拠として、彼が娘の誕生日に買ってくると約束していた積木の箱があり、カーテンのうしろには彼の着ていた服があり、窓枠には血痕もあった。さらに干潮時、窓のすぐ下の岸辺からポケットに大量の銅貨が入った外套が見つかる。ブーンは殺人容疑で警察の留置所へ連行されるが、依然として自分は「まともな商人」だと訴えている。ホームズはネビルがすでに殺されたと推測するが、夫人は新たに届いた夫からの手紙と同封された印章付きの指輪を見せる。

本編にはジェレミーのホームズには珍しく沈黙のシーンがあるが、彼の身ぶりや表情には善良な男の失踪をめぐる状況の変化が明らかに反映されている。誰もが真実を語っているようで、事件に新たな光をもたらしてくれそうな兆しは見えない。ホームズの調査がようやく動き出すのは、彼が朝の洗面で鏡に映る自分の顔を見たときで、この劇的なひらめきの瞬間から真実が解き明かされていく。「僕は何一つ知らない愚か者だった」というホームズに、警察署で試したい仮説があるからとワトスンは明け方に足をくすぐられて起こされる。「5分後に下で」という言葉には、2時間しか眠っていないワトスンへの配慮は少しも感じられない。ホームズはすでにいつものペー

スを取り戻し、自分の仮説に自信を持っている。謎を解く鍵は彼が持ってきた旅行鞄の中に入っていた。まず大きなスポンジをブーンの顔に押し当て、さらに頭から水を注ぐと、変装がぼろぼろと剝がれ落ちる。汚れた顔の物乞いがじつはネビル・セントクレアだったことが暴かれる

このシーンは、劇的な展開の中にもユーモアが感じられる。「私の罪状は何でしたっけ？」ととぼける一方、「私は物乞いに身を落とし、しかし、ある種の名誉も見出しました」と認めるネビルが物乞いで暮らしを立てるようになった話はじつに興味深く、聞いている者の共感を呼ぶほどだった。ただし、警部は彼を釈放するにあたって一つの条件を出す──「もうブーンは廃業することだ」

本編でジェレミーとエドワードは一つのチームをなしていた。それぞれ個別に調査を進め、合流

して知り得た情報を共有し、委細がどう解決に結びつくかを評価する。眠れぬ夜を過ごした翌朝、謎の解明につながる驚くべきひらめきを得たホームズは、ワトスンが寡黙という素晴らしい才能に恵まれていると言って彼に最高の賛辞を贈る。こうしたシーンは、ワトスンが医師や相談役として危険な場面では必ずホームズのそばにいること、それればかりか、証拠の検証が解決のヒントになりそうなときも必ず彼のそばにいることで、ワトスンがホームズの調査にとっていかに貴重な存在かを印象づけるものだ。一方で、エドワードはピーター・ヘイニングにジェレミーの力添えがどれほどありがたかったかを語っている——「ジェレミーは、私が役に入れるように、一所懸命助けてくれた。彼は本当に才能のある役者で、ホームズとワトスンの関係を発展させて、新しい方向に向かわせようと最初から考えていた。これは、ものすごく刺激的なことだった」「ジェレミーはとても現場のチームワークを大切にするので、誰もが——役者だけでなく、裏方の仕事をするみんなが——彼のためにベストを尽くそうという気持ちになる」（『NHKテレビ版 シャーロック・ホームズの冒険』でピーター・ヘイニングに答えるエドワード）

全編をとおしてそうであるように、本編でもシドニー・パジェットの挿し絵は重要な役目を果たしている。ある新聞の批評家が指摘したところによれば、「この名探偵は作者がイメージした姿に異常なほどよく似ている。さらに作者はこのキャラクターにハラハラ、ドキドキのメロドラマ風の活気を与え、それがシリーズの人気を高めている」。こうした構図の演出は、ドイルの原作に忠実であろうとするグラナダの制作チームによって意図的に行なわれた。ジェレミーは記者にこう語っている。「僕は原作の挿し絵に似せようと懸命に努力した。失敗することに敏感になるあまり、最初は過剰なメイクをして、それをまた落としたりした。でも最終的には自信が持てるようになって、シリーズを心から楽しめたよ」（「シャーロックの作り方」）

▼六つのナポレオン

『六つのナポレオン』（脚本：ジョン・ケイン、監督：デビッド・カースン、初放送1986年8月20日）は、激情と殺人が一貫してユーモアとともに描かれる物語である。冒頭のベーカー街でのシーンは、ホームズとワトスン、レストレードという3人の同志が暖炉を囲んでいるところから始まり、二人は警部が訪問の理由を説明するのを待っている。警部はナポレオンの胸像をめぐる奇妙な連続窃盗事件の話を持ち出す——最初はケニントン通りのハドスン商会、次にロウワー・ブリクストン通りのバーニコット博士の自宅、さらに博士の診療室からも、同じナポレオンの胸像が盗まれたという。胸像以外に奪われたものはなかったが、像はいずれも粉々に打ち砕かれており、ホームズはこの事実を「グロテスクとまでは言わないにしても、奇怪にはちがいない」〔「六つのナポレオン像」日暮雅通訳、光文社文庫、2006年、『シャーロック・ホームズの生還』所収〕と評する。ワトスンは犯行の理由をナポレオンへの異常な執着か固定観念《イデ・フィクス》ではないかとするが、ホームズはこれに疑問を呈し、悠然と面白がるような傲慢さで「ワトスン君、それはまったく違うよ」と言い放つ。ここには二人の友情関係が表れている。一方、ホームズがカップを口元へ運ぼうとするの

を遮り、「2分で来いよ」とワトスンが言いつけるシーンは、早朝の列車に乗るためにこれまで何度も叩き起こされてきた彼の痛快な仕返しとなる。
　最初、犯人のベッポは邪悪というより狂暴な男で、シャーロック・ホームズの扱う事件にはまるでふさわしくないように見える。オープニングの一連のシーンはイタリア人コミュニティーでの出来事ということで英語はほとんど話されず、ついていくのも一苦労だ。仲間たちが見守るなかで繰り広げられる激しい決闘は、互いに体を交差させながらナイフを振り回すという危険なもので、悲劇的な結果を招く。敵を刺し、警官に追われて工場へ逃げ込んだベッポは、石膏の像を乱暴に投げつけ、部屋をめちゃくちゃにする。警官に取り押さえられた彼の態度も狂気を感じさせる。こうして原作の背景となる部分が

乱暴かつ刺激的に描かれ、物語の幕が開かれる。

ホームズとレストレードがそれぞれの観点で事件にアプローチするなか、二人のライバル意識はエスカレートしていくが、これは先入観なしに事実を考慮すればおのずと解決にいたるということをホームズが証明する機会にもなる。つねに一歩先を行くホームズは、みずからの推理にもとづく仮説にすべてがぴたりと符合すると、達成感を表す。「いたずらっぽく目を輝かせるんだ。そうすれば、視聴者は言葉で言うよりも早く彼の考えに気づくから」（ジェレミー）。ホームズは率先して胸像に関する一連の事実を明らかにし、それがこの奇妙で不可解な事件の原因だと密かに確信するが、レストレードのほうは依然として胸像の事件をただの憂さ晴らしと考えている。

やがて、ある人物がベーカー街を訪れたことで、ホームズの発見した事実がついに証明される。ジェレミーはサンフォード氏が登場した瞬間から、エドワードの言うビクトリア朝時代の「シグナリング」と呼ばれる演技テクニックを使って空間を支配し、その様子はまるで巧みなパフォーマンスを披露する一流のショーマンのようだった。部屋を行ったり来たりするホームズの動きは慎重に計算されたもので、ワトスンとレストレードは彼が二人の間をとおってマントルピースから六つ目のナポレオン像を手に取れるように道を作る。お茶の用意がなされたテーブルから赤いクロスが見事に引き抜かれ、それをサイド・テーブルにかけて胸像を叩き割る準備が進められるのを二人は当惑した様子で見つめている。この場面の動きは会話も説明もなしに行なわれる。これだけの離れ業をやってのけるには相当の技術と練習が必要だったに違いないが、ジェレミーはいつものごとく完璧に成し遂げた。砕かれたナポレオン像の破片から有名なボルジア家の黒真珠を見事に探し当てた彼は、まさに手品師のようだった。真珠はその前年、デイカー・ホテルに滞在中のコロンナ公の寝室から盗まれて行方不明になっていたもので、レストレードとワトスンは驚嘆して拍手する。「青白いホームズの顔に赤みがさし、（中略）こちらに軽く頭を下げた。こういう一瞬に、一個の推理機械であることをやめて、褒めたたえられて気をよくする人の情をついついのぞかせたのだ。世間でちやほやもちあげられることに対しては軽蔑して顔をそむける、内気で誇り高い彼。その同じ人間が、こと友だちから素直に寄せられる驚きに満ちた賞賛の念に接しては、強く心動かされることもあったのだ」（「六つのナポレオン像」）

『青い紅玉』で宝石を輝かせるのに行なわれた見事な連携プレーが、今度は黒真珠を輝かせるために行なわれた。ホームズがまずカメラの前で真珠を持ち上げ、その価値とそれを取り戻した自分の大いなる功績を強調すると、真珠はワトスンへ、そしてレストレードへと手渡され、最後にまたホームズの手に戻る――この真珠の動きをカメラは注意深く追った。そうやって原作の言葉はジェレミーによってまたしても鮮やかに肉づけされ、それぞれの要素は人間らしい言葉に置き換えられ、ドラマは命を吹き込まれた。

盗まれた黒真珠に関する情報を集めた黒板の覆いを取ると、模範的とも言うべき調査の記録が現われる。重要な新聞記事に囲まれるようにベッポの写真がピンで留められており、そこに引き裂かれた写真のもう半分であるルクレチアの写真が加えられる。これほど緻密な調査を行なったことを考えれば、レストレードがラストでホームズに最大限の賛辞を贈ったのは当然かもしれない。だが、それに対するジェレミーの反応もまた胸を熱くする。「われわれロンドン警視庁といたしましては、あなたを誇りに思います。明日お越し下されば、古手の刑事から駆け出しの巡査までことごとく、喜んで握手を求めることでしょう」――「ありがとう！……ありがとう」。涙で目を潤ませるジェレミーが、「人間らしい温かい感情」〔「六つのナポレオン像」〕を必死に抑えようとする姿はじつに感動的で、私たちが抱いていたホームズ像を変えることになった。ホームズはドイルがそう描いたと人々が考えているほど冷徹な機械人間ではないことを、ジェレミーは証明したのである。彼はホームズの探究をとおして、この名探偵が感情を心の奥に抑え込みながらも、やはりそこにはたしかに感情があり、頭脳だけの人間ではないことを私たちに教えてくれた。「ホームズは、わたしの言葉とその熱心な言い方に、うれしそうに顔を赤らめた。わたしはもう気づいていたのだが、彼は探偵術についての賛辞を聞くと、美人だと褒められた女性のように敏感に反応してしまうのだ」（『緋色の研究』）。ベーカー街の部屋を出ようとするレストレードにホームズが片手を差し出すシーンは、二人が固い絆で結ばれ、互いに敬意を持って理解し合っていることの表れであり、めったに見られない重要な意思表示である。

さらに、本編は二人の芸達者が登場したことでいっそう面白さが増している――人気コメディアンとして知られるハーカー役のエリック・サイクスと、1950年代の人気TVシリーズで主人公の少年、ビリー・バンターを演じたモース・ハドスン役のジェラルド・キャンピオンである。

どちらも脇役だが、こうして新旧のスターが喜んで出演してくれたことはグラナダ・シリーズの人気の高さを証明するものだ。さすがに主役のジェレミーやワトスン役のエドワードに挑もうとする者はいないものの、誰もがこの名作ドラマに出演したがった。「私はよく予定の入っていない日に現場へ行って、二人の仕事を見学したものです。ジェレミーは偉大な古典俳優で、『レス・イズ・モア』［控えめなほうがむしろ大きな効果を生む］の演技テクニックを体現していました。彼を失ったことは演劇界のみならず、誰にとっても悲劇です。それは一つの時代の幕切れでした」（『六つのナポレオン』でルクレチアを演じたマリーナ・サーティィス）。批評家も視聴者もマリーナと同じ意見だった。「見る者の想像力をかき立てる雰囲気といい、細部にいたるまでのこだわりといい、今回もまた素晴らしい出来だった。耳に残るような美しい音楽、コミカルで知的な脚本。ジェレミー・ブレットとエドワード・ハードウィック、コリン・ジェボンズは、これ以上ないほど完璧なホームズとワトスン、レストレードを演じていた。ブレットは堂々として自信に満ち、ハードウィックは落ち着きと知性を感じさせ、ジェボンズはひょうきんで面白い。総じてじつに楽しいエピソードだ」（ＩＭＤｂ）。「私だけでなく、ほかの多くの人々にとっても、ジェレミー・ブレットは明らかにホームズを演じるために生まれてきたような男だ。誰も彼にかなう者はいないし、これからもそうだ。なかでも今回のエピソードは格別だった。私がもっとも心を動かされたのは、ホームズが『人間らしい温かい感情』［「六つのナポレオン像」］を超越して涙を浮かべる場面で、おそらくグラナダ・シリーズ全編をとおして『珠玉』のシーンではないだろうか。あれはブレッ

トのストレートな感情だったように思える。彼がその決定的な演技によってホームズに人間味を与えた（そして私に思わず涙させた）ことは、とにかく驚嘆に値する」（IMDb）

「ITVの〈シャーロック・ホームズの生還〉（第3シリーズ）におけるジェレミー・ブレットのホームズはまさに素晴らしいの一言だ。彼の表情やぶっきらぼうな態度、椅子に腰かけるときなどに見せる緊張感は非の打ちどころがない。今やほかの映画やTVシリーズのどのシャーロック・ホームズもかなわないだろう。彼に比べれば、ほかはみな光を失う」（とびきりのホームズ――バークシャー）。「エドワード・ハードウィックは、前シリーズまでワトスン博士を演じた名優、デビッド・バークの代わりとして適任以上と言える。ハードウィックはホームズの知的な引き立て役となり、映画版のワトスン博士でもっともよく知られるナイジェル・ブルースの亡霊をついに葬り去った」（ピーターースフィールド）。「批評家として、私は意見を変えるのが適当と思っていながらそれを表明しないのは職務怠慢だと思う。というわけで正直に言うと、私はITVの日曜のドラマをおそらく一週間のレギュラー番組の中で一番楽しみにするようになった。何かに取り憑かれたように危うく、気まぐれで激しやすい、それでいて誰もが納得するほど見事なジェレミー・ブレットのホームズは、前任者たちの記憶をすっかり消し去るものだ。天才を演じるのは容易ではない。おそらく彼自身が天才でなければならないだろう」（《メール・オン・サンデー》紙のアラン・コーレン）

1986年の《デイリー・メール》紙に、シリーズの撮影を終えたジェレミーが役への取り組みについて語った記事が「なぜジェレミーは喜んでホームズを離れるのか？」という見出しとともに掲載された。それによると、週末にグラナダ・ホームズの第3シリーズの撮影を終え、主役のシャーロック・ホームズを20話にわたって演じたジェレミー・ブレットは喜んでいた。ようやくパイプや鹿撃ち帽、そしてホームズの体形を維持するための継続的ダイエットから解放された彼は、「僕はずっと何か違うことをやりたくてたまらなかった」と述べている。「シャーロック・ホームズのエピソードはどれもダイヤモンドを磨き上げるようなもので、絶えずエネルギーを消耗する。うまくいっているうちにやめることには大きな意味があると思う」（《デイリー・メール》紙、1986年6月10日）。また、ジェレミーはこのシリーズに新しい俳優が加わることがいかに大切で、いかに自分の役に立ったかについてピーター・ヘイニングに語っている。「私は新しいディレクターを歓迎してきたし、ゲスト役の俳優はもちろん、チームに加わった新しい照明や技術の仲間も喜んで受け入れてきた。長いシリーズの場合、新顔の俳優のことは強烈に意識するものだが、創造性を目指すなら、そういった新顔の参加は必要なことなんだ。新しい人間は必ず新しいアイディアを持ってきてくれる。形は常に、少しずつ、少しずつ変化しつづける。それがとても重要なことだと思う」(『NHKテレビ版 シャーロック・ホームズの冒険』)

シャーロック・ホームズの生還
第4シリーズ

第3シリーズの撮影が終わると、ジェレミーはマンチェスターを離れ、1年間ホームズ役から遠ざかった。この役に求められるものについて語ったコメントでは、長期のシリーズを演じることの代償のほか、シャーロック・ホームズが米国でスーパーヒーローとして人気があるという意外な事実が強調された。どうやらアメリカ人はドイルの初期の作品が《リピンコット》誌に掲載されていたことから、ホームズをアメリカの創作物と考えていたようだ——「ブレット氏の魅力的な耳は、アメリカ本土の称賛をいっそう高らかに鳴り響かせている」。しかし、個人的な代償は非常に大きかった。「神経衰弱になる寸前だった。制作には何百万という大金が投入されていたから、失敗は許されない。その重圧は大変なもので、あまりのプレッシャーに僕は1日60本も煙草を吸っていたんだ。撮影は緊張の連続で、僕はレース前のグレーハウンドみたいに震えていたよ。撮影が終わってからも、夜にまた眠れるようになるのに2週間かかった」(「ホームズ氏の神経過敏」)。「僕は何度も押しつぶされそうになった。この役と3年間ずっと一緒に生活していたからね。ある朝、僕は焦燥感に襲われて、気持ちが高ぶり、強迫観念に駆られた——ホームズを完璧に演じなければならない。でも、あまりにも肉薄しすぎて、自分を見失いそうになった。月の裏側のように暗い人物を演じることは危険だとわかっていたけれど、これほど悩まされるとは思わなかった。朝の3時に起きて台本に目を通し、ホームズが夢にまで出てくるようになった。ある週末、僕はホテルの部屋から一歩も出ず、食事も運んでもらって、外界から完全に切り離されていた」（ブライアン・ウィットルによる「シャーロック・ホームズの過酷な呪い」、トゥデー、１９８６年12月4日）。ホームズの複雑さ、非凡さ、孤立感には圧倒的なものがあったようで、「僕はマクベスやハムレットもやったことがあるし、どちらも心理的に演じにくい役だけど、シャーロック・ホームズほど難しい役はない。これまで演じた役の中で一番複雑だ。何か終わりのない迷路にいるようで、どこまで行っても本質にたどり着けない」（ジェレミー）

ドラマを成功させるというプレッシャーの一方で、ジェレミーはジョーンの死の悲しみも受け入れなければならなかった。それにもかかわらず、彼はコナン・ドイルのシャーロック・ホームズ登場１００年を記念して『グラナダ・ガイド：シャーロック・ホームズ・アルバム *Granada Companion: A Sherlock Holmes Album*』の出版を計画していた。１９８７年に出されたこの冊子は、初の2時間版となる『四人の署名』を紹介するとともに、これまでのエピソードを写真入りで詳しく解説したもので、コレクターズ・アイテムである。アメリカの俳優で怪奇スターと呼ばれたビンセント・プライスによる序文には、こんな興味深いコメントも記されている。「当然ながら、作品の命運はシャーロック・ホームズの配役と演技にかかっている。私はホームズ役を選ばなければならないプロデューサーのことも、その役を演じようと決心する俳優のことも羨ましいとは思わない。マイケル・コックスがジェレミー・ブレットをこのシリーズのホームズ役に抜擢したのは大正解だ。ブレット氏はホームズの演技にこれまでとは違う新しさを――適度に――与え、さらにこの役に輝くような命を吹き込んだ」

この写真入りの小冊子にジェレミー自身が寄せた文章を読むと、彼の役作りに対する手がかりが得られる。「僕がホームズのイメージに何をもたらしたかを言うのは難しい。とにかく原作に忠実に、それだけだ。マイケル・コックスや監督のピーター・ハモンドに励まされて、僕はそのために懸命に努力してきた。注釈を入れた原作を持ち歩いてね。それとホームズの中にある感情を引き出そうとしてきた。彼は表面的には冷淡で、ときに陰気で、どちらかと言うと相手に反感を抱かせる人間だ。でも心の奥底では、感情の人だと思う。彼は複雑な男で、音楽を愛し（バイオリンが上手で）、冗談が好きで、うぬぼれが強く、少々傲慢でもある。褒められるのが好きで、同業者を評価するときは意地悪になる。芝居がかった言動をして、ときには見せびらかすこともある。自己顕示欲の強いところがあり、見事な腕前を発揮したときなどはとくにそうだ。難事件では心の緊張が高まり、問題が解決するとそれが劇的な形で爆発する。僕はそういうところを自分のホームズに取り入れようとしてきた。自分の演技で一番嫌いなのは、急に鼻孔が膨らんだり、唇が歪んだりするのを見ることだが、わざとやっているわけじゃない。ホームズを演じるのが刺激的なのは、それが一つの冒険だからだ。彼が次にどこへ連れていってくれるのか楽しみだ」（『グラナダ・ガイド：シャーロック・ホームズ・アルバム』）

「ようやく展望が開けた。ベジタリアンになったおかげで元気になったし、思っていたより自分がずっと強いこともわかった。苦難を乗り切ってきたんだから強いはずだし、それがわかって自信がついた。今はずいぶん気持ちにゆとりができたよ。もちろん、妻のことは今でも恋しいけどね。伴侶を失って何よりも辛いのは、物事を分かち合う相手がいないことだ。でも、少なくとも今は前へ進める。もうこれでシャーロック・ホームズにプレッシャーを感じることもないし、台詞を覚えられるかと心配しながら夜中まで起きていることもないからね」（《TVタイムズ》誌の「悲劇は新たなホームズにつながる」、１９８7年12月19日）

▼四人の署名

〈シャーロック・ホームズの生還〉の後半をなす第4シリーズは、2時間スペシャルの『四人の署名』から始まり、こうした拡大版はこのあと4回繰り返されることになった。《タイムズ》紙のある記事によれば、本編はドイルのシャーロック・ホームズ登場100年を記念して制作されたもので、1時間版と違ってキャラクターや細かい要素を発展させる時間があるため、『主任警部モース』シリーズと並んで、ITVの目玉となった。それにシャーロック・ホームズは何と言っても名探偵の元祖であり、人気の高さに応えることは正しい判断と思われた。

2時間版の『四人の署名』(脚本：ジョン・ホークスワース、監督：ピーター・ハモンド、初放送：1987年12月29日)は、ドイルの原作を忠実にドラマ化した上質な作品である。残念ながら、原作の冒頭でホームズがコカインの7パーセント溶液を注射してそれを正当化するシーンは、すでに『ボヘミアの醜聞』でキャラクター紹介の一部として使われているため、今回は出てこない。この壮大な物語は、ジェニー・シーグローブ演じる美しいメアリー・モースタンが二つの謎

を持ってベーカー街を訪れるところから始まる。一つは10年前に父親が謎の失踪を遂げたこと、もう一つは毎年、きわめて貴重な真珠の贈り物が届くことで、これらはホームズに関心を抱かせるだけの複雑な筋書きをもたらす。モースタン嬢の存在は、ホームズとワトスンからまったく異なる反応を引き出す。前者は彼女の悲しみにまったく心を動かされず、実際、ひどくそっけない態度で、何の同情も示さないどころか、服にブラシをかけたり、部屋の散らかりように文句を言ったりしている。一方、ワトスンは明らかにモースタン嬢の美しさに魅了され、彼女の求めに応じて個人的にサポートする意思を示す。彼は原作では最後にこのメアリーと結婚することになるが、グラナダ版ではそうならず、ワトスンはベーカー街の部屋で独身のままホームズの相棒を務める。

サディアスとバーソロミュー・ショルトー兄弟の一人二役にロナルド・レイシーを選んだのは大正解だ。彼の特異な容貌は「体が弱い」という心気症のサディアスの虚弱体質と神経症を見事にとらえている。また、ホームズが脇役に徹し、兄弟の父親のショルトー少佐がインドから莫大な財宝を持ち帰り、なぜか義足の男を極端に恐れたという話にじっと耳を傾け、けっして口を挟まない様子も興味深い。物語自体も十分に好奇心をそそるもので、息子が語るショルトー少佐の強欲さや謎の侵入者、そして4を示す記号——たびたび出てくる——が書かれた紙切れの件などはとくにそうだ。ただ、メアリーの父親、モースタン大尉がこれに関与し、命を落としたという事実は、覚悟していたとは言え、メアリーに悲しみをもたらす。ジェレミーはこの一連のシーンでほとんど動きを見せなかったことについてこうコメントしている。「話に耳を傾け、思考をめぐらせているときはできるだけじっとして、身動きせずに無表情を心がける。それから突然、派手な動きに出て、ソファを飛び越えたり、ワトスンを連れて階段を駆け下りたり、動いている馬車や何かに飛び乗ったりする。つまり、彼の考えが固まったということだ」

一行がようやくお待ちかねのポンディチェリー・ロッジを訪れるシーンは、ショルトー兄弟が財宝の隠し場所を探して敷地を掘り起こした様子が背景となり、物語の中でもっとも異様な部分だ。この光景をワトスンは「イギリス中のモグラが集合した感じですな」と表現する。一刻も早く兄のバーソロミューに会って謎を究明したいジェレミーのホームズは、率先して屋敷に入り、勢いよく階段を駆け上がって、死の現場を目にする。「『こいつはひどいぞ、ワトスン』これまでに見たことがないくらい驚いている。（中略）続いてのぞいたわたしも、ぎょっとして思わずひるんだ」（『四つの署名』［日暮雅通訳、光文社文庫、2007年］）。バーソロミューの死に様はまったく恐ろしいもので、最初はわけがわからない。にもかかわらず、ホームズは探偵としての鋭い観察力によって、侵入にロープが使われたことや窓枠に泥の跡があること、そして共犯者の「子供」が天窓から屋根裏へ入ったことを科学捜査のように分析する。一方、ワトスンは「痙笑《けいしょう》」を起こして硬直した遺体を見て、死因は毒物であると断定する。ホームズは服が汚れることも気にせず、まだ遺体がそのままの状態にある机の下をとおって這いまわり、犯行の手がかりを探して床を調べる。そして「木の義足」の跡とこぼれたクレオソートがついた共犯者の足跡を発見する。これはどんな些細な点にも関連を見出そうとする名探偵の真骨頂である。「いつも言ってるだろう、不可能を消去したのち残ったものが、いかに突飛であろうとも真相なのだと」（『四人の署名』）

やがてアセルニー・ジョーンズ警部が到着し、現場を歩きまわりながら自説を披露する。ホームズは先に毒が塗られた矢と4の記号が記されたカードについて指摘するが、警部はすべてが自説を裏づけているとして、すでに容疑者に「網を張った」という。しかし、二人の侵入者があったことが明らかになると、警部は老練なホームズに教えを請う。このときのジェレミーが万全な体調でなかったことを考えると、彼が中世の大邸宅の屋根の上を精力的に動きまわる様子はひどく危なっかしい。とくに建物の壁にある水道管を下りながら滑り落ちそうになる場面にはひやりとさせられるが、心配するワトスンに向けた一瞬の笑みに救われる。

ホームズに頼まれたワトスンがトービィを犬だと知らずに探しにやってくるシーンは、それまでの不気味な謎や殺人の恐ろしさにコミカルな息抜きを提供してくれる。トービィを先頭にロンドンの川沿いを行く二人の追跡は興奮に満ち、発見に結びつきそうなものだったが、トービィがクレオソートの樽の上に座り込んでしまって行き詰まり、期待外れに終わる。しかし、犯人が船で逃げたことを知ったホームズは「ベーカー街特別探偵団」を組織し、犯人の乗ったオーロラ号の探索に乗り出す。ところが、船はなかなか見つからず、ホームズは知らせを待ちかねてベーカー街の部屋をいらいらと歩きまわる。夕食は何時にしましょうかというハドスン夫人の問いにも、「あさっての8時半に!」といつになく乱暴に答える。ただ、そんな張りつめた時間の中でも、ホームズに協力する宿無し子たちと

の気楽なやり取りは息抜きとなる。したがって、オーロラ号の発見は彼らの尽力と目配りのおかげと言うべきだろう。また、ホームズもホームズで不格好な布製の帽子をかぶった老船乗りに変装し、いつもながらの「名演」を披露する。脚の震えや咳き込み方など、細部まで抜かりなく表現された彼の変装ぶりに、すっかり騙されたワトスンとジョーンズ警部も大喜びする。

テムズ川での追走劇は撮影が夜間に行なわれたため苦労したようだが、スリルに満ちたドラマチックなシーンとなった。殺人犯を乗せたオーロラ号を追って、ホームズは船首でうまくバランスを取り、船がスピードを上げるにつれて煙突に寄りかかるようにして立っている。グラナダの制作チームはウェストミンスターの岸壁からの追跡に1874年製の鋼鉄船を使用し、作品のリアリティーを維持した。インドの島の先住民、トンガはホームズに向かって毒矢を放つが撃たれて命を落とし、ジョナサン・スモールも捕まって、最後は劇的な幕切れとなる。こうして物語はアグラの財宝をめぐる驚くべき真相へとつながるが、強欲と裏切りの一方で、スモールはその高価な宝石を正当な持ち主——署名をした四人——に返そうとした正直者として描かれる。結局、財宝はトンガの遺体とともにテムズ川の底に消えたため、メアリー・モースタンが遺産を受け取ることはなく、スモールも残りの人生をダートムアで鎖につながれて過ごすことになる。

ジェレミーはこう述べている。「僕がもっとも誇りに思うエピソードは何かって？　それはやっぱり『四人の署名』だよ。あれは変化に富んだシーンや激しい動きをともなう長編ドラマで、撮影が大変だったんだ。当時、僕は普通の健康状態ではなかったし、本当は高い所が苦手なのに屋根の上を散々歩きまわらなきゃならなかった。撮影が無事に終わったときはほっとしたよ」(『グラナダ・ガイド：シャーロック・ホームズ・アルバム』)。《メール・オン・サンデー》紙は、「ホームズは彼の心の故郷」という記事でジェレミーの病気のことを詳しく伝えている。「妻を亡くした悲しみと格闘する一方、陰気で複雑な小説のキャラクターに命を吹き込まなければならなかった苦労は、結果としてブレットに深刻な打撃を与えた。昨年10月、彼は双極性障害（躁鬱病）でロンドンの病院に入院した。ただ、皮肉なことに、そんな彼を救ったのはホームズだった。ブレットは昨年末には回復し、1月に復帰して、グラナダ・テレビのマンチェスターのスタジオで2時間スペシャルの『四人の署名』の撮影に臨み、エドワード・ハードウィック、ジョン・ソウ、ジェニー・シーグローブらと共演した。本作はホームズの登場100周年を記念して、ITVでクリスマスに放送される予定だ。『もしまたマンチェスター行きの列車に乗ることができれば、もう大丈夫だと思った』と彼は言っている。『あれで僕は乗り切った。現場に入ったとき思ったよ――よし、やったぞ。僕は治った』」

ジョナサン・スモール役で出演したジョン・ソウはこう述べている。「今のジェレミーはラスボーンを超えていると思う。彼のほうがずっとずっと人間らしいからだ。彼のホームズにはラスボーンになかった人間性がある」(同書)。R・ディクソン・スミスはその小論『正典忠実性における冒険 *An Adventure in Canonical Fidelity*』でさらに核心に迫り、こう締めくくっている。「ベイジル・ラスボーンはかつてのシャーロック・ホームズで、ジェレミー・ブレットは現在のシャーローロック・ホームズである」。アラン・バーンズもこれと同意見で、「ジェレミー・ブレットのホームズは作品の要《かなめ》であり、その射るような鋭い目つきやポマードでなでつけた髪、コウモリのような尖った耳やデスマスクのような青白い顔は、まさに『冷静な理性』（『四つの署名』）を体現したものとして強固なイメージを作り出している。ポンディチェリー・ロッジ（ノーウッドではなく、ハロゲート近郊のゴシック様式の大邸宅で撮影された）の屋根によじ登っているときも、水ギセルを嗜癖とするサディアスに仲間意識のようなものを感じて口元を緩めるときも、彼はつねに人々の目を釘づけにする」（『スクリーンのシャーロック・ホームズ』）

ホームズの役作りの正当性は、彼が一貫して原作を拠り所としたことによる。「ジェレミー・ブレットはドイルに会心の笑みをもたらしたでしょうね。彼の演技にはいかにもホームズらしい鋭敏な神経が張りめぐらされているし、物腰にはバイオリンの弦のような緊張感がある。ときには狙いを定め、筋肉を引きつらせ、一気に襲いかかる猛禽のようでありながら、つねに緻密さと雄弁さを兼ね備えているの」（《テレビジョン・トゥデー》誌のアン・マン）。「やや遅れた感はあるものの、グラナダがホームズ登場100周年を記念して制作した『四人の署名』は、通常より少し長めのホームズ譚として、いつもながら洗練された出来である。実際、可能なかぎり上質な視覚効果を出すために、撮影にはテレビとしては異例の35ミリ・フィルムが使われた。これまでも数々の映画やドラマでホームズが描かれてきた作品であるため、斬新なアプローチを模索する、あるいはいっそのことパロディーにするといった誘惑もあったに違いない。しかし、脚本のジョ

『四人の署名』でトービィを連れたホームズとワトスン

ン・ホークスワースと監督のピーター・ハモンドは、余計な演出を極力控え、忠実さを第一に取り組んでいる。こうした姿勢は主演俳優――ホームズ役のジェレミー・ブレット、ワトスン役のエドワード・ハードウィック――にも言えることで、彼らはごくさりげなく、控えめな演技に徹している。これに対して、無能なジョーンズ警部役のエムリス・ジェームズは、ブレットのホームズがはまり役であるのに対して、演技がやや大げさに思える。一方、ひとたび物語が佳境に入ると、インドの貴重な財宝を盗んだ犯人を追う川船での追走劇をはじめ、本編には視覚的にインパクトのあるシーンが目白押しだ」（《タイムズ》紙のピーター・ウェイマーク、1987年12月29日）。べつのレビューでは、批評家のアントニア・スウィンソンがこう記している。「『四人の署名』はとにかく素晴らしい。私は2時間、画面に釘づけだった。しかし、いつものことながら、私を魅了したのはシャーロック・ホームズ役のジェレミー・ブレットの演技である。私にとって彼はまさにホームズだ。あの大きく膨らんだ鼻孔、巧みに動く眉……。彼の冷徹な論理とカリスマ性にいったい誰が抵抗できるだろう。さらにこの作品には、ユーモアという新たな要素も感じられた」

こうした称賛にもかかわらず、ジェレミーは《TVタイムズ》誌にこう語っている。「『僕にはホームズが冷淡でよそよそしく、感情のない歩く頭脳のように思えた。僕はこの男が好きじゃなかったし、歴代のホームズ俳優をすべて知っていただけに、プレッシャーを感じて、失敗することをひどく恐れてもいた。でも今はそうじゃない』。ブレットは幽霊のようなメイクをやめ、髪を切り、今はホームズを新しい視点から見ている。彼は初めてこの男に共感を覚え、初めて自分の演技に納得できるようなったのだ」（《TVタイムズ》誌、1987年12月）

ロザリー・ウィリアムズの言葉からは、そんなホームズと下宿の女主人との信頼関係がうかがえる。「実際の台本にハドスン夫人の出番はほとんどないのですが、ジェレミーはよく素敵なアイデアを思いつくんです。あるエピソードでは私にお花をくれたりしてね。ハドスン夫人が彼にとって大切な存在なんだと感じさせる場面がたくさんあります。原作とは違うけれど、これはジェレミーと私だからこそ生まれた絆なんです。二人で目を輝かせたものよ。撮影の日の朝7時、私がメイク室へ入っていくと、ジェレミーが椅子の上でメイクアップ・アーティストのスー・ミルトンに朝の素顔からシャーロックの顔へと少しずつ変えられていくところでした。彼は手に台本を持ったまま、目をきらきらさせてこう言ったんです。『素敵なシーンを思いついたよ』。それでさっそくハドスン夫人とホームズさんのちょっとしたやり取りを練習しました。ジェレミーはその前夜、一日の長い仕事を終えてからこの日の台本に取りかかったというのにね」（《スカーレット・ストリート》誌）。ジェレミーはデビッド・スチュアート・デービスにロザリーとの共演の喜びについてこう述べている。「相手役の女性が一人もいないというのもやりにくいから、ハドスン夫人との関係を発展させたんだ。二人の絆はささやかだけど、全編をとおしてとても重要なものだ。ロザリーと僕はお互いをすごく大切に思っているんだよ」（『月光の中のダンス *Dancing in the Moonlight*』）

▼悪魔の足

『悪魔の足』（脚本：ゲーリー・ホプキンズ、監督：ケン・ハナム、初放送：1988年4月6日）では、いたずらっぽい短髪のホームズをめぐって賛否が分かれた。髪を固めるためにジェルを使っていたが、日中に塗り直さなければならないときもあり、それを嫌ったジェレミーは自分で髪を切ってしまい、面倒から解放されて喜んでいた。しかし、マイケル・コックスには不評で、髪がもとの長さに戻るのにシリーズの終わりまでかかった。《ガーディアン》紙のナンシー・バンクス＝スミスはさらに辛辣で、これを「破壊の跡から抗議の声が聞こえてきそうな」野蛮なカットと酷評した。彼女はマフラーを「ときには帽子の下、ときにはその上」に巻くホームズのファッション哲学についてもコメントした。ただ、そうしたコメントの目的が何であれ、ジェレミーは天才を演じることとの個人的代償をこう説明している。「ホームズはとても暗い時代に生み出された。『緋色の研究』が発表されたのは、『ドリアン・グレイの肖像』やブラム・ストーカーの『ドラキュラ』とほぼ同時期だ。もともと暗い人間なら彼をうまく演じられると思う。陰気なひねくれ者とかね。クリストファー・リーやピーター・カッシングはどちらも名優だったし、ラスボーンなんてカメラの前に立つだけでホームズになれたと思う。でも、僕にはできない。眉毛を糊で固めて、髪を黒く染めて油でなでつけ、顔を青白くする必要がある。天才に見せようとするのは大変なんだ」（《ミュージック＆ビデオ・インサイト》誌、「ブレット・ノワール」のジェレミー）。べつのインタビューで彼はさらにこう語っている。「ただ、気づいてもらいたいのはホームズの孤独感や孤立感だ。あの男だけではないだろうけど、彼は一人でいることをまったく苦にしない。孤独癖があって、人と交わろうとしないんだ。だから撮影では、カメラに近寄ってもらう必要がある。僕のほうからカメラに近づくのではなく、カメラのほうがこちらへ寄ってきてもらわなきゃならない。ホームズの表情のどのカットを使うかは彼ら――監督やカメラマンといった制作サイドの人間――が決める。それはかすかな笑みであったり、一瞬の悲しみであったり、何かを考えている瞬間だったりする。とにかくホームズは恐ろしく演じにくいんだ」（《アーツ＆エンターテインメント》誌、1992年）

『悪魔の足』のオープニングは、過労のホームズがワトスンにともなわれて療養に向かうところから始まる。体調が悪くて不機嫌なホームズは、防寒のためとは言え、毛布にマフラーという奇妙な組み合わせの格好をしている。医師から取り返しがつかなくなる前に完全な休養と転地療養を命じられたというが、本人は納得していない様子だ。しかし、たとえホームズの健康状態が不安定だったとしても、コーンウォールのコテージに着いた途端にコカインを打つ彼の姿はやはりショッキングだ。ところが、次のシーンは思いがけなくユーモラスで、ラウンドヘイ牧師についていつものように推理を披露したホームズは、薬の影響か、その種明かしをして大笑いしながら手を叩く。さらには「夕食を牧師館でご一緒に」とすんなり応じたかと思ったら、ワーグナーの『イゾルデの愛の死』を歌い出すという予想外の態度に出る。もちろん、これはコカインの影響かもしれないが、ひょっとしたら冷たい仮面の割れ目から垣間見えた彼の一面なのかもしれない。いずれにせよ、原作にはないドラマチックなシーンである。

一方、ラウンドヘイ牧師とモーティマー・トレゲニスが、「恐怖にひきつった顔」〔「悪魔の足」日暮雅通訳、光文社文庫、2007年、『シャーロック・ホームズ最後の挨拶』所収〕で死と錯乱に襲われた兄妹の悲劇を知らせにやってくると、ホームズはにわかに活気づき、せっかくの静養が台無しになる。事件の調査はホームズに本来の活力をよみがえらせ、彼は上着を脱ぎ捨てると、いつものように家具から葉巻の吸い殻まで細かく観察する。トレゲニスに対する質問は、ホームズが悲劇の晩に起こった出来事を詳しくたどり、手がかりを探そうとしていることを示す。トレゲニスの足を確かめ、足跡のサンプルを取ったこともものちに大いに役立つ。ホームズの体を心配するワトスンは、彼を煩わせないようにと二人に忠告するが、事件を託されたホームズに弱っている様子はまるでない。ただ、崖の上でワトスンと調査結果について話しているとき、一度だけ痛みを訴えたことから、やはり完全な健康体でないことがわかる。第二の殺人でホームズが再びトレゲニス家を訪れたシーンでは、モーティマー・トレゲニスに何が起こったのかを明らかにする糸口を探して、ホームズはバレエ・ダンサーのように居間を動きまわり、庭先では地面に身を投げ出す。このと

き、彼は二つの決定的な手がかりを示す。

本編ではホームズとワトスンの関係がさらに発展し、健康状態のよくないホームズは医師であるワトスンのケアを必要とする。ワトスンを頼りにするホームズの姿は胸を打ち、ワトスンはそんな彼に調査の手助けまでしてやる。しかし、トレゲニス家のランプから採取した結晶を使った実験は無謀なものだった。ホームズは実験の危険性をワトスンに説明し、いつものように彼に強制はしないと言うが、ワトスンがいなければ悲劇的な結果を招いたかもしれない。「絶望の雲を突き抜けて、ホームズの蒼白にこわばり、恐怖にゆがんだ顔がちらっと見えた――死者たちの顔にあった、まさにあの表情だ。目にしたものに一瞬はっとわれに返ったわたしは、渾身の力をふりしぼった。椅子から飛び出し、ホームズを抱きかかえるようにして二人でドアからよろめき出た。ひと思いに芝生に身を投げ出し、二人並んでそこに転がった。意識にあったのは、（中略）まばゆい太陽の光がこぼれたことだけだ」（「悪魔の足」）。毒薬の幻覚作用はホームズが体験する悪夢という形でリアルに再現され、「ホームズに取り憑いていた死のイメージ――カイン、オイディプス、ネブカドネザル、モリアーティ――のすべてが監督によって一連の不穏な幻影にまとめられた。ワトスンの呼びかけによって正気を取り戻すホームズは、シリーズで初めてワトスンのファースト・ネームを口にする」（『セルロイドの研究』）。「僕がそうしたのは、ホームズは頭脳だけで心がないと言われるけれど、心の奥にはもっと深いものがあるということを伝えたかったからだ。彼の大理石のように冷たい心にほんの少し血を通わせようとしたんだ」（《スカーレッッ

ト・ストリート》誌へのジェレミー）

ホームズは二つの殺人の方法について考え、ワトスンを危険な実験に巻き込んだことを心から謝罪する。第一の殺人の目的は家族への個人的復讐であり、そのために実の妹を死に追いやったのだから、犯人は冷酷な悪党として絞首刑になるはずだった。ところが、その男は調査でホームズに嘘をついたうえ、今度は自分が殺されてしまい、この不可解な悲劇にふさわしい結果をもたらす。ホームズはスタンデールが第二の殺人の犯人だという考えに達するが、それは第一の殺人の犯人に対する復讐だった。もしスタンデールの犯行を当局に通報したら、きっと不当な裁きがなされるだろう……。ホームズはみずから責任を取る覚悟で判事にして陪審を務め、自分と同じ立場なら多くの人がそうしただろうと思われる判断を下した。ジェレミーはインタビューでこう述べている。「ホームズはとても進歩的な人間だと思う。彼の関心は貧しい人々や労働者、そして法と正義にある」。ブレンダ・トレゲニスに対するスタンデールの愛について、ホームズの言葉には個人的な思いが重ねられている――「僕は愛したことがない。しかしもし……」。ここには名探偵の私生活を知る手がかりがある。ホームズが実際にそうした経験をしたかどうかは明らかにされないが、この言葉にはたとえ一瞬でも、彼がスタンデールを羨ましく思ったという気まぐれな憧れのようなものが感じられる。

《タイムズ》紙の批評家もこの新シリーズを歓迎した。「『ホームズ先生、イギリス広しといえども、お願いできるのは先生だけで』と言う教区牧師に対し、優れた渉外担当であるワトスンは、ホームズがじつは『こういう問題、大歓迎なんでしてね』と答える。実際、第4弾となるグラナダの最新シリーズを飾る本編『悪魔の足』では、いつものようにホームズの冷徹で超人的な推理が披露される。冒頭、ホームズは葬儀屋かと思うような格好でコーンウォールへ静養に出かけるが、結局、そこで起こった事件の解明が何よりの強壮剤となり、皮下注射器を浜辺に埋めさえする。『私の魂は復讐の叫び声を上げた！』のような力強い表現に出合うのもいい。また調査自体は、今から1世紀以上も前にシャーロック・ホームズを生み出したコナン・ドイルの面目躍如たるものだ。舞台となったコーンウォールは、マンチェスターを拠点とするグラナダの制作チームにとってそれまでになく遠いロケ地で、ストーンヘンジのような巨石の演出にはやや違和感があるものの、それもまたメロドラマを大いに盛り上げている。若い女が恐怖のうちに死を遂げ、二人の中年男が同じく恐怖で正気を失い、目を剝いたり、口から泡を吹いたりして地元の精神科病院に収容されるというストーリーもなかなかにナンセンスだ」（《タイムズ》誌、1988年4月6日）

脚本家のゲーリー・ホプキンズはザ・ブラック・ボックス・クラブというウェブサイトにこう語っている。「シャーロック・ホームズの物語は10代の頃から繰り返し読んできたから、そのほとんどはすでによく知っている。『悪魔の足』を何度も読み返したのは、ホームズ譚の傑作の多くがそうであるように、不気味で恐ろしい話だったからだ。脚本を書くのに一作選ぶとしたら、迷わずこれだった。予想どおり、11月のコーンウォールは寒くて湿っぽいうえ、濃霧にもたびたび悩まされた。でもプロデューサーのジューン・ウィンダム・デービズは、たとえ余分に金がかかっても、マンチェスターのスタジオから今までになく遠くても、原作の舞台となった土地で『悪魔の足』を撮影すると決めていた。彼女の考えでは、ほかの場所をコーンウォールの海岸のように見せることは不可能だったんだ。出来上がった映像を見れば、彼女の言うとおりだったことがわかると思う。『悪魔の足』には陰気で不吉ながら、独特のロマンチックな雰囲気がある。すべてが見事に調和しているんだ。その後、私はシャーロック・ホームズのほかの物語の脚本も書いたが、『悪魔の足』は特別だったし、今でもそうだ」。1989年、グラナダの制作チームはニューヨークを訪れ、本作で二度目のアメリカ探偵作家クラブ賞最優秀テレビエピソード賞を受賞した。

一方、ジェレミーが明らかにしたところによると、彼は原作者の娘であるジーン・コナン・ドイルに、コーンウォールの砂浜に皮下注射器を捨てることの許可を求めたという。「僕は現代社会に対して、あの名探偵さえ注射針を埋めるんだというささやかな意思表示をしたかった。だからと言って、ホームズが二度とあの悪癖を再開しないというわけではないけどね」。多くの子供たちからホームズの演技に感謝するメッセージを受け取っていた彼は、自分が善を促す力になれることに気づいた。彼はあの悪癖について自分なりの見解を述べている。「僕は一度も薬物を使ったことはない。恐ろしい物質でハイになったら、まともな演技はできないからね。それよりもヨガや瞑想で仕事のプレッシャーを和らげているよ。以前はよくブロードウェイの劇場の外で麻薬常用者につまずいて転んだものだけど、彼らのことをよく知るようになると、向こうも僕に手を振っ

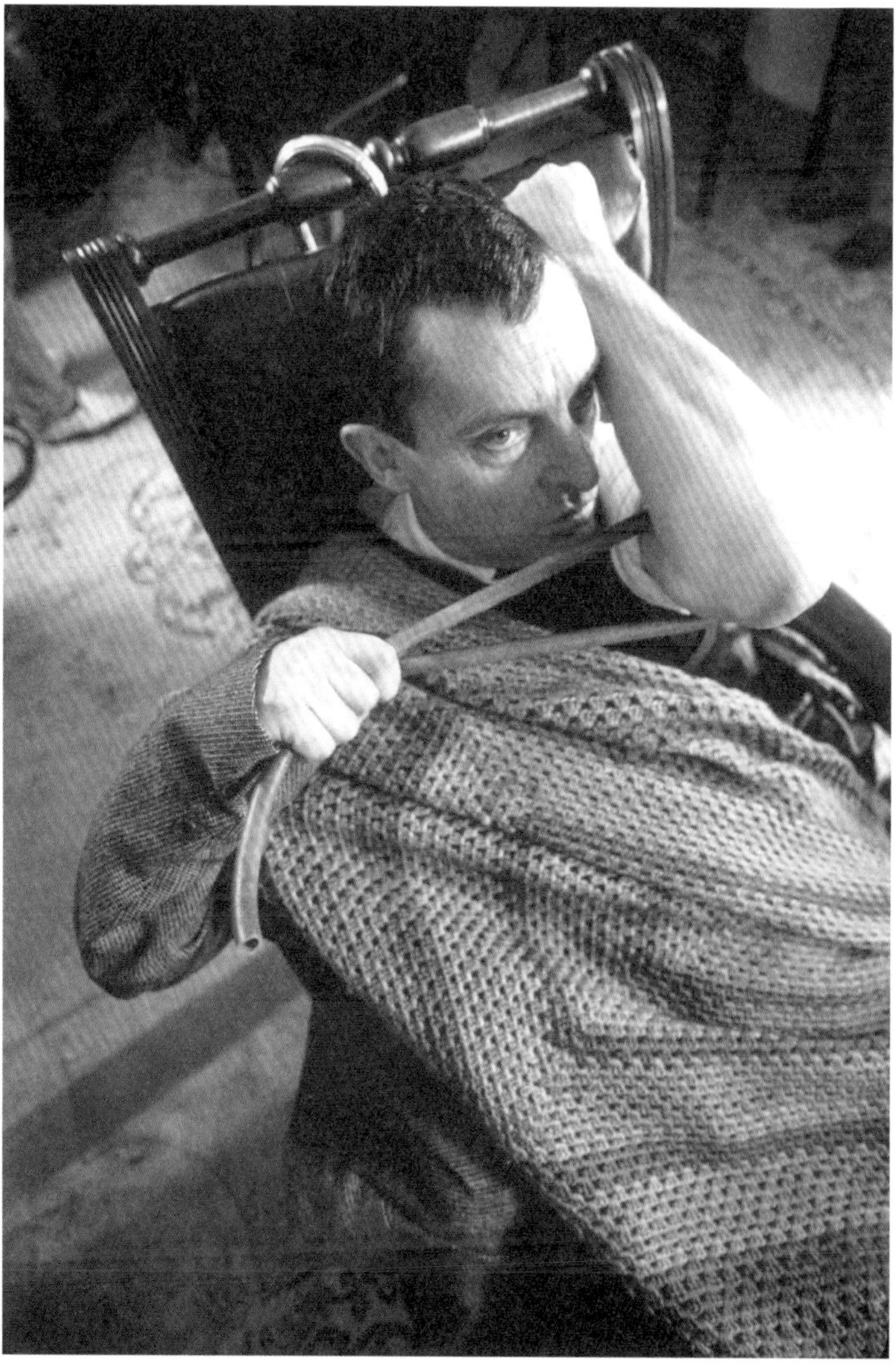

てくれるようになった」（《デイリー・エクスプレス》紙の「名探偵の個人的悲しみ」、1985年3月24日）

ジェレミーの告別式で、スタンデール役のデニス・クイリーはコーンウォールでのこんな思い出を語った。「ある日の撮影後、僕たちはコーンウォールの小さなプライベート・ホテルで『モスト・ハッピー・フェラ The Most Happy Fella』［1956年の人気ミュージカル］の曲を通しで歌っていました。彼と見つめ合い、二人でジョーイ、ジョーイと感傷的に歌っていたのです。ほかに食事をしていたお客さんは年配で上品な感じの人が多く、みな口を半開きにしてこちらを見ていました。同じテーブルにいたジューン・ウィンダム・デービズは、恥ずかしさのあまり、自分は関係ないというふりをしていました。歌い終わると、私たちはフランク・キャプラの白黒映画のように熱狂的な喝采を浴びる代わりに、唖然とした沈黙に包まれました。するとジェレミーが私の耳元でこうささやいたのです。『これで契約はパーかもね』」（デニス・クイリー）。デニスとジェレミーは二人とも歌手として優秀で、1970年代に『ロバートとエリザベス Robert and Elizabeth』というミュージカルの舞台でどちらも主役のロバート・ブラウニングを演じた。おそらく、ホテルの客たちは二人の親密なパフォーマンスに困惑したのであって、そうした豊かな感情表現に慣れていなかったのだろう。デニスはまた、妻を亡くしたジェレミーの様子についても語っている。「彼は心身ともにひどく不安定な状態だった。にもかかわらず、必死に頑張り続けたばかりか、相当な肉体的・感情的プレッシャーのもとであれだけの素晴らしい、しびれるようなシャーロック・ホームズを演じた。やめることも簡単にできたはずなのに、そうしなかった。私には彼のホームズがさらに深みを増したとさえ思える」（《スカーレット・ストリート》誌）

冷淡でよそよそしいホームズという男の演技にジェレミーがみずからの性格を盛り込むようにしたことで、彼のホームズはしだいに変化し、動きや表情がずいぶん自然に見えるようになった。ジェレミーの作り上げるホームズというジグソーパズルのピースが、シリーズが進むにつれて、一つ一つよりぴったりと収まっていくようだ。

▼銀星号事件

『銀星号事件』（脚本：ジョン・ホークスワース、監督：ブライアン・ミルズ、初放送：1988年4月13日）では、ホームズとワトスンがダートムアのキングス・パイランド厩舎を訪れ、そこの有名な競走馬で、来たるウェセックス・カップの本命馬でもある銀星号の失踪を調査する。調教師のジョン・ストレーカーが無残に殺されたことで、ホームズは事件当夜の出来事を明らかにし、失踪した馬と殺人犯の両方を捜索することになる。ワトスンが読み上げたスポーツ新聞によれば、銀星号はアイソノミーの血を引く5歳馬で、優れた記録を持つ名馬だという。ベアリング‐グールドは『詳注版シャーロック・ホームズ全集6』の中で、アイソノミーが1879年にマンチェスター・プレイトとアスコット・ゴールド・カップ、1880年に再びアスコット・ゴールド・カップを勝ち取った実在の名馬であり、1881

年に最初に種つけをしたと記している。彼は銀星号のモデルが同じく名馬であったコモンではないかとする説にも触れている。一方、ホームズの探求心はダートムアへ向かう列車の中でも健在で、ほかの乗客を避けながら、懐中時計を手に電柱を数え、列車の速度を計測するという印象的なシーンを演じている。

厩舎に着いたホームズは、まずインタビュアーとなって重要証人であるメイドのイーディス・バクスターと厩務員のネッド・ハンターから話を聞き、ワトスンの助けを借りて、運命の夜に何が起きたのかについていくつかの重要な手がかりを得る――見知らぬ男が馬の情報を求めてやってきたこと、厩務員が粉末アヘンを盛られていたこと、その夜に飼い犬が吠えなかったこと。ホームズはグレゴリー警部に欠けているという想像力を駆使して、思いがけない結論を導き出す。『マスグレーブ家の儀式書』で執事のブラントンが死にいたるまでの行動をたどったように、ホームズはここでも馬の失踪の背後にある真相を見事に暴く。彼が当夜の出来事を一つ一つ検証し、殺人現場を精査するシーンは、ぬかるみに身を投げ出したジェレミーが「ムシロの上に腹ばいになり」、「目の前の踏み荒らされた地面を熱心に観察した」〔「名馬シルヴァー・ブレイズ」日暮雅通訳、光文社文庫、２００６年、『シャーロック・ホームズの回想』所収〕ことによって、よりドラマチックなものになった。彼はフードのついたライトグレーのロングコートが汚れるのも気にせず、泥に埋まった証拠品――蠟マッチの燃えさしと蠟燭の一部――を見つけ出す。警察が見逃したこれらの品を彼が発見できたのは、「見当をつけて捜した」からだ。

ホームズは失踪した馬の足取りをたどって荒地を歩き、やがてバックウォーター卿のメープルトン厩舎へ行き着く。銀星号の蹄鉄を持ってきたことで、彼はそれと一致する跡を見つけて推理の裏づけを得る。そのため、卑劣な調教師のサイラス・ブラウンはホームズの毅然とした態度にあっさり陥落し、行方不明だった名馬は無事に取り戻される。しかし、馬をキングス・パイランドへすんなり連れ帰る代わりに、ホームズは依頼主であるロス大佐の当初の「尊大な」態度への仕返しに彼を少々からかってやろうと考える。撮影はすべてイングランド北部のピーク地方で行なわれたと思われるが、「ウェセックス・カップ」の撮影はバンゴア・オン・ディ競馬場で行なわれた。ホームズは「大佐、これがあなたの馬です。あるペテン師の手に落ちたのをそのまま連れてきたんですよ」と言い、そこでようやく銀星号を大佐に引き合わせる。

本編には悪者が二人いる。一人は予想屋から金を取るために銀星号を傷つけようとした調教師のストレーカー、もう一人はさまよっていた名馬を捕まえ、その特徴的なしるしを消して正体を隠そうとしたサイラス・ブラウンだ。彼らが働く世界ではそれなりの利益があったという点で、ブラウンの動機はストレーカーの動機と同じだ。二人はどちらも競馬の世界の人間で、ドイルのほかの物語に登場する犯罪者とはまったく違う。エラリー・クイーンは自身が編集したアンソロジー『スポーツの血統 *Sporting Blood*』の中で、『「シルヴァー・ブレイズ」』はホームズの短篇の如何なるベストファイブにも必ず含まれる物語である。この物語には、偉大なるホームズの鋭敏さや精力的な活躍といったものが生き生きと描写されている。作者は自伝でいろいろ弁明しているけれども、そうした競馬に関す

る誤りは――少なくとも素人の読者には――わからないものである。スポーツに関係する推理小説傑作集の冒頭を飾るのにこれにまさる作はない」と書いている（『詳注版 シャーロック・ホームズ全集6』における引用）。

グラナダの制作チームは、事件の謎解きを原作のようにロンドンへの帰りの列車内ではなく、大佐の屋敷のディナーの席でやらせることにした。そうすることでワトスンにも調査の詳細を説明することになり、より効果的だった。ちなみに、ホームズが節制し、出された料理をほとんど食べない一方で、ワトスンはごちそうを大いに楽しんでいるのは面白い。ジェレミーが羊の役割を示唆して鳴き声をまねる様子も愉快で、近所の厩舎への恩赦の要求もさりげなく行なわれる。事件の見事な解決ぶりに感嘆したロス大佐は、二人の新たな友人に乾杯するほかない――「シャーロック・ホームズ氏、ワトスン先生に」

本編には、ジェレミーの鋭敏な感覚や華麗な身のこなしなど、彼がホームズ役を再び楽しんでいることを感じさせるシーンがいくつもある。ワトスンと二人でダートムアへ出かけることになったホームズが、高らかな声でハドスン夫人に行き先を告げ、くるりと背を向けて部屋へ戻る場面では、パトリック・ゴワーズの音楽がとりわけ効果的だ。グレーのロングコートをひるがえして歩く姿はまるで荒野に舞い踊るダンサーのようで、画面を確実に支配している。電報を持ってきてくれたハドスン夫人に「ご苦労さま」と優しくささやくシーンも、原作ではけっして見られないものだ。ストレーカーの遺体を見つけたときのことを思い出して動揺するメイドへの気遣いにも、ジェレミー自身の人柄が感じられる。このシリーズでは、冷淡で感情を表に出さないホームズの演技にジェレミーがさりげなく自分を忍び込ませたシーンが随所に見られる。

さらに、ここでは再びジェレミーの馬好きを見ることができ、銀星号とのシーンでは、「怖がらなくていいよ。君をもとのきれいな姿に戻してあげたいだけなんだ」とささやいているかのようで、馬がジェレミーからなかなか離れようとしないのも理解できる。「解決ぶりも素晴らしい。ジェレミー・ブレットは、彼がなぜアーサー・コナン・ドイルの伝説的探偵を演じるのに最高の俳優で、エドワード・ハードウィックも同じく最高のドクター・ワトスンなのかを改めて気づかせてくれる」（IMDb）。《ニューヨーク・タイムズ》紙はジェレミーの演技についてこうコメントしている。「見落とされた証拠を捜してぬかるみに身を投げ出すホームズは、想像力がいかに重要であるかを明確に教えている。善人だが想像力に欠ける警部との違いについて彼はこう述べる――『われわれは想像し、そして仮定を立て、その裏づけを得たんだ』。ホームズには他者を困惑させる癖がある。ほかの者たちが現場から歩み去る一方で、彼は立ち止まって最後にもう一度、明らかに意味ありげな視線を向けたりする。あるいは反対に、彼らがぐずぐずしている一方で、待ち切れずに歩き出したりする。まったく巧みな演技である。当初は懐疑的だったロス大佐が、最後には『おお、これは。いや、何と言えばよいか、ホームズさん』と驚きで言葉を失うのも当然だ。ブレット氏はホームズの演技をまさに言葉を失わせるまでに進化させた」（《ニューヨーク・タイムズ》紙、1988年11月18日）

▼ウィステリア荘

《TVタイムズ》誌の番組表はこう問いかける――「『ウィステリア荘』の秘密とは何か。ホームズとワトスンはこれまでになく不可解で興味深い事件に足を踏み入れる。外国の暴君とイギリス人の家庭教師、型破りな地元警部が、殺人に端を発する当てのない探索へと二人を導く」(《TVタイムズ》誌、1988年4月16日~22日)。そんな『ウィステリア荘』(脚本:ジェレミー・ポール、監督:ピーター・ハモンド、初放送:1988年4月20日)は、スコット・エクルズ氏によってホームズのもとへ持ち込まれた「奇怪な」話から始まる。エクルズ氏から送られてきた電報はこうだ――「もっとも信じがたく、もっとも奇怪な経験をした。調査を請う。スコット・エクルズ、チャリング・クロス郵便局発」(『ウィステリア荘』)

原作では、「ジョン・スコット・エクルズ氏の異常な体験」(「ウィステリア荘」日暮雅通訳、光文社文庫、2007年、『シャーロック・ホームズ最後の挨拶』所収)と題された章から始まり、実際に何が起こったのかは説明されているが、なぜ彼がこんなことに巻き込まれたのかについてはほとんど書かれていない。スコット・エクルズ氏を迎えるときのホームズの大げさな態度には、めくるめく冒険

の日々を恋しがる彼が退屈しのぎを歓迎する気持ちが表れている。「ぼくの精神はから回りするエンジンみたいに、肝心の仕事をあてがわれないもんだから、ばらばらに壊れてしまいそうなんだよ。なべて世はこともなし、新聞はまるでつまらない。犯罪の世界じゃ、大胆な野望は絶滅してしまったんだろうか」(「ウィステリア荘」)。ただ、ひどく興奮した様子でやってきたエクルズ氏は、ホームズに謎の解明を依頼しようとしながらも、私立探偵という職業を軽蔑しているらしく、ホームズはそんな彼に毅然とした態度で応じる。

スコット・エクルズ氏が出来事を順番に整理しながら話したところによれば、それはたしかに「不思議で不愉快な」体験で、彼は最近知り合ったばかりのガルシアという男からウィステリア荘に招かれ、そこで一晩過ごした。しかし、夕食は彼が期待していたようなものとはまるで違ったうえ、邸内はただならぬ雰囲気だった。主人のガルシアも陰気な使用人もいらいらした様子で、外国人のコックによる料理もワインもひどかった。そこへ一通の手紙が届き、晩のひとときは突然の動揺にかき乱された。ガルシアは手紙をくしゃくしゃに丸めて暖炉に投げ込むと、「急に黙りこくってしまい、座って煙草ばかり吸って」いた。エクルズ氏は夜中の1時に起こされ、彼に呼び鈴を鳴らしたかと訊かれたことを覚えているが、翌朝には家はもぬけの殻だった。「外国人の主人も、外国人の御者も、外国人のコックも、全員一夜にして消えた」。スコット・エクルズ氏がそんな招待をどうして受けることになったのかについての説明もひどく奇妙で、こんなことになるまでガルシアをほとんど知らなかったとなれば、エクルズ氏がむしろ愚かだったたか、無邪気すぎたと思わずにはいられない。

　本編では、地元警部とホームズの二人が事件をめぐって火花を散らし、ガルシアの殺害という結果に終わったその夜の出来事についてそれぞれのやり方で調査を進める。フレディ・ジョーンズ演じるベインズ警部は、スコット・エクルズ氏が前の晩に火に投げ込まれたと証言した手紙について、ガルシアは「ちと手元が狂ったようで」として、暖炉から見つけ出していた。自分に挑戦するかのように得意げに手紙を分析して見せる警部の態度に、ホームズは興味をそそられる。しかし、そんな警部の虚勢に対して、ホームズはなお「二、三、補足しておきたい点」を指摘する。部屋のあちこちを調べるとき、ジェレミーはいつもより盛大に物をひっくり返し、暖炉の灰まで嬉々としてすくって見せて、見逃された証拠は何もないことを確かめる。そして2丁の拳銃を収めるケースを発見するが、1丁はなくなっていた。警部とホームズが競うように調査している一方で、ワトスンが窓の外からこちらを見ている混血の男を発見し、追いかけるシーンも面白い。ベインズもまた非常にうぬぼれが強く、自信過剰な警官で、ホームズの手法に多大な敬意を抱きながらも、この事件では絶対に負けたくないと思っている。ただ、意外にも、ライバル同士であるはずの二人はスコット・エクルズ氏が無実であるという同じ結論に達する。マイケル・コックスはフレディのベインズ警部を「独善的」と評してこう述べている。「彼はまさにドイルが描いたとおりの野心的なうぬぼれ屋だ。ちょっとした小道具——指なし手袋や風変わりな帽子、飴玉——がキャラクターをさらに際立たせていて、円熟や老練といった形容を期待しているようだが、私に言わせれば、あれは独善的だ。彼のひどくもったいぶった態度のせいで、構図のバランスが失われかねないほどだった」（『セルロイドの研究』）

いつもの調査法を駆使して地元のある住人に関する情報を得たホームズは、ハイ・ゲーブル荘のヘンダスンという男に疑いの目を向ける。一方、単独で調査を行なうワトスンは、事件の背景を語り、全容解明の鍵を握る女性、ミス・バーネットを偶然目にする。ヘンダスンことドン・ファン・ムリリョは極悪人で、数々の殺人や拷問を繰り返しながらも法の裁きを逃れてきた残忍な独裁者だった。これについて、ドイルはドン・ペドロ2世の話に影響されたのではないかと考えられている――「ブラジルの皇帝は1889年に退位、1891年12月5日に没するまでの間、ヨーロッパでその余生を送った」（『詳注版 シャーロック・ホームズ全集6』のジュリアン・ウルフ博士）。ホームズとベインズはどちらもムリリョがガルシアを殺したと見なし、ベインズはホームズに代わって脚光を浴びようとしたにもかかわらず、結局、二人は力を合わせることになる。これは真実の探求こそが何よりも重要だとするホームズの懐の深さを表す例だ。「狡猾にして残忍なる暴君」として、かつて中央アメリカの独裁者だったムリリョに対して、ガルシアとミス・バーネットは遺族を代表して「おびただしく流された血」への復讐を企てたものの、結果は悲劇に終わった。

ホームズとワトスンが借りた自転車で馬車を追いかけ、ミス・バーネットを列車から救出するシーンは見どころの一つで、ジェレミーはここでホームズと一体になる。黒いロングコートに帽子、マフラーをなびかせたフル装備のホームズが自転車で追跡する姿は印象的だ。彼らは列車がちょうど出ようとするところへ到着し、危機一髪で囚われの身のミス・バーネットを助け出す。ホームズが機関手の立つ踏み板に果敢に飛び乗り、列車を止めようとして失敗する一方、つねに女性の味方であるワトスンは、扉を開けて客車から飛び降りる彼女を見事に受け止めた。ホームズが悪党の乗った客車の窓をステッキで叩き割るというのは、彼が怒りを露わにする珍しいシーンだが、何よりも正義を重んじる男としては当然の反応だろう。そして次の瞬間、ホームズは隣の客車に正義を果たすべく男たちが座っているのを見て微笑する。こうしてスコット・エクルズ氏が巻き込まれた事件の謎は、サン・ペドロの虎と呼ばれたドン・ムリリョの独裁に苦しめられてきたミス・バーネットによって明らかにされる。

《TVタイムズ》誌は、「名シリーズの探索」という見出しでそれまでのシリーズの成功をこう評価した。「ITVのホームズ・シリーズのおかげで、パイプを吸い、バイオリンを弾く名探偵に新しい世代のファンが生まれた。原作の愛好家もこのドラマの忠実性を絶賛している。最近、犯罪小説のレベル向上を目的とするスウェーデン推理作家アカデミーは、このシリーズが原作を忠実に表現し、時代の雰囲気と古典特有の性質を見事にとらえているとして特別賞を授与した」。ジェレミーは、この役の魅力を読者や視聴者にこう説明している。「ホームズが示しているのは、自分なりの倫理規定に従って生きるという姿勢だ。彼は男性にあるはずの論理的思考と女性的な直感を併せ持っている」（《TVタイムズ》誌、1988年4月23日～29日）

▼ブルース・パーティントン設計書

ロンドンの裏社会にも関わる『ブルース・パーティントン設計書』（脚本：ジョン・ホークスワース、監督：ジョン・ゴリー、初放送：1988年4月27日）では、ホームズがロンドンの鉄道網に関する詳しい知識を駆使して、カドガン・ウエストの殺害と失われた潜水艦の設計書をめぐる事件を解決する。本編の「導入部」は、興味を引く事件がなくて退屈しているホームズが、ロンドンは霧と腑抜けの犯罪者ばかりだと嘆くシーンから始まる。まず聞こえてくるのは、『パレストリーナの詩篇42』、「Sicut cervus desiderat ad fontes aquarum, ita desiderat anima mea ad te, Deus」（「涸れた谷に鹿が水を求めるように　神よ、わたしの魂はあなたを求める」）〔『新共同訳聖書』詩編第42篇2節より〕を口ずさむホームズの歌声だ。ホームズとのやり取りを重視しているハドスン夫人役のロザリーは、よく二人の関係に「彩り」を加える――「食事に手をつけなかったことは謝ります」というホームズの受け答えもジェレミーの提案だったのではないだろうか。マイクロフトがベーカー街に来るという電報は退屈するホームズにとって救いとなり、めったにないことだけに大いに興味を引かれる――「以前、たった一度だけ、ここに来たことがあるがね。（中

略）だが、マイクロフトがこんなふうにレールをはずれるとは、驚きだよ！　これじゃあ、惑星だっていつ軌道をはずれるかわからないぞ。（中略）天の支配者ジュピターとでもいうべき人物が下界へおりていらっしゃるとはね」（「ブルース・パーティントン型設計書」［日暮雅通訳、光文社文庫、2007年、『シャーロック・ホームズ最後の挨拶』所収］）。そんなマイクロフトがわざわざやってきたのは、政府の下級職員であるカドガン・ウエストの死にまつわる事件のためだった。

温厚なマイクロフト・ホームズを演じるチャールズ・グレイの登場は、ドラマをさらに楽しいものにしてくれる。チャールズとジェレミーの兄弟関係は互いへの敬意にもとづくもので、同等の知性を持った二人の間に予想されるような対抗意識はまったくない。ウエストが政府機関の役人だったことから、今回の訪問にブラッドストリート警部を同行させたマイクロフトは、線路脇に横たわっていたウエストの遺体のポケットから、ブルース・パーティントン潜航艇（おそらくイギリス海軍のE級潜水艦）の設計書が出てきたことを明かし、弟に調査を求める。さっそく死体の発見現場へ赴いたホームズは検証を行なうが、トップハットにマフラーというフル装備のジェレミーは、黒いコートに汚れがつくのも気にせず、線路に脚を組んで座り込む。ホームズが注目したのは線路の「ポイントとカーブ」で、ほかの者たちが理解に苦しむなか、彼は大声で笑いながら去っていく――「こんな面白い事件とは思わなかったね」

いかにも探偵らしい定石どおりの調査として、ホームズはまずウーリッジ兵器工場に隣接する英国海軍特許庁で書類の保管責任者を務めるサー・ジェームズ・ウォルターから話を聞こうとする。

グラナダ版では、鍵一式を所有する人物としてサー・ジェームズのほかに製図主任のシドニー・ジョンスンがおり、脚本ではこの男も容疑者として示唆された。サー・ジェームズの家を訪れたホームズとワトスンは、彼が死亡したことを知らされ、解答どころかさらに多くの謎と興味が生まれる。ちなみに、いつものように黒ずくめの正装をしたホームズとワトスンが葬儀屋と間違われるシーンは、グラナダ版の楽しいおまけである。さらに、ワトスンが友人のホームズを大いなる誇りを持って他者に紹介するというシーンもある。

手がかりを探すべき犯行現場もない状態で、ホームズはそれでも手がかりを追い、事実によって証明されるまではけっして結論を下さないといういつものアプローチに従う。カドガン・ウエストに関する調査では、フィアンセのミス・バイオレット・ウエストベリーが彼を誠実で「愛国的な人」だったと説明する。あの夜、ウエストが彼女を残して姿を消した通りは、設計書が保管されているウーリッジ兵器工場のオフィスに面していた。そこを訪れたホームズは、建物の防犯性についてより多くを知ることになる。金庫を開けるまでには3つの鍵が必要なこと、窓のシャッターには中央に隙間があること——いずれもウエストが何を目撃し、設計書の盗難にどう関与したのかについてヒントをもたらした。一方、潜水艦の設計書を理解する必要があったホームズは、ウエストの遺体から発見された自動調節孔付き二重バルブの図面の重要性に注目した。

しかし、ほかに二重バルブの重要性に気づいた者はなく、これが犯人をおびき出す手段となる。ウエストの有罪が疑われる証拠を発見したホームズは、あの夜の出来事を組み立てていく。『ラスト・オブ・ザ・サマー・ワイン Last of the Summer Wine』のハワード役で知られるロバート・ファイフ演じるウーリッッジ兵器工場駅の駅長は、失踪の夜、ウエストがロンドンの列車に乗ろうとひどく慌てた様子だったことを覚えていたが、なぜ彼が急いでいたのか、あるいはなぜ切符を持っていなかったのかについてはわからない。

今回の事件は国際的犯罪で、潜水艦の設計書をめぐって取引する可能性のある外国人スパイの名が挙げられる。『第二の血痕』で挙げられたのと同じだが、エドアルド・ルーカスはすでに死んでいるので、残るは二人だった。その一人、ヒューゴー・オーバーシュタインはコールフィールド・ガーデンズに住んでいた。この住所にホームズがぴんと来たのは、地下鉄の二つの路線が交差しているため、列車がしばしばその地点で停車するからだった。さらなる情報を求めて、「こそ泥の侵入」を提案したホームズは、ワトスンにもこの不法行為への協力を求め、ウエストの遺体が線路脇で見つかった経緯について推理の裏づけを得る。ホームズとワトスンが連携して動く今回の事件では、互いに信頼し合う二人の絆がとりわけ強く感じられる。ホームズは友人の評判に傷がつくおそれがあることを承知のうえで、敢えてワトスンの愛国心に訴える——マイクロフトはもちろん、海軍省や内閣、さらに「高貴なお方のご心痛を思ってみろ。行かねばならないよ」。公務に必要な行為と考えたワトスンは、にやりと笑ってこれに応じる。「それでこそわが友だ」——ホームズの笑顔には誇りと安堵が表れていた。

オーバーシュタインが薪も石炭もないのに暖炉で古新聞を燃やそうとしていたことに気づいたの

はワトスンだった。これによってホームズは《デイリー・テレグラフ》紙の通信欄に「ピエロ」からの伝言を発見し、同じ通信手段を使って二人の犯罪者を捕まえることになる。その一人が死亡したサー・ジェームズの弟のウォルター大佐で、これはコールフィールド・ガーデンズの部屋で待ち構えていたホームズにも予想外の人物だったが、彼は悪事の償いとしてオーバーシュタインをおびき出す手紙を書かされる。最後のシーンは巧みに練り上げられた演出で、ホームズ、ワトスン、マイクロフトの3人がチャリング・クロス・ホテルのラウンジに平然と座っている一方、大佐とスパイと警察が彼らの前でそれぞれ意図的な動きを見せる。一つ一つの動作に注意が向けられ、反応がなされ、ついにオーバーシュタインが捕まって連行される。ウォルターはその間にこっそり逃げたようだが、ブラッドストリート警部は「遠くへは飛べませんよ」と余裕を見せる。シャーロックとマイクロフト・ホームズ、そしてジョン・ワトスンの3人は完璧なチームワークをなし、不法行為も辞さないというホームズの英断が調査の成功につながった。ちなみに、一つ前のシーンで、ナイトシャツにドレッシング・ガウン姿で朝食を取るホームズが、お前なら優秀な空き巣狙いになれるという兄の言葉に目を光らせる場面は、警察があまり有能ではないことをほのめかす皮肉でもある。

ジェレミーはカメラの前で自在に演じることができた。エドワードはこう言っている。「彼は天才だった。監督から『ここはこうして』と言われたとき、私がどうするのだろうと思っていると、ジェレミーはちゃんとそれを仕草で表現するんだ」。現在のある批評家も、彼の演技にはホームズの特性すべてが網羅されていると考えた。「狡猾、きざ、気鋭、憂鬱、無礼、陳腐、尊大、鋭敏、熱狂、忠実――ホームズを特徴づける性質のすべてがブレットの顔をよぎり、まるで一つの感情だけを保つのは一瞬でも耐えられないといったように、筋肉を引きつらせ、ぴくつかせる」。この批評家によれば、ジェレミーは「すべてにおいて完璧だった。彼の控えめながら熱情的なシャーロック・ホームズは、小説の中のビクトリア朝時代の問題児にスクリーンで命を吹き込んだ」のであり、「ブレットはあの名探偵をこれまで演じてきたどの役者よりも優れていた」(《デイリー・メール》紙のクリストファー・スティーブンズ、2015年3月10日)

▼バスカビル家の犬

《ストランド》誌に『バスカヴィル家の犬』〔日暮雅通訳、光文社文庫、2007年〕が発表されたのは、「最後の事件」でホームズが死んでから8年後の1901年8月のことで、その間、世界中のホームズ・ファンが大きな喪失感を抱えたまま、ドイルに次なるホームズ作品を期待していた。『バスカビル家の犬』(脚本：T・R・ボウエン、監督：ブライアン・ミルズ、初放送：1988年8月31日)は、過去数十年の間に何度も映像化されてきたためか、ホームズ作品の中でもとくに有名だ。ダートムアの荒地を舞台とした魔犬をめぐるこのミステリーは策略と死を招き、「バックファーストリー教区のブルック荘園の領主サー・リチャード・キャベルの伝説」を不滅のものにした――「彼は悪評高き人物で、亡くなった晩には黒い猟犬が何匹かで火と煙をはきながらダートムアの荒地を走り、彼の屋敷の回りをぐるぐると駆けていたという」(『詳注版 シャーロック・ホームズ全集5』)。一家に伝わる物語によれば、サー・ヒューゴー・バスカビルは若い娘を誘拐したが、「娘は夜、荒地へ逃れ去り、怒りにまかせて、彼は猟犬どもを解き放ち、獣を狩るごとく娘のあとを追」った。疲労で息絶えた娘が発見されたその場所で、サー・ヒューゴーは「巨大

にして悪魔のごとき犬」に喉笛を食い裂かれた。ドイルがこの小説を友人のフレッチャー・ロビンソンに献呈することになったのは、彼の話から着想を得たからだった。「ロビンソンと僕は二人でシャーロック・ホームズの本を書くためにダートムアを探索しています。きっと素晴らしいものになるはずで、実際、すでに半分ほど書き上げました。ホームズが大活躍します」（コナン・ドイル）〔1901年にドイルが母親宛てに書いた手紙〕

ジェレミーは《TVタイムズ》誌にこう語っている。「子供の頃、家族と休暇でコーンウォールへ行く途中、車でよくダートムアを走ったんだけど、今でもあのときの恐怖感は覚えているよ——数々の伝説、荒涼たる風景、古い監獄、そしてもちろん、恐ろしい魔犬。あそこには何か不穏な空気があって、この物語ではそれが見

事に生かされている。超自然的な雰囲気があるんだ。そんな場所へ遺産相続人として若きバスカビルが帰ってくるという設定は、子羊を食肉処理場へ送り込むようなものだ。彼は絶えず脅威につきまとわれるが、何が彼に襲いかかろうとしているのか誰にもわからない――それが人間なのか、動物なのか、あるいは霊的、もしくは超自然的なものなのか。そもそも魔犬は実在するのか……」（《TVタイムズ》誌、1988年8月27日）。物語のクライマックスとなるグリンペンの沼地に立ったジェレミーは、身震いしてこう言った。「目を光らせ、よだれを垂らした魔犬の恐怖を物語の最後まで途切れさせないとは、ドイルは何てすごいんだろう」。しかし、ロバほどの大きさがあるこのグレート・デンはじつは恐ろしくも何ともなく、ジェレミーの動物好きを感じ取って彼に鼻をすり寄せてきた。「もしあの犬を恐ろしいと思えないなら、見ないほうがいい。僕たちは思えなかったけど……」（ジェレミー）

「悪魔が跳梁《ちょうりょう》する」という超自然的な力の存在に挑む今回の物語は、ベーカー街の部屋から始まる。ホームズは前夜の客が置き忘れていった銀の握りのステッキを、うしろに座っているワトスンが観察している様子を眺めている。ジェレミーはこのちょっとしたシーンの演出にひどく頭を悩ませたというが、あれこれ考え、原作を何度も読み直したすえ、「ぴかぴかの銀のコーヒー・ポット」〔『バスカヴィル家の犬』〕の蓋を持ち上げれば、そこにワトスンの姿が映ることに気づいた。モーティマー医師がやってきたとき、彼が病院勤めの若い医師で、チャリング・クロス病院の仲間から贈られた記念のステッキを持ち、犬を飼っているというホームズの推理が裏づけられる。ワトスンの推理はこれとは違ったが、彼がその努力に対して一定の評価を受けたことは確かで、ホームズは「ワトスン、どうやら僕は君の才能を過小評価していたようだな」と認める。実際、ワトスンの推理は「間違っている」のだが、ホームズが友人の資質を褒める場面は正典でも随所に見られる。「最後の挨拶」では、ワトスンとの友情がいかに貴重であるかをこう表現している——「ワトスンときたら！　この有為転変の時代にあっても、きみだけは変わらないね」〔「最後の挨拶」日暮雅通訳、光文社、2007年、『シャーロック・ホームズ最後の挨拶』所収〕

一方、ジェレミーらしいユーモアが見られるのは、モーティマー医師から「頭を触らせていただけますか？　指でサイズを測りたい」と言われたホームズが、大笑いしながら椅子をくるりと回し、「おかけなさい」と答える場面だ。ジェレミーは『赤髪連盟』のジェイベズ・ウィルスンや『マスグレーブ家の儀式書』の執事のブラントンに会ったときのように、ホームズがそうした気晴らしを面白がる人間であるというイメージを保ってきた。モーティマーはベーカー街を訪ねた理由を説明するため、最近、サー・チャールズ・バスカビルが激しい恐怖による心臓麻痺で亡くなったことを話す。ホームズはその超自然的な話のニュアンスから、当初は魔犬の伝説などおとぎ話にすぎないとしていたものの、しだいに興味をそそられる。グラナダの制作チームは、物語の中心となる怪しげな犬の姿を最初に映像で伝えるのではなく、モーティマー医師の言葉からイメージしてもらうことにした——「それが途方もなく大きい犬の足跡でした」。超自然的な説明を受けつけないホームズは、最後に同情するようにこう問いかける。「で、僕にどうしろと？」

サー・チャールズの最近親者でバスカビル家の最後の一人であるサー・ヘンリー・バスカビルがアメリカからやってきたことで、事件の謎はさらに増し、ホームズはあらゆる技能を駆使してミステリーを解き明かす。サー・ヘンリーのホテルの部屋から二度も靴が盗まれるという「不可解」な事件が起きたこと、さらに《タイムズ》紙から切り抜いた文字を使った匿名の手紙――「命を惜しむ理性あれば、荒地に近寄るなかれ」――が届いたことから、サー・ヘンリーが何者かに尾行されていることが明らかになる。

サー・ヘンリーとのホテルでの朝食は、ホームズが手紙の書き手についていつもの詳しい分析を披露する機会となり、ホームズはこれを好意的警告と解釈する。しかし、顎ひげを生やした謎の男が画面に映ると事態は一変し、ホームズとワトスンはあとを追って駆け出す。二人は男を捕まえることができず、その正体は謎のままとなる。サー・チャールズの遺産が「100万（ポンド）近い」という事実は、「のるかそるかの大勝負もしたくなる」ことを示唆する。ホームズはさらにワトスンにこう告げる。「これは恐ろしい危険な仕事となるだろう」

ワトスンがダートムアへ向かうと、それまでの緊張感がいったん緩む。荒地自体も昼間は明るく魅力的に見え、恐ろしい魔犬の謎も脅威もまったく感じられない。彼の役割はサー・ヘンリー・バスカビルを守ること、ホームズの目となり耳となること、田舎の人たちの間で行動を観察すること、そして「できるかぎり詳しく、事実だけ報告」することだったが、何よりも重要なのは、「悪魔が跳梁する荒地には近寄らぬこと」という指示だった。ワトスンはけっして優れた探偵ではないが、普通の人間ならではの反応をする信頼できる語り手であり、調査そのものよりも、田舎の人々や現実の生活に注意を向ける。しかし、「ノッティング・ヒルの人殺し」で「異常」と判定された囚人のセルデンが脱獄し、霧に包まれた荒地をうろついているという知らせに、ワトスンはさっそく力を試されることになる。恐ろしいグリンペンの底なし沼で命を落とすかもしれないという危険もリスクを高める。隣人のベリル・ステープルトンはそんなワトスンをサー・ヘンリーと思い込み、自身の身の安全のためにすぐにここを立ち去るように忠告する。さらに執事のバリモアが不審な動きを見せ、その後、彼の妻とセルデンとの関係が明らかになると、ワトスンは一連の懸念からひどく動揺し、「ホームズがいてくれれば……。なぜ来ないいんだ！」と叫ぶ。

ホームズがようやく調査に復帰し、ワトスンが自分の報告を無駄だったのかと考えたとき、二人の関係にひびが入るかと思いきや、ホームズは「繰り返し何度も読ませてもらった」と言って友人を元気づける。ワトスンがホームズから「粗末なもてなし」を受けるシーンはユーモラスで、カートライトという少年に材料を運ばせて作ったそのシチューは「見るだけで結構」という代物だった。これもまたジェレミーとエドワードが考え出した食べ物ネタのジョークである。ホームズはそこでワトスンにベリル・ステープルトンがじつはステープルトンの妹ではなく、妻であることを話す。そしてステープルトンもバスカビルの一族であることが明らかになると、彼が真犯人として浮上する。ホームズはバスカビル家のホールにかけられたサー・ヒューゴー・バスカビルの肖像からその関係を暴き、ステープルトンが遺産を狙っていると確信する。ホームズとワト

スンはロンドンへ帰ると見せかけて罠を張るため、いったん列車に乗り込んですぐに降り、グリンペンへ引き返す。最終章では、ステープルトンの結婚の申し込みが嘘だったことを知らされ、ショックを受けるローラ・ライオンズに、ホームズは意外な気遣いを見せる。残酷にも監禁されたベリル・ステープルトンを劇的に救出するシーンでも、ホームズは彼女を優しく抱きかかえる。サー・ヘンリーがリンを塗った凶暴な犬に襲われ、危機一髪のところをホームズが拳銃で犬を撃ち殺すシーンでも、サー・ヘンリーを抱くホームズの姿は同じく思いやりに満ちていた。

熱心なファンなら、本編に「ギリシャ語通訳」の中のシーンが二つあることに気づくかもしれない。一つはホームズが王立天文台へと馬車に乗るシーン、もう一つは彼がステッキを振りながら人けのない駅のプラットホームを歩いていき、そのまま霧の中へと姿を消すシーンだ。これは〈シャーロック・ホームズの生還〉（第4シリーズ）の最初の4編で予算を使いすぎたため、かなりの経費削減を余儀なくされたことを示している。本編の撮影中、ジェレミーはデビッド・スチュアート・デービスに「ひどく具合が悪い」と話していた。にもかかわらず、彼は素晴らしい演技を見せ、その場にふさわしい態度を取って、より心優しいホームズ像をスクリーンにもたらした。この『バスカビル家の犬』において、唯一の問題は犬だけだった。

本編に対する批評家の反応は賛否両論だった。ジェレミーのホームズは大成功していたため、グラナダの制作チームには、このもっとも有名なホームズ譚のドラマ版を最高のものにするという大きな期待がかけられていた。全体としては好意的に受け取られた。「ミステリー・ファンの多くはこれを『バスカビル家の犬』の決定版とは思わないだろうが、ジェレミー・ブレットが出ているというだけで私には十分満足できる。ハードウィックの演技もまた秀逸で、実際、彼は今回の遠出でブレットよりも多く画面に登場している」（《スカーレット・ストリート》誌のショーン・ファレル、1996年冬）。「今やブレットのホームズが称賛されるのは当然だ。彼はこの役に19世紀のメロドラマとして入念に計算されたタッチを加えている。もしブレットに口ひげがあったら、彼は臆面もなくそれをひねりまわすだろう。彼のホームズは冷淡で傲慢で独りよがりで、腹立たしいほど素晴らしい」（《ニューヨーク・タイムズ》紙）

《ザ・ステージ》紙のニック・スマースウェイトは、テンポが「遅くて緊張感がない」としながらも、「うっとりするようなカメラワーク」と、何よりもジェレミーの「しょっちゅう顔をぴくつかせたり、しかめたりする独特の演技」を絶賛した。「さすがと言うべきシーンの一つが、ホテルのコーヒー・ラウンジでホームズが匿名の手紙を科学的に分析してみせる場面である。原作では退屈で面白くなかったに違いないこのシーンを、ブレットは役者としてのありとあらゆる技を使って目を釘づけにするほど魅力的に見せている。これほどの資質を称賛せずにいられるだろうか。ブレットはかつてのベイジル・ラスボーンのようなホームズらしい容姿には恵まれていないが、狂ったような激しさと俳優としてのカリスマ性によってそれを補っている。彼のホームズはコナン・ドイルが思い描いたようなものではなかったかもしれないが、それでもやはり見事である。今回、もっとも失望させられたのは、体重約70キロというあのグレート・デンで、恐ろしいというより馬鹿げて見える」(《ザ・ステージ》紙および《テレビジョン・トゥデー》誌におけるニック・スマースウェイトの「見当違い」、1988年9月1日)

一方、《タイムズ》紙は本編の洗練された品のよさを称賛している。「品のよさは、洗練されたグラナダ版ホームズ・シリーズのクライマックスである『バスカビル家の犬』の基調だ。制作チームは、この物語がドイルの正典の中でもとくに力強い作品とは言えないものの、おそらく、多くの視聴者に広く知られるようになると考え、クオリティーの高さに全力を尽くすことにした。実際、説得力のあるロケ地(ヨークシャーやスタフォードシャーがダートムアの代わりとされた)に加え、スタジオには不気味なグリンペンの沼地が再現され、優れたカメラワークがどんなチャンスも見逃さず、照明や構図から最大の効果をひねり出している。そのうえ、このように形を重視したからと言って、内容がうやむやになったわけでもない。私の唯一の不満は、大半の場面が一定のテンポで進められたにもかかわらず、結末があまりにも性急にまとめられていることだ。せっかくゆったりと満足な料理を堪能したのに、仕上げでチーズにかぶりつき、コーヒーをがぶ飲みしなければならないのは残念だ」(ピーター・ウェイマークの「不屈の探偵」、《タイムズ》紙、1988年8月31日)

これほど長くこの役を演じることで生活にどのような影響があるか、ホームズに自分の生活を支配されていると思うかと訊かれて、ジェレミーはこう答えている。「以前はそう思っていた。撮影中、緊張した様子で悲壮な顔をした自分の昔の写真を見るのは耐えられないね。でも、今はもうホームズに脅かされているようには感じないし、彼を演じることを初めて心から楽しんでいるよ」（《TVタイムズ》誌、1988年8月27日）。「より気楽にホームズと一緒にいられるようになったし、彼にあまり腹を立てなくなったよ。僕は少しホームズのことを責めていたんだ。ほら、ジョーンのもとから遠く離れて仕事をしていたせいで、彼女との最後の時間、二人で一緒にいられた最後の数年間の多くを奪われてしまっていたからね」。しかし、実際はそれほど単純な話ではなかった。「僕はホームズをすっかり取り除く必要があった。洗い流すというか、本当にシャワーを浴びて洗い落とす必要があった。だってホームズを演じるのは、光り輝くマグネシウムのシャワーのような才気を綱渡りするようなものだからね。こちらもリセットしなきゃならない」（前掲誌）

ジェレミーが受け取ったファン・レターもまた、彼がホームズ役の続投を決意する助けとなった。「受け取ったファン・レター――世界中から週に約200通――に深く胸を打たれたからこそ、継続を決めたんだ。今はメイクの仕方も変えたから、そんなに冷酷そうに見えないし、現シリーズではホームズを神経質な男というよりヒーローのように演じている。それでもまだかなり孤独な男だとは思うけど、僕はそんな彼に少し温かみを加えようとしているんだ」。ホームズの演技について自信を持てるようになった彼はこう語っている。「私としては、『The Return of Sherlock Holmes』は、最初の13話に比べても優れていると思っている。どうしてそう思うのかはうまく説明できないが――たぶん主眼点がいくらか変わったのか、何らかの信頼関係が生まれたのか、私とエドワードの相性に関係していると思う。ともかく何か変化があったのは確かなんだ」（『NHK

テレビ版『シャーロック・ホームズの冒険』）。タクシーの運転手から「シャーロック・ホームズは僕らのヒーローです」と言われたとき、ジェレミーは驚いた。「僕はそれまでホームズをヒーローだなんて一度も思ったことがなかった。でも考えてみたら、ホームズは貧しい人々のために働くし、金持ちに心を動かされたりしない。だから彼はある種のヒーローなんだね」（《TVタイムズ》誌、1987年12月19日）

▼アビーの財産事件（1988年、ショート・フィルム）

ベーカー街221Bの住所にもっとも近い場所にあるアビー・ハウスの壁に記念の銅板《プラーク》が飾られることになった1988年、一つのショート・フィルムが作られた。プラークを披露する除幕式で、ジェレミーはここがシャーロック・ホームズの住んでいたところですと述べ、のちにその建物はアビー・ナショナル住宅金融組合の本社となった。『アビーの財産事件』というこの気まぐれなフィルムは、グラナダの制作チームによって『バスカビル家の犬』のおまけとして撮影され、ホームズとワトスンが最終的な事件の詳細について話しているという設定だった。ワトスンが読み上げた手紙によれば、1898年当時、二人にはそれぞれ銀行に資産があった。ワトスンが917ポンド、ホームズが988ポンドという大金で、利息によって1988年には総額10万ポンドにもなるという。彼らはまず住宅金融組合に投資しようと言い、続いて将来に投資する必要性について楽しげに話し合う。ホームズ：「僕らの名声は死後も語り継がれるかもしれないし、君の著作は今後も読み継がれるかもしれない。われわれの代わりに給仕のビリーを金の受け取りに行かせてはどうだろう、あるいは彼の孫に」。ワトスン：「素晴らしい考えだね。うまくいくと思うかい？」

フィルムはこう締めくくられる――

「グラナダ制作チームより愛を込めて」

▼シャーロック・ホームズの秘密（1988年、ウィンダムズ劇場）

ホームズを演じるのに舞台とドラマのどちらが好ましいかと訊かれて、ジェレミーはこう言っている。「舞台の難しいところは、ドラマのように瞬時に登場人物に接近して、心の奥底まで覗き込むことができない点だ。ホームズのようにひどく孤独癖があって心を閉ざした男の場合、その内面の動きはカメラで追うほうが簡単かもしれない。ホームズほど内向的な人間でも、カメラなら、彼の顔をよぎるあらゆる感情――ちょっとした失望や怒り、気持ちの変化など――をキャッチできる。それにもちろん、カメラなら彼の見事な推理力や観察力、驚くべき直感もキャッチできる。そうした意味では、ドラマのほうがやりやすいだろうね。舞台では、僕は最初の15分は観客のほうを見ないし、ワトスンのほうさえ見ないようにしている。観客に少しずつ心を開いていくんだ。そこが舞台化の一番難しい部分だけど、監督のパトリック・ガーランドからこんなアドバイスをもらった――『観客との間にガラス板を置いて顔を見ないようにする。そして15分くらいして場が温まってきてから、彼らを招き入れるんだ』」(sherlockbrett.blogspot.com)

『シャーロック・ホームズの秘密 The Secret of Sherlock Holmes』は、ホームズ役のジェレミーとワトスン役のエドワード・ハードウィックの二人芝居として1988年9月22日からロンドンのウィンダムズ劇場で公演され、300回を超えるロング・ランとなった。ジェレミーはドイルのシャーロック・ホームズ登場100年を記念して、1987年にこの舞台の脚本を個人的にジェレミー・ポールに依頼していた。彼のホームズ研究にもとづく資料は8時間以上にわたってテープに録音され、そこには演技の拠り所となったホームズの生い立ちについての創作も含まれていた。「僕はジェレミー・ポールに8時間にも及ぶテープを送った。自分の考えをただぺらぺら話しただけだけど、正典から離れたシーンに関して言えば、それは彼がこのテープから直接取り入れたものだ。今回の舞台のいいところは、正典よりもずっと多くの台詞がワトスンに与えられていることだ。原作はほとんどが一人称で書かれていたんだから当然だけどね。『まだらの紐』の撮影後、デビッド・バークが『僕の台詞は全部で43語しかなかった！』と言っていたのを覚えているよ。だからこの舞台ではワトスンに話をさせるようになっていて、僕としてもそこが大きなポイントだと思っている」(sherlockbrett.blogspot.com)。ジェレミーは数々の冒険から育まれた二人の友情に重きを置き、原作とそれを超越した物語をとおしてホームズというキャラクターを発展させようとした。全体としてどのエピソードが再現されたわけでもなかったが、舞台は原作に書かれた会話を忠実に取り入れ、「ドイル自身が見ていたら、きっと興味をそそられただろうと思えるようなオリジナルのミステリーを作り上げた」(ジェレミー・ポール)。結末はどんでん返しで、観客にとっては思いがけない展開ながらも十分に納得できるものだった。ちなみに、ジェレ

郵 便 は が き

料金受取人払郵便

新宿局承認

3556

差出有効期間
2025年9月
30日まで

切手をはら
ずにお出し
下さい

160-8791

343

(受取人)
東京都新宿区
新宿一-二五-一三

株式会社 原書房
読者係 行

1608791343 7

図書注文書（当社刊行物のご注文にご利用下さい）

書　名	本体価格	申込数
		部
		部
		部

お名前　　注文日　　年　　月　　日

ご連絡先電話番号　□自　宅　（　　　）
（必ずご記入ください）　□勤務先　（　　　）

ご指定書店（地区　　　）（お買つけの書店名をご記入下さい）　帳合

書店名　　書店（　　　店）

7360
シャーロック・ホームズとジェレミー・ブレット

愛読者カード モーリーン・ウィテカー 著

＊より良い出版の参考のために、以下のアンケートにご協力をお願いします。＊但し、今後あなたの個人情報(住所・氏名・電話・メールなど)を使って、原書房のご案内などを送って欲しくないという方は、右の□に×印を付けてください。 □

お名前《フリガナ》 男・女（ 歳）

ご住所 〒 -

市 町
郡 村
TEL （ ）
e-mail @

ご職業 1会社員 2自営業 3公務員 4教育関係
5学生 6主婦 7その他（ ）

お買い求めのポイント
1テーマに興味があった 2内容がおもしろそうだった
3タイトル 4表紙デザイン 5著者 6帯の文句
7広告を見て(新聞名・雑誌名)
8書評を読んで(新聞名・雑誌名)
9その他( )

お好きな本のジャンル
1ミステリー・エンターテインメント
2その他の小説・エッセイ 3ノンフィクション
4人文・歴史 その他(5天声人語 6軍事 7)

ご購読新聞雑誌

本書への感想、また読んでみたい作家、テーマなどございましたらお聞かせください。

ジェレミー（マーカス・タイラーの厚意により提供）

ミーはいつもの寛大さから、脚本の共同執筆者に名を連ねることを辞退した。

もともとこの舞台は『シャーロック・ホームズのある事件 A Case for Sherlock Holmes』というタイトルで披露された一夜かぎりの公演で、家族や友人、演劇関係者らが招かれていた。メイフェア劇場にはジーン・コナン・ドイルの姿もあった。そのときはエドワード・ハードウィックの都合がつかなかったため、ワトスン役は『ブルース・パーティントン設計書』でカドガン・ウエストを演じたセバスチャン・ストライドが務め、ドイルとモリアーティの役はジェレミー・ポールが演じた。この最初の公演には語り手も含まれており、舞台は大成功に終わった。エドワード・ハードウィックがワトスン役で復帰すると、この二人芝居はパトリック・ガーランドの演出のもと、新たに『シャーロック・ホームズの秘密』というタイトルで8月30日にギルフォードのイボンヌ・アルノー劇場で開幕された。ウエスト・エンドのウィンダムズ劇場での6週間にわたる公演も大当たりしたため、舞台はロンドンで1年間継続されたのち、ブラッドフォード、ハル、カーディフ、バーミンガム、アバディーン、ブライトン、マンチェスター、バースといったイギリスの主要都市でさらに11週間にわたって巡回公演が行なわれ、1989年11月にはチチェスター・フェスティバル劇場でも公演された。結果として、ジェレミーとエドワードは1988年8月30日から1990年の初めまで、何日かの休演日はあったものの、週6晩に2回の昼公演という過酷なスケジュールをこなした。

この芝居のおもなテーマは、ベーカー街221Bに共同で間借りしている二人の男の友情だった。ジェレミーのホームズはワトスンの存在がいかに重要かを観客にこう説明している。「ワトスンがいなければ、僕は2年もしないうちに死んでいただろう。人には話し相手が必要で、一人でじっと座ってはいられない。ワトスンは無言の非難と悲しげな表情で僕を麻薬の常用から遠ざけてくれた。彼との散歩や会話、そしてどんな問題も熱意を持って受け入れてくれる大らかさのおかげで、僕は憂鬱症の発作に襲われても正気でいられたんだ。彼ほどの友人はいない。それなのに僕は彼にひどい扱いをした」。6年にわたってドイルを研究してきたジェレミーはこう確信していた。「ホームズとワトスンは二人で一つだ。これは素晴らしい創作で、二人の友情はどちらか一方だけでは成り立たない。不可能なんだ」。ドイルがホームズのモデルとした恩師、ジョゼフ・ベル博士もジェレミーに同意するだろう。ドイルに宛てた手紙で彼はこう言っている。「君は自分自身がシャーロック・ホームズであることをよく知っているはずだ」

「この芝居のテーマは友情で、僕はそれを非常に重要なものと考えている。なぜなら男同士の友情はもはや過去のものだからだ。ビクトリア朝時代やギリシャ時代にはあったけれど、この80年代にはフェミニズムの高まり——それ自体は何も悪くない——によって道を失ってしまった。男同士の友情はその尊厳を完全に損なわれてしまったんだ。二人の紳士が共同生活をするなんて、今の若者にとってはかなり違和感があると思う。すぐに関係を疑われたり、『おかしな二人』なんて言われたりする。だからこそ、それがこの芝居のテーマなんだ——愛とはじつはいたるところにあるということ。僕は何人かの批評家がゆがんだ意味ではなく、そこに注目してくれたことをと

ても嬉しく思っている。ホームズとワトスン、この二人の男の素晴らしい関係を見せることが僕たちの目指していたものだからね」。べつの場面でジェレミーはこうも述べている。「でも、この芝居はじつはジョン・ワトスンへの感謝のしるしなんだ。だって偉大な人物の背後には、つねに女性かワトスンのような男がいるものだからね。ホームズは自分でも驚き、少し恐怖を感じながらも、ワトスンがかけがえのない存在であることを知る。ホームズは忠実な伝記作家がいないとどうしようもないんだよ」(グレゴリー・ジェンセンの「ブレット・ビカムズ・ホームズ」)

とは言え、ジェレミーによるシャーロック・ホームズの謎めいた演技は人々やマスコミを魅了した。「ジェレミー・ブレットのホームズは期待どおりの名演技である。彼はローレンス・オリビエにも匹敵するほどの明瞭な声と身ぶりで観客を夢中にさせる。コカインによって引き起こされる精神的な苦痛からワトスンへの陽気な軽口まで、ホームズの感情の変化を表現するブレットの巧みなテクニックは見る者を引きつけずにはおかない。ホームズがみずからモリアーティの人物描写を行なう場面では、効果を狙ってわざと観客を不安にさせるように間を置くなど、私たちをリードする。ブレットにはちょっとした姿勢の変化や仕草でホームズのさまざまな感情を伝え、キャラクターを自在に演じる万能性があり、観客をはらはらさせたり、大笑いさせたりする驚異の能力がある」（レビュー・ガゼット）。たしかにワトスンにスポットが当たるのを見るのは新鮮で、「アフガン戦争で負傷し、軍医としての職を失ったワトスンは、みずからも鋭い推理力を持つ医師として興味深い人物ではある。しかし、私たちが引きつけられるのはやはりジェレミー・ブレットのホームズであり、みずからの心の奥を覗き込み、不幸な家庭環境をほのめかし、自分の欠点を告白し、最後にはそれをさらけ出すという卑劣なまでに抗しがたい魅力である」（《ザ・ステージ》紙、1988年9月29日）

観客のレビューでは、ジェレミーの舞台上での存在感や声量、驚くほど効果的な動きの数々から生み出される魔法についてコメントされていた。彼はちょっとした手や眉の動きによって冷酷で皮肉っぽいうぬぼれ屋から思いやりに満ちた気さくな友人までを演じ分け、声のトーンや身ぶりに変化を加えるだけで別人になることができたという。一方、エドワード・ハードウィックの演技はで、その控えめで自然体の態度は信頼感にあふれていた。「エドワード・ハードウィックの演技はあくまでも誠実で、わざとらしいところが少しもない」（《インディペンデント》紙）。彼らはこのユニークで忘れられない舞台で完璧な演技を披露し、批評家たちは口々にそれを称賛した。「ジェレミー・ブレットの演技は見事な彫刻を施された芸術品のようで、人の心をつかんで離さない」（《デイリー・テレグラフ》紙）。「私たちはほかのどのホームズよりもこの孤独なホームズに夢中だ。そのうえ彼は私たちを笑わせもする。なぜなら彼はすべてに答えを持ち、見事なまでにドライな理性を持って突き進むからだ。それはユーモアと意外な思いやりを持ったホームズの姿にほかならない」（《デイリー・エクスプレス》紙）

「多くの点で、ジェレミー・ブレットは地方の劇場を巡り、舞台の上を闊歩し、やきもきするのを楽しむような古風なタイプの俳優だ。テレビでの彼は、ときにスクリーンという狭くて密接した空間に求められる演技を窮屈に感じているように思える。舞台での彼は実際よりも大きく見え、優雅なビクトリア朝時代のセットの中を檻に入った動物のように歩きまわっているが、それでいてちょっとした表情や言葉に意味を持たせるべく華麗な身のこなしを巧みにコントロールしている。ブレットの演技には歯車が回転しているようなところがあるが、それはほとんど気づかれないほどの精密な機械のような動きだ」（《ザ・ステージ》紙、1988年9月15日）。デビッド・スチュアート・デービスはこう語っている。「ジェレミーの本拠はあくまでも舞台だ。彼の炎がもっとも明るく、もっとも暖かく、もっとも激しく、もっとも誠実に燃えたのは、ここだった。彼には役を正確に分析し、分解し、把握するだけの優れた知性があった」（『柳をしならせるように』）。

マイケル・コックスもこれと同じ意見で、「私はそれまでジェレミー・ブレットの舞台を見たことがなかったが、彼はまさに水を得た魚のように生き生きしていた。もちろん、エドワードも申し分のないワトスンで、文学史上最高の『普通の男』を天才の陰に隠れることなく演じて見せた」(『セルロイドの研究』)。当初、エドワードは「ワトスンを演じることに気乗りしていなかった」(ジェレミー)。「『シャーロック・ホームズの秘密』の稽古を始める前、私は何度も自分には無理だと伝えるつもりでジェレミーに電話をかけようとした――長く舞台から離れていたし、二人芝居という試みに怖気づいていたんだ。でも実際、受話器を取ることはなかった。ジェレミーは聞く耳を持たないとわかっていたからね。彼はいつも前向きで楽天的で、人に大きな勇気を与えてくれるんだ」(エドワード・ハードウィック)

それでもジェレミーはホームズの新しい演じ方を模索していた。「今の僕はホームズを演じることに夢中だから、毎日のように新しいアイデアが浮かんできて、どうしようか迷っているうちにまたべつのひらめきが生まれる。そう、ちょうど昨夜、ホームズの新しい独白の仕方を思いついたんだ。バルコニー席のほうを見上げ、心を開いて、僕の言っている台詞に観客の注意を一気に向けさせる。すると突然、それまで知らなかったホームズの弱さが見えた。新たな本質、新たな手がかりがつかめたんだ」(「ブレット・ビカムズ・ホームズ」)。観客の一人は彼の表現の違いをこう記している。「私はその舞台の昼公演を何度も見たが、彼はいつも演技に既成概念の枠を超えるような変化を加えていた。一度など、いきなり狂った雄鶏のようにガーガー言い、燕尾服を

羽のようにはためかせながら舞台を闊歩して、じつに見事だった。二日後の土曜日の昼公演では、同じ場面で今度は舞台の端にうずくまり、同じ台詞を静かに話した。これも感動的だった。あの二人の舞台はまさに演技のマスタークラスだ」（jeremybrett.infoの匿名）

ジェレミーはエドワードのことをこう言っている。「エドワードは僕が出会った中でもっとも聖人に近い存在だ。彼がいなければ、僕はこの芝居をやっていないだろうし、たぶんテレビもやらなかっただろう。舞台を離れて15（10）年になるけど、やっぱり劇場はいいね」。当時、シャーロック・ホームズのおもな舞台作品でもっとも新しいものは、ニューヨークとロサンゼルスで行なわれた『血の十字架 The Crucifer of Blood』だった。ホームズ役をチャールトン・ヘストン、ワトスン役をジェレミーが演じ、これによって彼は舞台でホームズとワトスンの両方を演じた数少ない俳優の一人となった。「以前からワトスンは何て優しい男なんだろうと思っていたけど、いざ自分が舞台で彼を演じてみて、僕にはワトスンのほうがずっと適役だとわかった。彼は愛情深くて社交的で、人を元気にしてくれる忠実な友だ。ワトスンがいなければ、ホームズはあっという間に死んでしまうだろうね」

「ジェレミー・ブレットとエドワード・ハードウィックが築き上げ、テレビで視聴者を魅了してきたホームズとワトスンの関係は、舞台を劇場に移してさらに刺激的なものとなった。二人の俳優の学究的な演技はキャラクターをきわめて明確に浮かび上がらせる。ハードウィックの堂々としたワトスン博士はより親しみのある一般開業医となり、まるで観客と劇場にいるというより友人と居間にいるかのようだ。ワトスンの深い思いやりと謙遜、そして繊細かつ情熱的なホームズへの献身ぶりは、画面では少々くどいかもしれないが、舞台ではその仕草や言葉がより大きな意味を持つように思われる。そこには文字どおり、テレビにはない二人だけの心の触れ合いがある。ワトスンはホームズが求める安定感そのものだ」（ガゼット）

ジェレミーは観客の中に大勢の子供がいるのを見て感激したという。「劇場の支配人に空席が目立つねと言ったら、『ブレットさん、もう一度よく見て下さい。今、ライトがつきますから。ほら、もう一度見て下さい』と言われた。するとそこには子供たちのかわいい顔がたくさん並んでいたんだ！　すごく嬉しかったよ！　ホームズは子供たちにも大人気みたいで、セントルイスのマイケル・マクルーア2世という8歳の男の子はホームズがドラゴンを退治している絵を送ってくれた。『やったぁ、ホームズがドラゴンを退治してくれるぞ。これでもう怖い夢を見なくていいんだ！』ってね。ホームズは子供たちにとってヒーローなんだ。ダラスにいるソロモンという3歳のちびっ子ファンは、僕のホームズをみんな見ていて、台詞も全部覚えているんだって！　まったく信じられないよ」。子供たちはしばしば公演後にバックステージへ招待されて舞台裏を見学し、ジェレミーはこうした「ちびっ子ファン」に自分のホームズ観を話すのが大好きだった。年配のファンともそうしたように、彼は何人かの子供たちと長年にわたって手紙のやり取りを続けた。

ウィンダムズ劇場は、こうした二人芝居にはぴったりのこぢんまりとした落ち着いた空間だった。しかし、マンチェスターやブラッドフォードといった大都市を巡回し、座席が2000もあるような大劇場で公演することになると、会場の隅々まで声が通るか、二人の魅力が伝わるかといった新たな懸念が生じた。それは相当の調整を要する挑戦だったが、大いに満足のゆく結果となった。観客の一人はこう振り返る。「マンチェスター・パレス・シアターでは、正面玄関のまわりや建物の横手に長い行列ができていて、ジェレミーとエドワードが楽屋口でサインしていました。途中で白髪の女性がこう言ったの。『あらまあ、王室の人でも来たかと思うわね!』」(ロザリー・ウィリアムズ)

公演中、ジェレミーは観客との触れ合いを心から楽しんでいた。ジェレミー・ポールは彼の演技と「グリーン・ルーム」と呼ばれる楽屋の様子についてこう述べている。「ホームズは芝居がかった身ぶりの気取り屋だから、現代の流行とは違うけど、ジェレミーのスタイル性の高い演技は当時に合っていると思う。彼のように舞台を動きまわれる役者はそういない。あれだけ体が大きいのに驚くほど足取りが軽快で、まるでバレエ・ダンサーのようだ。それに公演中は忘れられない出来事もあった。ジェレミーの楽屋のドアがいつも開放されていたことだ。彼はそこを『グリーン・ルーム』と呼んで、みんながいつでも気軽に入ってきて、地位や身分にかかわらず、誰とでも話せるようにしていた。ジェレミーは一人一人に時間を割いて、一緒に笑ったり、シャンパンのグラスを傾けたり、お茶を飲みながら悩みを聞いたりしていたよ」。また、観客はオーストラリアや日本、インドなど世界中からやってきた。あるファンは公演後にジェレミーに会えた興奮をこう記している。「建物の一階から下りようとしたら、階段がかなり急で……」

ジェレミーはそんなファンの熱意にときどき圧倒されることがあり、とくに女性ファンの献身ぶりには参ったという。「困っちゃうよ、ほんとに。彼女たちは僕が男やもめだからってウェディング・ベルを期待するんだ。一階席の最前列はこの芝居を100回以上も見たという女性ファンで埋まっていた。ある舞台では週に3000通もファン・レターが届いて、楽屋は花屋のようだった。ジャケットやセーターなんかも送ってくれるから、今日、僕が身につけているもので自分で買ったのは下着だけだよ」。熱烈なファンの一人であるジェーン・ロビンスは、『海軍条約事件』の「バラのスピーチ」（本書49ページに引用されている）に感激し、15か月にわたって毎週、彼の楽屋に何百本という赤いバラを送り続けた。公演で最前列に座っていた彼女は、ジェレミーが身につけているバラを指さし、「君がくれたものだよ、ジェーン」と言ったとき、天にも昇る気持ちだった。

マーカス・タイラーによる写真集『ジェレミー・ブレットのロールフィルム *A Roll with Jeremy Brett*』では、『シャーロック・ホームズの秘密』を演じるジェレミーをべつの視点から見ることができる。この優れたポートレートは、1988年10月にウィンダムズ劇場で行なわれた特別な撮影セッションによるもので、マーカスが得意とする白黒写真を媒体としている。劇場の舞台裏をとらえたパレス・シアターでの写真展に合わせてリクエストされたもので、どのショットにもジェレミーの真剣なまなざしが写っている。マーカスは、これらの写真が「あの類まれな人物」の貴重な記録になったと言っている。写真集の冒頭で、彼は「赤い靴下をはき、それにふさわしい陽気な雰囲気」のジェレミーと会ったときのことを詳しく語っている。「飾り気のない魅力とあふれんばかりのエネルギー」は圧倒的な存在感を放ち、むしろテレビでの姿がおとなしく感じられたという。鏡を唯一の小道具にしてポーズを取るジェレミーの様子は、彼の自信をさらに証明するものだった。改めて訪ねたとき、ジェレミーはプリントされた写真を見て大いに興奮し、なかでも30番の写真をその日の《イブニング・スタンダード》紙に載せるようにと大騒ぎしたが、新聞はすでに印刷に回されていたため叶わなかった。残念ながら、マーカスは二度とジェレミーに会うことができなかったが、こうした束の間のやり取りの結果、ジェレミーの最高のポートレートが永遠の形となって残された。

「1988年の『シャーロック・ホームズの秘密』の舞台で、彼はワトスン役のエドワード・ハードウィックとともに離れ業をやってのけ、見事なまでに本領を発揮した。大成功に終わった初日の晩、ある友人が私にこう言った。『何て素晴らしい夜だろう！　カーテン・コールだけでも入場料を払った価値があったよ』」（マイケル・コックス）

「ホームズは女性にすごくモテるんだ。彼が女性にとってどれほど魅力的かを知ったときは驚いたよ。原作では少しもそんなふうに思えないからね。女性は彼を誘惑したくてたまらないらしい。経験から言って、ホームズには女性の心を揺さぶる力がある。女性が彼を欲するのはそれが一つのチャレンジだからだ。ホームズを手に入れることはできない——だからこそ欲望がかき立てられるんだ。ところが彼のほうは、女性を欲望の対象としてではなく、興味の対象としてしか見ないから、彼女たちをいらいらさせる。そんな世界中の女性たちがドラマに自分を重ねて、僕をホームズとして見ている。彼女たちが求めているのは僕の肉体だからその気持ちはわかるし、とても光栄だとは思う。でも、ちょっと怖いときもあるんだ。たしかに僕は夢を売る仕事をしているけど、この役が及ぼす影響の大きさには責任を感じるし、すごく心配になる」（ウィリアム・ホールに答えるジェレミー）。「生身をさらけ出す覚悟が必要だ。もしホームズを生身の人間として表現するなら、覚悟を決めて、ちょっとしたユーモアや弱さ、欠点を取り入れる。そしてそれが人々に受け入れられることを祈るんだ」（ジェレミー。ケイト・ティンダルにより掲載、1990年3

月29日）

現場でよくジェレミーは、「ホームズの居間に隣接する寝室で午後1時の仮眠を取り、稽古にさえホームズの衣装――黒いフロックコートにベスト、懐中時計に鎖、黒い編み上げ靴――を身につけていた」（トゥデー、1986年12月4日）。「マンチェスターではスタジオの一画を囲むように行列ができるんだ。信じられないよ。裏手にベーカー街のセットがあって、入るにはお金が要る。僕が221Bに駆け込むとそこはピザ屋だ。ハドスン夫人のピザ屋さんだよ。見学ツアーは大変な人気だけど、きっとびっくりすると思う。正直、僕自身は参加したことはないけどね。ただ、ときどきホームズの小さな寝室を見学する人たちがあっと驚くことがある。僕は昼食にリンゴ一つしか食べないから、昼休みはホームズのベッドで寝ることがあるんだ。部屋に入ってきた人たちはベッドに横たわっている僕を『人形』だと思って話している。そこで急に『やあ！』と僕が起き上がると、みんなが『うわぁ〜！』となる。それがすっごく楽しいんだ」（「アメリカでのシャーロック・ホームズ」、《ザ・モーニング・コール》紙、1991年11月10日）

しかし、このシリーズで麗しのホームズを演じるにはそれなりの個人的代償がともなった。継続的な食事制限の必要性である。ジェレミーは「レタスの葉と人参一本」しか口にせず、撮影後に仲間と食事をすることもできなかったと話す同僚もいる。シリーズの合間は普通に食べたいと思うのも当然で、新シリーズが始まるたびにダイエットが必須となった。ジェレミーはある批評家にこう語っている。「僕は食べるのが大好きなんだけど、問題はホームズがワーカホリックの薬物常用者でひどく痩せているってことだ。撮影がないと僕はすぐに太るから、ホームズのスーツが着られるように、数週間、ダイエット施設を予約しなくちゃならない」（クリス・ヒューズの「ブレットはジャンクフードを食べまくり、名探偵を演じるためにダイエットする」）

一方、ジェレミーは一部の視聴者に有益な影響を与えてもいる。「僕のところには手紙が山ほど届くけど、とても楽しく読ませてもらっているよ」。テキサス州ウィチタ・フォールズに住むある教師からの手紙には、ドラマをきっかけに生徒たちがコナン・ドイルの原作を読むようになったと感謝の気持ちが綴られていた。もう一つの手紙は忘れられないもので、シカゴに住む11歳の少女からだった。ジェレミーはその手紙のことを記者にこう語っている。「僕が出ていた劇場に友人の役者から電話があって、『明日この番号に電話してあげてくれないか？　ルイーズ・アンちゃんは君の大ファンなんだ。君とベット・ミドラーが好きなんだって』と言うから、僕は嬉しくなって、すぐに――開演の約30分前――受話器を取った。すると彼女のおばさんが出て、ルイーズ・アンは眠っているけど、電話があったことは必ず伝えますと約束してくれた。僕はよろしくと伝えたが、目を覚ました彼女は僕のことを聞くと、そのまま白血病で息を引き取った。僕は彼女が亡くなる3週間ほど前に書いた手紙を持っていた。信じられないくらい思いやりと励ましに満ちた手紙で、僕のことを心配してくれていた。僕のまわりに危険な光が見えるからと健康を気遣ってくれていたんだ。まったくこのホームズという男を演じていると思いがけないことに遭遇する。それまで行ったことのない場所へ不意に連れていかれるんだ。ロマンチックなヒーローがあまり行ったことのない場所にね」（《カルガリー・ヘラルド》紙、１９９１年11月5日）。「こんな手紙もあった。宛て先には僕の名前と『クラパム・コモンの近く。郵便屋さん、お願いします』としか書かれていない。それでもちゃんと届いたんだ！　感激したよ」（ジェレミー）

▼レディー・フランシスの失踪

ジェレミーとエドワードが舞台『シャーロック・ホームズの秘密』で毎晩、劇場の観客に感動を与えていた一方、3年ぶりのドラマ版シャーロック・ホームズとして『レディー・フランシスの失踪』(脚本:T・R・ボウエン、監督:ジョン・マッデン、初放送:1991年2月21日)が制作された。湖水地方を舞台とするこの冒険物語は、息をのむような美しい風景に加え、ジェレミーも喜んだであろうヨットや乗馬といった気晴らしもあり、明るい期待を抱かせた。だが、グラナダの制作チームが原作を大きく改変したため、いくらか支持を失う結果となった。

本編は、レディー・フランシス・カーファックスという自由闊達でモダンな女性——当時、「新しい女」と呼ばれたような——をめぐる物語である。彼女はきわめて狡猾な詐欺師に狙われ、結果的にもう少しで命を落とすところとなる。物語はそんな彼女の失踪を中心に展開され、ワトスンが原作にあるスイスのローザンヌにも劣らぬ魅力の湖水地方で休暇を過ごしているところから始まる。美しいダーウェント湖を見下ろすスキッドオーの山に抱かれた、同じく絵のように美しいホテルに滞在していた彼は、悩めるレディー・フランシスの力になろうとする。ベーカー街の

ホームズは、散策の様子やほかの滞在客のことなどが詳しく書かれたワトスンの手紙を読んでいる。ワトスンは相変わらず女性に弱く、とりわけ、レディー・フランシス・カーファックスの冒険心は彼の興味を引いた。彼女は一人でヨットを操って教会（バッセンスウェイト湖畔にある聖ベガ教会）まで行ったり、兄のラフトン伯爵と激しく口論したりしたが、ある日、顎ひげを生やした男に極端な反応を示し、この男の存在に脅かされている様子だった。シェリル・キャンベルが激情家のフランシスを見事に演じている。ワトスンは、宣教師のシュレシンジャーとその付き添い看護婦で彼に「心服する」ミス・コルダーについてもホームズに報告するが、ボートから落ちて溺れそうになったフランシスを救ったのは、車椅子に乗ったこの宣教師だった。しかし、シュレシンジャーは英雄のように見えて

じつはそうではなく、世間知らずのフランシスが相続したきわめて高価な宝石を売るようにそそのかす悪党だった。彼女の命を救った男が、じつは「卑劣な詐欺師」だったというわけだ。ちなみに、原作ではレディー・フランシスはホームズとワトスンが彼女のことを耳にする前からすでに失踪していたが、ドラマ版ではこれも改変され、彼女は物語の冒頭からストーリー展開に加えられた。

一方、助けを求める依頼人もいなければ、調査を必要とする犯罪現場もないホームズは、本編の最初の15分間にはとくに活躍するシーンがない。カメラに愛されるジェレミーの躍動はいつもドラマにスリルを与えてくれるため、やはり少々物足りなく感じられる。代わりに、ワトスンの手紙を吟味する様子や、スコットランド・ヤードを訪れる様子、チェスの駒を見つめてひらめきを得る様子がちらりと映るが、これらのシーンではほとんど台詞がない。ホームズの活躍が必要とされるのは、犯罪がしだいに明らかになっていき、フランシスの命が危険にさらされてからだ。原作では、ホームズはこっそりワトスンのあとを追い、またしても変装して、フランス人労働者となって彼を喧嘩から救いさえするが、ドラマでは決定的な情報を求めて記録を調べているだけだ。シュレシンジャーと名乗る男の犠牲となった女性の悲劇を伝える新聞記事からその卑劣な手口が明らかになると、ホームズはこの男の裏の顔に気づき、事態の深刻さを悟る。彼の電報は本人が到着するのと同時にホテルに届き、そこから始まるレディー・フランシスの捜索は、いつもの有無を言わせぬホームズの独壇場となる。

ひとたび湖水地方に着くと、ホームズはレディー・フランシスの兄でマイケル・ジェイストンが好演するラフトン伯爵を訪ね、伯爵はフランシスに金の融通を求められたものの、彼女には自身が相続した宝石があることを聞かされる。ホームズとワトスンはフランシスを追ってペルメル街のオックスフォード・ロンバード海上銀行へ向かい、彼女が愚かなまねをする前に保護しようとするが、一足遅れ、フランシスは宝石とともに完全に姿を消してしまう。この劇的なシーンが撮影されたのは、壮麗なリバプール港ビルディングで、ワトスンはそこで衝動的にフィリップ・グリーンに挑みかかる。彼はかつてレディー・フランシスが交際していた貧しい詩人で、彼女の兄に邪魔され、オーストラリアへ追放されていた。ワトスンは装飾を施したタイル張りの床にグリーンを押し倒し、フランシスのために闘う戦士を演じるが、二階の回廊にいたホームズは手が出せない——棍棒で友人を救ったモンペリエのフランス人労働者は、残念ながらドラマではカットされた。その後、フィリップ・グリーンはホームズとワトスンに協力し、筋金入りのペテン師とわかった卑劣漢の居場所を突き止める唯一の方法として、宝石の行方を追う。

シュレジンジャーの屋敷に乗り込んだホームズとワトスンは、棺をめぐって不法行為を余儀なくされるが、フランシスは最後の最後まで見つからない。それは想像するだけでも恐ろしいホラー映画のような状況で、彼女はぎりぎりのところを墓穴から救い出される。ホームズが優しくも頼もしい両腕で彼女を棺から抱き起こす一方、シュレシンジャーはワトスンに脚を撃たれて動けなくされる。グラナダ版はエンディングも原作より暗くて悲劇的だ。レディー・フランシスは

グリーンの献身的な介護を受けながらも、「埋葬の恐怖」から正気を取り戻せるかどうかわからない。ホームズがこの事件を「完全な失敗だ」としたのはこのためで、彼の考え方によればたしかに失敗だった。フランシスの命は救ったものの、心に大きな傷を負わせてしまったからだ。そのため、ホームズはグリーンからの謝礼を受け取ることができない――「悲劇を防げなかったのにどうして受け取れるのだ。これほどの失意は僕にとって初めての経験だ」。ある批評家は本編における改変を好意的に見ている。「もとの短編がドラマ化によって高められる場合もあり、今回、T・R・ボウエンは邪悪で力強い冒険譚を作り出した」

「シャーロック：事件簿」と題されたある記事には、ホームズを演じたジェレミー・ブレットの成功と発病までが順序立ててまとめられている。「1984年にホームズ役に抜擢されたジェレミー・ブレットは熱意と信念を持ってこの役に取り組み、大成功を収めた。史上最高にしてもっとも忠実なシャーロック・ホームズになるという決意――傲慢さからではなく執念から生まれた強い意志――により、ブレットはこの役に関する徹底した研究ノートを作り、どこか病的とも思える狂暴性を持って役を生きた。ブレットの旧友で俳優のロバート・スティーブンスは、映画『シャーロック・ホームズの冒険 The Private Life of Sherlock Holmes』でホームズを演じた自身の経験から、ブレットにその役を引き受けないように説得しようとした――『あの男になりきろうとすれば墓穴を掘ることになる』。ブレットは1986年に双極性障害と診断され、その後は体調がますます悪化していく中でこの役を演じた。『僕はホームズを必死に振り払おうとしているけれど、近頃はすっかり彼に取り憑かれてしまったようだ』。ブレットがそれでもホームズとして卓越した名演技を見せたことは、彼の優れた力量のなせる業である」《ニューヨーク・タイムズ》紙はこう述べている。「ジェレミー・ブレットは今やシャーロック・ホームズの化身となった。面白いのは、この俳優が苦労してその演技を高め、豊かなものにすればするほど、ますます冷徹な彼の頭の中では、同じくホームズ役として有名なベイジル・ラスボーンの演技が見え隠れするらしいということだ。意図的でないにしろ、その効果は絶妙だ」。べつの記事によれば、原作はむしろ「三文小説のような物語だったが、いつもの上質感とビクトリア朝時代の調度品へのこだわりから、この1時間ドラマには独特の楽しさがある。ジェレミー・ブレットのホームズは、シーズンが進むにつれて見ていて愉快なほど神経質になる一方、エドワード・ハードウィックのワトスンは相変わらず善良で、女性にもいっそう礼儀正しい。ホームズがこの実直な旧友を『きわめて気の荒い男』と呼ぶところを想像できるだろうか」(《ニューヨーク・タイムズ》紙、1992年8月25日)。《タイムズ》紙のリン・トラスも同じく本編を称賛した。「今週の『レディー・フランシスの失踪』では、原作にちらりと出てくるケニントンが不幸にもカットされたうえ、ロンドンのシーンがいずれもリバプールかプレストンで撮影されていた。私はジェレミー・ブレットの〈シャーロック・ホームズ〉でいつもこの点に違和感を覚えてきた。ただ、それ以外は何もかも素晴らしい——忠実なドラマ化、上品なセピア色、名手が奏でるバイオリンのテーマ曲、そして何より、ジェレミー・ブレットの華麗な演技。全体がよく練られていて、見事に描かれている。ジェレミー・ブレットは最高のシャーロック・ホームズだ。彼は『ハァッ！』と発するたびにまったく新しい声で挑むばかりか、知能は高いが人間味に欠けるというホームズのイメージを永遠に払拭さえした。もちろん、それはグラナダの脚本家やプロデューサーが彼にワトスン（当初はデビッド・バーク、現在はエドワード・ハードウィック）との爽やかな同志のような関係を与えたおかげだ。しかし、ブレットのホームズをこれほど特別なものにしているのは、不思議と見過ごされがちな資質だが、彼の優雅で魅惑的な身体能力の高さである。それと口元に浮かべるあの微笑……ほかにも挙げればきりがない」（《タイムズ》紙、1991年2月23日）

「誰もが同意すると思うが、ドイルの後期の作品は前期のものほど内容が充実していない。そこで『這う人』や『ショスコム荘』では、ミステリー性を高め、より奥行きが出るような要素を加えた。なかでも大きく改変されたのは『レディー・フランシスの失踪』で、これはもともとホームズがワトスンを大陸へ派遣し、謎の失踪を遂げた女性を捜させるという物語だったが、ドラマでは設定を変更し、ワトスンはイングランドで休暇中にこの女性と出会い、彼女の振る舞いやある男への怯えように興味を引かれるという物語になった」（《アームチェア・ディティクティブ》誌のマイケル・コックス、1992年）

▼ソア橋のなぞ

『ソア橋のなぞ』(脚本：ジェレミー・ポール、監督：マイケル・コックス、初放送：1991年2月28日)について、マイケル・シンプスンはこの原作の冒頭部分を「正典の中でもとくに気に入っていた。なぜならそこにはホームズのキャリアを肉づけするうえでドイルの機知と創意がよく表れていたからだ」(『セルロイドの研究』)。しかし、そんな数々の興味深い事件の記録が入ったブリキ箱の中身は、アクションとミステリーを求める視聴者の要望に見合うものではなかった。ケープスソーン・ホールで撮影された本編は、ベーカー街の部屋でのコミカルなやり取りから始まる。第一に、口元に笑みを浮かべるホームズを見て、ワトスンは彼がひと月もの平凡な日々の末に事件を得たと推理する。第二に、朝食の二つの固ゆで卵に手がつけられていないのを見て、臨時コックが料理にうわの空だったと知り、ワトスンは「ハドスンさんは休暇を楽しんでるかな」と皮肉を言う。一方、ホームズは手紙を捜しまわり、まず机の引き出し、次に整理棚を開け、書類を次々と宙に放り出しては部屋を散らかす。そして捜していた手紙が胸ポケットにあることに気がつくと、ワトスンに背を向け、ニール・ギブスンという男から来たその手紙を肩越しにワトスンに手渡す。ギブスンの妻は、家庭教師のミス・ダンバーを犯人と示唆するメモを握ったまま殺されており、凶器となった拳銃もミス・ダンバーの衣装だんすの底から発見された。

これは殺人という重大容疑で起訴された女性をめぐる物語だが、実際に真実を探り、彼女を救おうと力を尽くす者は誰もいない。二人の主要人物である金鉱王のギブスンとホームズが互いを信用できずにいるのは、情報不足と協力不足のせいだったとも言える。ジェレミーの義兄でギブスン役のダニエル・マッセイは、「背の高い、やせてごつごつした姿から、欲望と貪欲の雰囲気が感じられる。（中略）花崗岩に刻み込んだような顔だちは頑固で無骨で情け容赦なく、数々の危ない橋を渡ってきた傷跡である深いしわがいく筋も走っている」［「ソア橋の難問」日暮雅通訳、光文社文庫、2007年、『シャーロック・ホームズの事件簿』所収］という原作の身体描写にぴったりだった。ギブスンが「目新しい」自動車でベーカー街へやってきたことは、彼が尊大で自分本位の人間であることを予感させ、もしこの事件を解決すれば、ホームズには金だけでなく、「英米両国で褒めそやされる」という名声が手に入るという。そんなギブスンが真っ先に口にしたのは、ミス・ダンバーは無実であるからそれを証明してやるべきだということだった。しかし、ギブスンとミス・ダンバーの「関係」についてのホームズの質問は立ち入ったものと見なされ、ギブスンは脅迫的な態度に出る。鬼のような形相でホームズに殴りかかろうとするギブスンだったが、ホームズはそんな脅しにもまったく動じず、「どうぞお静かに願います」と牽制する。これはギブスンを抑え込むのに十分だったようで、彼は怒りをこらえて部屋を出ていく。

引き返してくると思っていたギブスンが戻ってこないと、ホームズは自分が重大な判断ミスを犯したことに気づく。ただ、彼の手紙を利用してウィンチェスターの監獄（チェスターで撮影）にいるミス・ダンバーに面会しようというワトスンの提案が突破口となる。ギブスンの突然の登場によって事実収集の試みは妨害されるが、ホームズは秘書のファーガスンをとおしてギブスンの屋敷、ソア・プレイスを訪れることになり、そこでいつものように入念な調査を行なう。原作では冷静になったギブスンがベーカー街の部屋を再び訪れ、自分と妻とミス・ダンバーの関係について彼なりの見解を述べるが、ドラマでは違っている。

ケープスソーン・ホールで撮影されたソア・プレイスのシーンでは、ホームズとワトスンが地元の巡査部長とともに自転車で公園を横切り、事件現場の橋へ向かう光景がじつに新鮮だ。ジェレミーが橋の欄干にひょいと乗っかることでさらにその印象が増し、危険な行為ながら、自分の身の安全に無頓着なホームズが建物によじ登ったり、馬車から飛び降りたりした初期のエピソードを彷彿とさせる。マイケル・コックスはさらにこう語っている。「ジェレミーがホームズにふさわしい資質を持っていたとすれば、その一つがあの独特の身のこなしだ。ダニエル・マッセイとともにイートンの聖歌隊にいたという彼はパブリック・スクール出の坊っちゃんで、昔ながらの演劇の伝統が身についた俳優だった。彼は舞台特有の声の出し方や身ぶりをこの役に幾度となく取り入れた。そのせいで、ベーカー街の居間でのおなじみのシーンでさえ、つねに危険と隣り合わせだった。彼は身の安全も考えず、よく家具を飛び越えたり、橋の欄干に飛び乗ったりしたか

らだ」(『セルロイドの研究』)。ホームズは橋でギブスン夫人が倒れていた場所に横たわり、欄干を見つめて、手すりの下の縁に欠けた部分があることに気づく。さらに関連性のある証拠として、一対の銃が入っていたという空のケースのほか、ミス・ダンバーが教室で子供たちに見せていたブラジルの遺物も目にし、それはギブスンとこの家庭教師との関係の深さを物語っていた。教室のシーンでは、ドイルの小説『失われた世界』〔中原尚哉訳、東京創元社、2020年〕の舞台になったとも言われる険しい断崖の写真も紹介されている。ギブスンとホームズのちょっとした論争は二人がアーチェリーをするときも続けられた。ジェレミーは相手をあまり露骨に打ち負かさないようにしたものの、彼の長弓の腕前は筋金入りで、このシーンはそんな彼の特別な才能を生かすためにわざと脚本に盛り込まれた。

再び事件現場の橋に戻ると、ホームズは当時の状況を想像するというおなじみの手法である仮説を試す。さらにミス・ダンバーからメモや夫人との耐えがたい会見、そして夫の愛情を奪った家庭教師に対する夫人の激しい憎悪についても改めて裏づけを得たことで、ホームズはみずからの結論に確信を持つ。もう1丁の拳銃の行方は、巡査とともにもう一度橋へ行って行なわれた実験によって明らかになるが、その実験には弾を抜いたワトスンの拳銃が使われる。ホームズはこの事件が復讐心に燃え、極端な性格で、自分を傷つけた相手の女性に無実の罪を着せようとする「熱帯生まれの情熱的な女」による犯行だと断定する。ホームズとワトスンは結果として「素晴らしい女性と恐るべき男」を救ったわけで、二人はいずれ結ばれることになりそうだった。この

『ソア橋のなぞ』

結末に感心したジェレミーはこう言っている。「『ソア橋のなぞ』は新シリーズの中でも僕のお気に入りだよ。アメリカの金鉱王の話だけど、たぶん全編の中でも最高の推理が見られるからね」（《クリスチャン・サイエンス・モニター》紙の「名探偵の追跡」でルイーズ・スウィーニーに答えるジェレミー）

あるインタビューで、ジーン・コナン・ドイルは『シャーロック・ホームズの秘密』でのジェレミーの演技についてこう語った。「私はかなり早い段階から相談を受けていて、内覧会にも招かれました。脚本も送ってもらいましたし、テープも聞きました。脚本家のジェレミー・ポールと主演のジェレミー・ブレットとは緊密に連絡を取り合っていましたが、不満な点はまったくなく、私にはとても品のいいお芝居に思えました。演出も魅力的

『ショスコム荘』

で、私の父もきっと大いに喜んだことでしょう。いかにもホームズとワトスンを愛する人々が作り上げたものという感じで、演技も見事です」。さらに彼女は〈シャーロック・ホームズの事件簿〉（第5シリーズ）についてこう述べた。「ジェレミー・ブレットはもうずいぶん長くテレビでホームズを演じていますが、彼の演技は大きく変わっています。私は初期のシリーズの彼があまり好きではありませんでした。ホームズはとてもクールなキャラクターなのに、彼はあまりにも尊大で、わざとらしくて、神経質でしたから。そんな彼の変化を目にするのは嬉しいことです。最新シリーズでは、それまでかなり不愉快な男だったホームズが、多少うぬぼれたところはあるものの、親しみやすい人間になりました。いろいろ欠点はありますが、彼は人々が心から大切に思うような人物です。それはまさに優れた演技による結果であり、人の心を引きつけて離さないジェレミーの魅力の賜物です。もちろん、エドワード・ハードウィックも素晴らしいワトスンで、ナイジェル・ブルースと違って、私の父がまさに思い描いていたようなワトスンです。そもそもホームズが間抜けな男と共同生活をするはずがありませんからね」（ジョン・ティベッツによるインタビュー）

▼ショスコム荘

「6週にわたって放送されるホームズ・シリーズの今週のエピソードは、ある英国貴族（ロビン・エリス）の地所で見つかった人骨の謎を追う『ショスコム荘』で、ホームズ譚の集大成というよりは典型と呼ぶべき物語である。その骨がいったい誰のものなのか、そしてその人物はどのように死んだのか……。それを明らかにするため、ホームズと相棒のワトスン博士（エドワード・ハードウィック）が呼ばれる」

『ショスコム荘』（脚本：ゲーリー・ホプキンズ、監督：パトリック・ラウ、初放送：1991年3月7日）は、ドイルの正典で最終作（60作目）となる物語で、主人公は悪党というより、事態が好転するまで少しばかり法を曲げようと画策する男だ。『かくも悲しい話を……：情熱と受難の物語』でジェレミーと共演したロビン・エリス演じるサー・ロバート・ノーバートンは、持ち馬のショスコム・プリンスがチャンピオン・ステークスで勝たなければ借金を返せなくなり、実際、そのせいで彼は身の安全を脅かされていた。つい先日も有名な金貸しのサミュエル・ブルーワーが取り立て人を連れて屋敷に現われ、サー・ロバートが脅し文句を浴びせて追い返した。そのブルーワーの失踪が明らかになると、警察によって審問が行なわれる。ベーカー街を訪れた調教師のジョン・メイスンは、サー・ロバートが「正気を失われた」ようだとホームズに話す。それによると、サー・ロバートは真夜中に厩舎や古い礼拝堂の地下にある納骨堂へ下りていくばかりか、姉の愛犬を人にやってしまうなど、残酷な仕打ちをしているという。さらに気がかりなのは、地所の暖房炉で人間の大腿骨の上部関節丘が見つかったという事実で、サー・ロバートは犯罪行為を疑われる。

本編でのジェレミーの演技を見ていると、これがホームズであると同時にジェレミー自身であることがわかってくる。今さら彼の特異な動きや癖に驚きはしないが、そうした独特の身のこなしを眺めるのはやはり楽しい。オープニングはホームズが膨大な書類の山から一枚の紙切れを捜して盛大に散らかしているというおなじみのシーンから始まり、今回はショスコムとサー・ロバートについて知るために『競馬ガイド』とメイスンからの手紙を捜している。ワトスンはそんなホームズにショスコム・プリンスという馬についての情報と、サー・ロバートが以前、ニューマーケットでサミュエル・ブルーワーを馬の鞭で打ったという事件を伝える。『詳注版 シャーロック・ホームズ全集9』の中でウィリアム・ベアリング - グールドは、ホームズが「名馬シルヴァー・ブレイズ」では競馬のことをよく知っているようだったのに、ここでは競馬に対する興味をまったく失っているようだとコメントしている。実際、ホームズはこの馬主と彼の姉で未亡人のレディー・ビアトリスに関する詳しい情報をワトスンに頼っている。

ホームズは謎めいた事件の手がかりを追うという気晴らしのチャンスにすぐさま応じ、今回は田舎での滞在を楽しんでいるようだった――次編では新鮮な空気は苦手だと強く否定することになるが……。グラナダ版の撮影1作目となった『美しき自転車乗り』で言っていたように、その土地の噂を仕入れるには地元の居酒屋へ行くのが一番ということで、釣り好きの客を装ったホームズとワトスンには「グリーン・ドラゴン」が格好の拠点となる。レディー・ビアトリスの愛犬ジャスパーはこの居酒屋で飼われており、ジャスパーとすぐに仲よくなったホームズは主人の許可を得て犬を散歩に連れ出す。サー・ロバートを偽情報の電報によってヨークへ遠ざけたことで、二人は邪魔をされずに探索することができた。馬車のシーンは今回の調査のハイライトとも言うべきもので、ホームズはワトスンにみずからの仮説を示す。「わかっていることをよく考えてみようよ。兄はもう、愛すべき病身の妹の部屋を訪れなくなった。兄が妹のだいじな犬をよそへやってしまう。飼っていた犬をだよ、ワトスン！　そこから何か思いつかないかい？」〔「ショスコム荘」（日暮雅通訳、光文社文庫、2007年、『シャーロック・ホームズの事件簿』所収）。小説ではレディ・ビアトリスはたんに、"sister"だが、サー・ロバートが兄、レディー・ビアトリスが妹という設定で訳している場合が多い〕。ホームズの仮説はすでに結論に達しており、彼はレディー・ビアトリスの馬車を止め、ジャスパーを放すという実験を行なう。愛する飼い主と再会できると思ったジャスパーは、「ひと声うれしそうに吠えて」〔「ショスコム荘」〕馬車に駆け寄っていく。そのとき、夫人のメイドのキャリー・エバンズが見せた驚きと狼狽はホームズの疑念を裏づけ、馬車はジャスパーに自分の主人が知らない人間であることを見破られる前にその場を離れる。

真実を突き止めるためにあらゆる可能性を探るなか、ホームズはサー・ロバートが姉を殺したという可能性も検証する必要があった。そこで炉を調べるために地下室を訪れるが、ブルーワーのものと思われる紙入れの残骸以外には何も見つからない。謎の解明は、ワトスンが執事の気をそらしている間にホームズが屋敷へ侵入することによって行なわれる。レディー・ビアトリスの部屋で発見した毛髪はごくわずかだが十分な証拠となり、途中でメイドを連れた夫人が思いがけず早く帰ってくるが、ホームズは何とか一階の窓から外へ逃げ出す。宿の部屋に戻って顕微鏡で毛髪を調べてみると、それがかつらであることを示す松やにが発見される。

祟りがあるという納骨堂では、ワトスンが「冒瀆《ぼうとく》」だと咎めるなか、棺の中から世にもおぞましい代物が見つかる。確信を得たホームズは大胆にもレディー・ビアトリスの部屋に踏み込み、ジェレミーならではの優雅な物腰で夫人の身代わりに近づく。このシーンがとりわけ興味深いのは、ジョー・バーンズ役でジュード・ロウが出ているためで、ホームズは未来のワトスンとなるこの若者のベールを外す。サー・ロバートは、姉の死をすぐに「公表すれば完全に破滅」するが、レースが終わるまで引き延ばせれば、事態を収拾できる可能性があったとしてみずからの行為を弁解する――「このまやかしはじつに辛かったが、しかし、ほかに手はなかった」。そして姉の遺体は、冒瀆にはなるまいとして夫の先祖が眠る納骨堂の棺に納めた。

原作ではサー・ロバートは名うての詐欺師として描かれており、ドラマでも言われているように彼のブルーワーへの仕打ちは残忍で、その男を「危うく殺してしまうところだった」(「ショスコム荘」)。原作のサー・ロバートは悪党のようで、ワトスンも彼を「ひどい男」(「ショスコム荘」)と呼んでいるが、ロビン・エリスのサー・ロバートは恐怖も脅威も感じさせない。借金で身動きが取れない彼は、持ち馬を担保に金を借り、「全人生を賭けている」(「ショスコム荘」)。姉の死を偽装したのは、そうしたやむを得ない事情があったためということで、結果として罪には問われない。原作の結末でも、彼はショスコム・プリンスがダービー(チャンピオン・ステークス)を制したことで8万ポンドを手にして借金を完済できたうえ、しかるべき人生を立て直すだけの金も残った。マイケル・コックスはこう述べている。「ロビン・エリスと言えば、1970年代のBBCのドラマ・シリーズ『ポルダーク Poldark』が懐かしく思い出されるが、彼のサー・ロバートにはロマンチック・ミステリーの雰囲気があり、追いつめられてはいるが明らかに悪人という感じはない」(『セルロイドの研究』)

ジェレミーの演技はまたしても共演者や批評家たちの注目の的だった。「ジェレミー・ブレットの何がそうさせるのはわからないが、私はたちまち無条件に彼の虜となってしまい、一度も批判を書いたことがない。彼はシャーロック・ホームズとして非常に特別な人間だと思う。したがって、これはそんな彼と彼の演技力が作品と見事に結びついた結果にほかならない」(ITVのドキュメンタリー『初歩だよ、ワトスン君』のデニス・ブラック)。「実際、これらの作品を物語の予期せぬ展開や容疑者を追うために見る人がいるだろうか。いない。人々がチャンネルを合わせるのはブレットの胸躍るような楽しい演技を見るためだ。ドイルの創作を十分に見極め、ホームズを現代風に思いやりのある、愛すべき存在にしようとしなかったのはブレットの功績だ。ブレットはホームズを冷淡で気難しく、尊大な男として演じており、その圧倒的な才能が彼の魅力となっている。ラスボーンは優雅なまでに控えめで、氷のように冷たいホームズのよそよそしさを体現していたが、ブレットはその反対を行っている――彼のスタイルはドイルの文調に合わせて大胆なまでに華やかで、大げさなまでに芝居がかっている」(「ホームズ・インプルーブメント(Holmes Improvement)」、PBS)

「僕はかつてブレットとデビッド・バークのホームズ・シリーズを見ていたけど、原作を読んだことはなかった。だから急に馬屋番の少年を演じることになって驚いたよ」(《テレグラフ》紙のジュード・ロウ)

▼ボスコム渓谷の惨劇

『ボスコム渓谷の惨劇』（脚本：ジョン・ホークスワース、監督：ジューン・ハウスン、初放送：1991年3月14日）は、休暇中のワトスンが川で釣りを楽しんでいるところへホームズが思いがけず姿を見せ、最初は本人と気づかれもしないというユーモラスなシーンから始まる。ホームズがワトスンのもとへやってきたのは、ある事件の調査に同行してもらえないかと頼むためだった。「新聞が『ボスコム渓谷の惨劇』と書き立てている例の事件だよ。マッカーシーというオーストラリア人の農場経営者が沼の近くで死んでいるのが見つかったのだ」。被害者の息子が父親殺しで「逮捕され、裁判にかけられている」というその事件はホームズが喜んで調査するようなもので、彼はワトスンにも付き合ってもらえないかと丁重に頼む。ワトスンは「付き合うとも」といつものように喜んで応じるが、列車が35分後に出ると知って慌てる。

目撃者の森番は、ほかに誰もいなかったという理由で息子のジェームズ・マッカーシーを犯人と信じ込んでいる一方、逮捕されたジェームズも殺人については無実を訴えながらも、こうなったのは「当然の報いだ」と言ったという。しかし、ホームズは彼の「後悔の念」を健全な精神の

しるしと見なし、検視陪審によってなされた「謀殺」という評決を恥ずべきものと退ける。警察の見立てはホームズの調査によって誤りであることが判明し、視聴者は被告人とその恋人のアリス・ターナーに大いに同情を抱く。ターナー嬢の登場、とくにサマビー警部——ここではレストレードの代わり——をホームズのように真実を見極めることができない平凡な警官とする彼女の評価は、ホームズとワトスンに新風をもたらす。

「ホームズは、こういった捜査に熱中しだすと、まるで別人のようになる。ベイカー街でもの静かに思索にふけり論理に浸るホームズしか知らない者が、いまの姿を見ても、同一人物だとは夢にも思うまい」（「ボスコム谷の謎」）〔「ボスコム谷の謎」日暮雅通訳、光文社文庫、2006年、『シャーロック・ホームズの冒険』所収〕。犯罪現場を調査するホームズは熱意と活力にあふれ、些細な手がかりを求めて地面に身を投げ出す。沼のほとりは多くの人々に踏み荒らされていたが、その中につま先立ちとつま先の四角いブーツの足跡が見つかる。ホームズがぬかるみに突っ伏し、這うように茂みの中へと進む様子に警部はこう言う──「猟犬も兜《かぶと》を脱ぐでしょうな」。あらゆる証拠から凶器と犯人の輪郭を明らかにしていくホームズをジェレミーはこう説明している。「地面に身を投げ出してゴールデン・レトリバーのようにシダの茂みを腹這いになって進んでいったとき、僕はまったく馬鹿みたいな気がして、視聴者にも笑われると思った。ところがそうならなかったのは、その姿がいかにもホームズらしかったからだ──彼は動物的直感を働かせて手がかりを探し、当然ながらそれを見つけたんだ」

ピーター・ボーンが好演するジョン・ターナーは、悪党でもあり、悪党の「言うなりになるしかな」かった被害者でもある。ごつごつした顔で治療が難しい病を患った彼は、かつてオーストラリアでバララットのブラック・ジャックと呼ばれる「追いはぎ」だったが、イギリスに来てからはそうした過去の悪行を償おうと生きてきた。そんな彼にとってアリスは自慢の娘であり、贖《しょく》罪《ざい》の証でもあったが、オーストラリア時代の彼を知る「悪魔の化身」、ウィリアム・マッカーシーに見つかって圧力をかけられるようになる。マッカーシーは息子のジェームズをアリスと結婚させて彼の財産を継がせようとさえしていた。ホームズは明らかにターナーに同情し、娘を思うあまりの残酷な復讐話に哀れみを持って耳を傾けている。相手の苦しみや絶望に対する人間らしい反応が、この事件でまたしても判事と陪審の両方を演じることになるホームズの表情に見て取れる。ターナーは裁判でジェームズが有罪となった場合に備えて自白書にサインするが、ホームズは専門家としての証拠とともに、ジェームズの有罪に異議申し立てをする用意がある。それは正義を通すための司法制度を超えた行為とされ、ホームズもワトスンもこの結末に満足しているようだ。マイケル・コックスはこう言っている。「ホームズには真の自然的正義感や道義心がある。人々は彼が実在していればいいのにと思っている。ホームズがいてくれれば、社会はより安全な場所になるような気がするからだ」（「探索のヒーローたち Heroes of Detection」）

「ブレットが話す台詞は不明瞭で聞き取りにくい――彼はまるで周囲の間抜けどもに話しても仕方がないとでも言うように、ドイルのまわりくどい会話の全段落を慌ただしくぞんざいにつぶやく。彼は頑固なひねくれ者であることに喜びを感じているらしい。実際、先週の『ボスコム渓谷の惨劇』では、相棒のワトスンが調査のために二人ですすけたロンドンを抜け出し、光あふれるイギリスの田舎に来られたことを喜んでいるのに対し、ホームズは『こういう新鮮な空気は苦手だよ』と不満を言い、そよ風に鼻孔を膨らませるかのように大きく息を吸い込む。新参のファンであれ熱心なファンであれ、そんなブレットの長年にわたる一貫した演技が虚構に命を吹き込むのを見るのは、やはり大いなる楽しみだ」（「ホームズ・インプルーブメント（Holmes Improvement）」）

▼高名の依頼人

次なる『高名の依頼人』では、ハドスン夫人と彼女の二人の間借り人の関係に焦点が当てられ、夫人はじつに思いやりに満ちた態度で負傷したホームズを介抱し、働きすぎのドクターを気遣う。ロザリー・ウィリアムズはワトスンとの関係をこう説明している。「二人ともホームズに愛情を持っていて、ある意味、一緒に彼の世話をしているんです。彼女はワトスン先生が大好きで、先生にとても親しみを感じていると思います。そして深い尊敬の念を抱いています。それは穏やかな絆だけれど、肝心なのは二人がホームズを世話するという共通の務めを持っているということ。このひどく扱いにくいけれど魅力的な人物をね」（《スカーレット・ストリート》誌）。『高名の依頼人』（脚本：ロビン・チャップマン、監督：ティム・サリバン、初放送：1991年3月21日）では、アンソニー・バレンタイン演じる冷酷非道な悪党として、「女を収集」し、それを「普通のノート」と彼が呼ぶ鍵付きの日記に記録するグルーナー男爵が登場する。男爵はホームズが直面する悪党の中でも最悪の一人で、本編は彼がイタリアとスイスにまたがる山の峠で妻を転落死させ、再び新たな女性に触手を伸ばすところから始まる。一方、ホームズとワトスンの登場シーンは原作のオープニングに従っている。トルコ式の風呂でバスタオルをまとった二人が、束の間の気晴らしにと水ギセルを間にして並んで寝椅子に腰を下ろしている。ワトスンによれば、そこは「いつもは無口なホームズがいつになく口数多くなったり、ほかのどんなところにいるときよりもずっと人間味あるように見えたりする」〔「高名な依頼人」日暮雅通訳、光文社文庫、2007年、『シャーロック・ホームズの事件簿』所収〕場所だった。しかし、そんな安らぎはホームズがある手紙を受け取ったときにすでに乱されていた。

ホームズの助けを求めてベーカー街へ正式な依頼を持ち込んだのはサー・ジェームズ・デマリー大佐で、彼はメルビル将軍の娘のバイオレットを説得し、「ヨーロッパでもっとも危険な人物」でホームズが「オーストリアの殺人者」と認識するグルーナーとの婚約を破棄させようとしていた。しかし、グルーナーにすっかり心を奪われたバイオレットは、未来の夫への中傷にいっさい耳を貸さないという。サー・ジェームズがみずからやってきたのは、じつは身元を明かしたくないという謎の依頼人の代理としてのことだった。ホームズは事実をすべて明らかにしてくれなければ依頼は受けないとし、抗議するかのようにいつもの唐突さで席を立つ。最終的に彼はこの最上流の名士とされる依頼人――シャーロッキアンの間ではのちの国王エドワード7世となる皇太子と考えられている――の身元を調べないと約束したうえで、グルーナー男爵についての調査を引き受ける。しかし、グルーナーは巧みな話術で女性を陥れる、悪魔のように狡猾な敵だった……。

ホームズとグルーナーとの会見は、まさに善と悪という敵対する立場の二大巨頭による対決だった。ホームズは、女を利用し虐待する悪党のグルーナーに手を引かせようとするが、男爵は「最高の探偵を雇った」という事実には感心しながらも、説得をあざ笑う——「とくにあなたが現状をはっきり認識された今となっては」。それどころか、ホームズが「手を引く」のでなければ怪我をすることになると脅すが、ホームズはこれに対して激しい軽蔑を込めた個人的忠告で応じる。「イギリスの社交界に受け入れられたいなら、葉巻に火をつける前にラベルを取ることだな——げすな男として排斥されるぞ」。一方、ホームズの協力者のシンウェル・ジョンスンは、グルーナーの100人、あるいはそれ以上かもしれない情婦の一人で犠牲者となったキティ・ウィンターを連れてくる。「女と焼き物があいつの道楽なのよ」と話す彼女は、ホームズとともにバイオレットのもとを訪ね、今度こそ未来の夫の本性を思い知らせようとする。しかし、キティが半裸の体に浴びせられた硫酸のむごたらしい傷痕を見せてもなお、バイオレットは自分の人生を巧妙に脚色して語ったグルーナーの本性を信じようとしない。原作では、グルーナーは暗示をかけてメルビル嬢の心をつかみ、初めてホームズに会ったときにこう言っている。「催眠術をかけたあとの事後暗示というのをご存じですかな、ホームズさん？　まあ、その効き目のほどをそのうちご覧になることでしょうよ。個性の強い人間が相手なら、手を動かしたりくだらない演出をしたりなんかせずにも暗示をかけられるのです」（「高名な依頼人」）

このシリーズでのジェレミーのホームズは自信に満ちている。彼は本編のグルーナーや『ソア橋のなぞ』のギブスンなど、すべてを自分の思い通りにしてきた男たちからの脅しにも屈せず、反

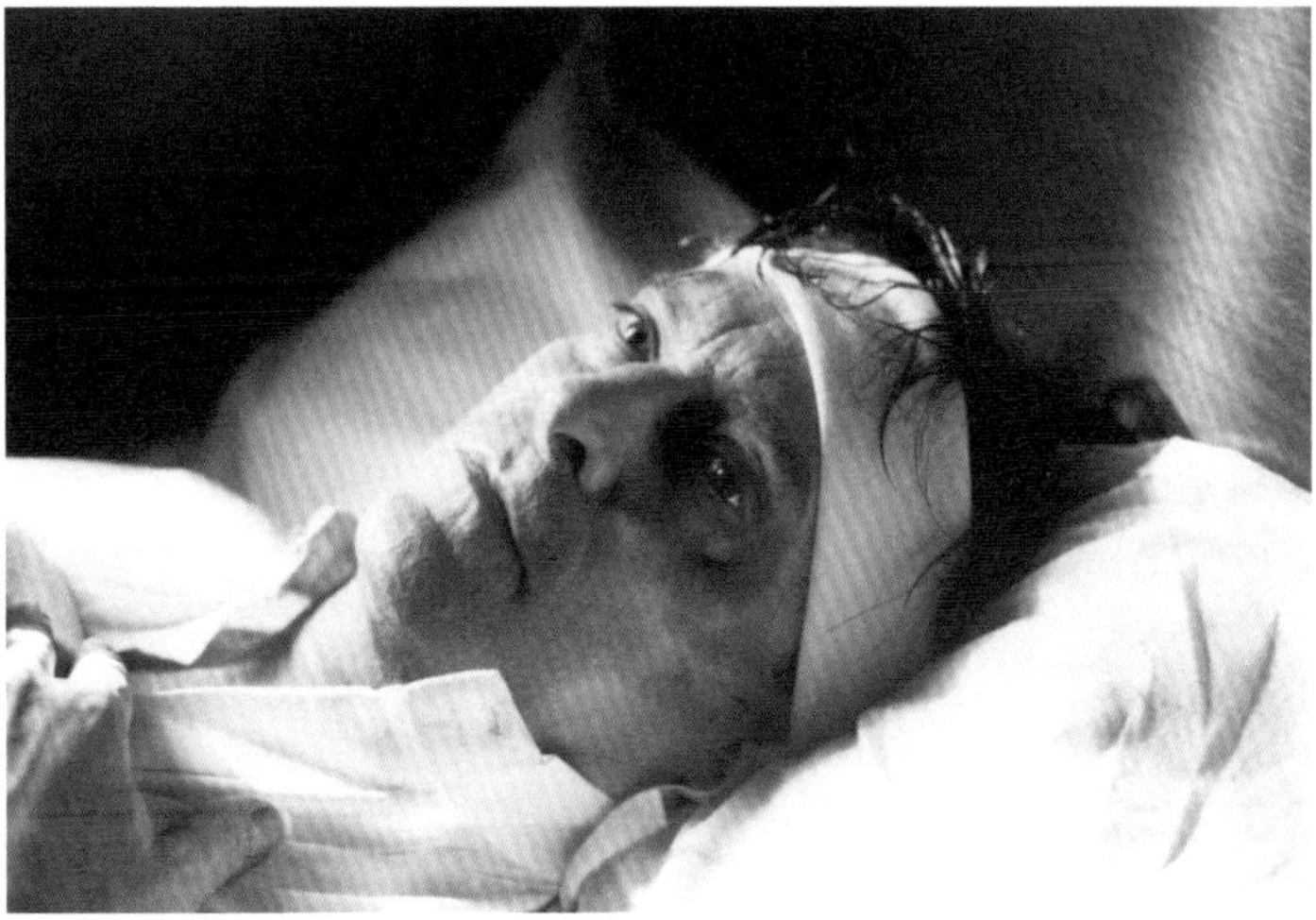

対に彼らを抑え込む。また、女性への接し方にも大きな変化が見られ、〈シャーロック・ホームズの冒険〉（第1および第2シリーズ）では女性にほとんど触れようとしなかったホームズが、ここでは成熟した落ち着きのある男として、一定の距離を保ちながらも魅力を発している。すべてを見通すような彼の鋭いまなざしは、その天才的な頭脳と結びついて恐るべきものとなる。ホームズは本編でバイオレットに「僕は必ずしも心の温かい人間ではない」という示唆に富む発言をしているが、とくにグルーナーにひどい仕打ちを受けたキティに対しては、その苦しみに深い思いやりと優しい気遣いを見せている。ホームズはバイオレットにグルーナーへの愛が見当違いのものであり、あの悪党には必ず正義の裁きを下すと告げるが、その後、傷を負わされることになるのはホームズのほうだった。

彼がキティを気遣う馬車のシーンは非常に胸を打つもので、彼女はグルーナーとの耐えがたい一件を打ち明けるが、女の写真や名前、細かい事柄が記録されたノートのことは話したがらない。彼女にとってはこれ以上ないほどの屈辱だったからだ。グルーナーは冷酷非道な人殺しで、ホームズさえも襲撃させて死なせようとするきわめて危険な男だった。ワトスンは「シャーロック・ホームズ襲われて重傷」という見出しの新聞でその事件を知るが、彼がハドスン夫人とともにホームズを介抱する場面は本シリーズでもっとも感動的なシーンの一つだ。一方、ホームズはみずからの負傷を「昏睡状態でも、意識混濁でも」故意に誇張して発表させ、怪我から回復して、さらなる犯行を阻止する。ワトスンがホームズに代わって中国陶磁器について猛勉強し、美術品の収集家を装ってグルーナーの屋

敷に入り込むところでは、二人の男の友情が改めて強調される。
「ホームズが二人の暴漢にめった打ちにされるシーンでは動きが入念に計算された。その後、彼が血のにじんだ包帯をしてベッドに寝ている様子なども、原作を忠実に再現したものだ。一方、ハドスン夫人にとってもここは印象的なシーンになった。彼女はホームズの体を心から心配し、グルーナーとの会見に備えて中国陶磁器の本を読みふけるワトスンのことも気遣い、部屋に入ってきてこう言う——『ランプを消すのをお忘れなく。先生、あまり根を詰めすぎるとお体に障りますよ』。じつに思いやりに満ちていた」（《アームチェア・ディテクティブ》誌のマイケル・コックス）
《ニューヨーク・タイムズ》紙もこれを絶賛した。「見どころはやはりホームズが行動を起こすシーンだ。あの卑劣なオーストリアの男爵に、上流社会では葉巻に火をつける前にラベルを取れと言い放つときの彼の軽蔑は底知れず深い。男爵の収集熱を利用して彼を欺こうとするホームズは、ワトスンを中国陶磁器の収集家に仕立てるため、彼に24時間で知識を詰め込ませようとするが、いつものごとく、ワトスンは見習いたいほどの能力を持って任務をこなす。最後は一種の解決にいたり、男爵は当然の報いによってその正体を暴かれ、ホームズはまたしても勝利する」
（《ニューヨーク・タイムズ》紙、1991年11月14日）

▼這う人

ジキルとハイドを思わせる『這う人』（脚本：ロビン・チャップマン、監督：ティム・サリバン、初放送、1991年3月28日）は、本の読者にとってはミステリーであっても、ドラマの視聴者にとってはよく見ればあの俳優だと気づいてしまうため、ミステリアスな効果は薄い。本編がPBSの『傑作劇場』で放送された際の番組紹介でも、俳優のビンセント・プライスがこの作品は推理小説というよりSF小説向きなので、物語を楽しみたいなら視聴者は敢えて疑いを持たずに見るほうがいいと言った。1923年に発表され、のちに『シャーロック・ホームズの事件簿』〔日暮雅通訳、光文社文庫、2007年〕に収録されたこの作品は、ホームズが私立探偵を引退してサセックスの丘で養蜂を始める前の最後の正式な事件となった。被害者のフィアンセによってホームズのもとへ持ち込まれたこの事件は、高名なプレスベリ教授の娘に関するもので、真夜中、飼い犬の吠え声で目を覚ました彼女は3階にある寝室の窓に人影を見たという。しかし、人間がそんな高さまでよじ登れるはずはなく、不気味な恐怖を感じている。イギリス最高の自然科学者である彼女の父親は娘の話を信じず、いかなる調査にも激しく抵抗するが、近隣の動物園から複数の猿が盗まれたという事実が明らかになると、事件はにわかに面白くなってくる。「例によって短くそっけない電報をホームズから受け取ったのは、一九〇三年九月初めの、ある日曜日の夕方のことだった。都合ヨケレバスグキテクレ——悪クテモキテクレ。S・H」〔「這う男」〕。ベーカー街の部屋に駆けつけたワトスンはホームズの待ちかねた様子に気づく。ただ、このときのワトスンには彼の気晴らしに付き合う余裕はなかったようで、大事な手術があったのにと不満を言う。ところが、ホームズはそんな彼の抗議を古傷が痛み出したせいとしか考えない。

「プレスベリ教授の令嬢は果たして夢を見ていたのか」——これがホームズの興味を引きつける問題だった。ホームズが依頼人のジャック・ベネットとの会見にワトスンの同席を求めるのは、メモを取ってもらうだけでなく、この謎に関する彼の考えを聞くためでもある。地位も名声もある立派な学者のプレスベリ教授は、原作ではプラハから帰って以来、急に奇妙な振る舞いを見せ始め、周囲の者たちを懸念させていた。教授の助手であるベネットは主人への忠誠心から、当然ながら、その懸念を他人に話すことをためらっていた。彼は教授の娘のイーデスと婚約していたため、教授とフィアンセのどちらに対しても忠実であろうとするが、最後には彼も一連の奇妙な出来事に調査の必要があると判断する。ベネットの苦しい立場を十分に理解しながらも、ホームズは彼の忠誠心が教授よりもむしろフィアンセに傾いていることを察知する。

プレスベリ教授が思いがけなく早く帰宅したことで、ホームズは教授と緊迫した対面を果たすことになる。一方、チャールズ・ケイ演じる高名な教授は、貫録と憤激を持ってこの無礼な行為

に抗議し、「221番地B、信頼感を抱かせる住所ではないな」と軽蔑を露わにする。これに対してホームズはこう切り返す――「他人の信頼など期待していません、自分で信じていますから」。教授は敵をひどく見くびっていたようで、ホームズは早くも「プレスベリー教授の飼っているウルフハウンド（狼狩りに使われた大型犬）、忠犬ロイは、なぜ教授に嚙みつこうとするのか」「『這う男』」という疑問を抱く。彼が興味をそそられたのは、旧弊な初老の教授が愛犬に敵意を抱かせるほど奇異な振る舞いをしたという点だった。あちこちの動物園で成熟したオス猿の盗難が6件も続いていること、教授のもとに密かに小包が届いていること――その配達日と数々の事実を考え合わせたとき、ついにロイの不自然な行動の理由が明らかになる。

そもそもワトスンはこの事件をホームズが出るほどのものではないと考えており、ある意味では彼が正しかったかもしれない。ただ、ホームズが枝から枝へと飛び移る人影の襲撃から教授の娘を救ったのは確かだ。途中、ホームズはイーデスが夢を見たのではなく、「人間ではないかも」しれない相手からの重大な脅威にさらされていると警告するが、彼はその脅威が彼女の父親によるものだと知っていたのだろうか。《タイムズ》紙のリン・トラスはプレスベリ教授の堕落の原因をこう分析している。「この不快な事件の根底にあるのは、もちろん、傲慢である。ジェレミー・ブレットが〈シャーロック・ホームズの事件簿〉（第5シリーズ）のラストで言っているように、『自然を征服しようなどとするとかえって打ち破られる。いかに高邁な人物も、正道を踏みはずすと動物に戻ってしまうということだ』。残念ながら、彼がこの名言を吐いたのは『這う人』という物語の中であり、初老の教授が猿の分泌腺を注射し、副作用からオランウータンのような登攀《とうはん》能力を身につけるという荒唐無稽な話だが、それでも名言は名言である。ちなみに、ホームズはワトスンに武器を持っていくのかと訊かれて、こう助言もしている。『イースト・エンドへ行くときはいつだってそうさ』――これは《タイムズ》紙の同僚にとっても大いに関心のあるところかもしれない」（リン・トラス、《タイムズ》紙、1991年3月30日）

ワトスンがホームズは「写真並みの記憶力」を持っていると言うように、ホームズに必要な情報を与えているのは、100件もの殺人事件を記憶し、異状に対して注意を促すことのできるこの能力にほかならない。ワトスンはこうも言っている。「ホームズの場合、ただ服装が変わるだけでなく、表情やしぐさ、さらには心までが、新しい役柄に応じて変化してしまうのではないかと思えた」［「ボヘミアの醜聞《スキャンダル》」］。実際、これはジェレミーの演技にも言えることで、彼はエピソードごとにホームズの新たな一面を披露した。シャーロック・ホームズは、ジェレミー・ブレットという優れた俳優をとおして生身の人間になっていた。「ホームズは無礼で短気で無愛想で、愚か者には耐えられないという男だ。僕はそんなホームズのすべて、この男の傑出した才能のすべてを表現しようとした。ただ、非の打ちどころがないように見えるロダンの彫像と同じように、ホームズの冷たい仮面にも割れ目がある。僕はそれも表現しようとした」（ジェレミー）。ホームズを演じていて何が一番楽しいかと訊かれて、彼はこんなユーモラスな回答をしている。「僕たちはたいていすごく礼儀正しいよね。だから無礼でいられるのは天国なんだ。『もう結構！』なんて拒絶するように言えることが楽しくてたまらなかった。周囲をばっさり切り捨てるようなことがね。ホームズがさよならも言わずに立ち去るシーンなんて最高だよ。彼には礼儀を学ぶ暇なんてないんだ」（《アームチェア・ディテクティブ》誌のジェレミー）

ジーン・コナン・ドイルからの手紙には、〈シャーロック・ホームズの事件簿〉（第5シリーズ）に対する感謝が記されていた。「あなたがた関係者の皆さんはこの〈事件簿〉で何と素晴らしい成功を収めたことでしょう。作品を見ても、批評家の賛辞を読んでも、それは明らかです。ご存じのように、私は『這う人』について懸念を抱いていましたが、間違いでした。改変によって原作が損なわれるどころか、ジェレミーは私が子供の頃にイメージしていたホームズにますます近づき、この最終話では彼の冒険をぜひもっと見てみたいと感じさせてくれました。エドワード・ハードウィックも申し分のないワトスンです。私の父が100年前に書いた作品を、現代の何百万という視聴者のもとへこれほど見事な形で届けてくれたことに心からの祝福と感謝を」（ジーン・コナン・ドイル）

「ラスボーンが独創的なホームズだとすれば、英国のテレビ（1984年〜1994年）のジェレミー・ブレットは古典的なホームズに違いない。あのドラマの演技には皮肉もわざとらしさもなかった。ブレットは長身で黒髪の美男だが、エキセントリックで気まぐれな面もある。同世代の人々の頭から彼のイメージが消えることはけっしてないだろう」（《ガーディアン》紙、2011年12月2日）。「乾いた髪を風になびかせ、金の細いネックレスと片耳にダイヤのピアスをつけた彼は、PBSの視聴者におなじみとなったあの髪をなでつけた鷹のような探偵とは似ても似つかない。辛辣なホームズの顔になるため、ブレットはメイク室の椅子に1時間も座っていなければならないという。『最悪なのは眉だ。ホームズは弓なりの眉をしていたから、僕は眉毛を糊づけされる。それに髪もジェルでぴったりなでつけられるんだ』。しかし、彼がどんな屈辱を味わおうと、視聴者の反応からすれば、結果的には十分それだけの価値があったというものだ。ある批評家の言葉が象徴しているように、ブレットは『鹿撃ち帽をかぶったことのある俳優の中の王者』にほかならない」(《シカゴ・トリビューン》紙のジョン・ブレーズ、1991年11月12日)

SFテレビドラマ『ドクター・フー』シリーズのファンは、ジェレミーがドクター役を一度も演じなかったことを残念に思っている。最近のある記事にファンのそうした期待が記されていた。「ジェレミー・ブレットは『失われたドクター』だ。少なくともタイムロードの新たな可能性や冒険を求める私たちの世界では、彼の名前はファンの間でたびたびドクター役の候補として挙げられ、1994年には最終候補にまでなった。数々のインタビューからも明らかなジェレミー本来の魅力や温かさ——世界一の名探偵として妥協のない演技をするために排除された性質——が反映された彼のパフォーマンスを想像してみよう。ホームズの決定版ともなった彼が最新のドクター役をやるのだから、これは人気俳優への一種の賛辞と言える」(Dwaitas.wordpress.com)

ジェレミーはしだいに妻の死を達観できるようになり、1991年のダラスでのインタビューでこう語っている。「僕がここにいるのは公共放送のためだ。妻（ウィスコンシン出身のジョーン・ウィルソン、1985年に癌のため死去）はそれに人生を捧げた。僕はそんな彼女を偲んでここにいるんだ。妻はほら、『ミステリー！』の立役者だったからね」。この同じインタビューで、彼は空を旋回する鷹を見てこう言った。「彼女は英米両国をつなぐ精緻な橋を築いてくれた。彼女の魂に神のお恵みを。あの鷹はきっと彼女だよ」。ジェレミーがここで言っているのは、万物はつながっているという世界観であり、ジョーンがネイティブ・アメリカンの血を引いていたせいか、もし鷹などの動物がいることに気づいたら、それは一つのメッセージなのだという彼らの考え方である。しかし、1986年当時の彼にはそうした考えはまったく受け入れられず、「乗り越えるにはまた自転車に乗って仕事に復帰することだとアドバイスされた。それでそのとおりにしたけど、間違いだった。僕は疲れきっていながら、一種のオーバードライブになっていた。躁鬱病の躁状態に近かったんだ。すでに撮影は終わっていたからしばらくはのんびりできると思ったのに、

ひどく興奮して眠れなかった。そこから調子が狂い出したんだ。たぶん精神安定剤を続けるべきだったんだろうけど、よく知られているように、あれには危険性もあるからね」（ジェレミー・ブレット「究極のシャーロック・ホームズは最後の事件を楽しみにする」）

重度の神経衰弱に陥った彼はモーズレイ病院に10週間入院したが、枕元で涙を浮かべる息子の姿を見て、必ず元気になって復活しようと決意した。ジェレミーはみずからの経験を恥じることなく、病状を率直に語った――「有名人である僕が病状を積極的に明かすことで、ほかの患者に希望を与えられる。精神疾患にはひどい偏見があるから、患者は孤立しがちだけど、彼らが本当に必要としているのは仲間なんだ」。孤独や絶望は愛する人を亡くした者なら誰にでも起こり得ることで、ジェレミーも最愛の妻ジョーンに対する喪失感という自然な感情に屈したのだった。しかし、2か月もしないうちに、彼は再びカメラの前に立ち、『四人の署名』で〈シャーロック・ホームズ〉の新シリーズの撮影に復帰した。彼の勇気ある態度はポジティブな影響を与え、「同じような状況にある人たちから、僕の回復ぶりを知って励みになったという手紙が殺到した」という。

オペラをはじめ、クラシック音楽が大好きだったジェレミーは、あるインタビュアーにこう語っている。「僕は自分への特別なご褒美として、ザルツブルク音楽祭で1週間過ごすことにした。そこで優れた音楽家の演奏やあのマリリン・ホーンのような素晴らしい歌手の歌声を聞いた。『カルメン』やリヒャルト・シュトラウスの『カプリッチョ』といったオペラも観た。帰ってからもしばらくあの壮麗な音楽が耳に鳴り響いていたよ――たぶん聞きすぎたんだろうね。耳にしたものがすべて吸収されるのにその後1週間は静かに座っていなくちゃならなかった。でも、あれは僕の人生でもっとも刺激的で美しい7日間だったよ」(クリスティン・パーマーの「成功の秘訣」、1987年1月17日)

妻を亡くしてからの数年間、インタビューの内容はジョーンへの思いや新たな恋についてのものが中心となった。「ブレット氏は音楽を聞きながら、生前の彼女とともに過ごした最後の幸せな夜のことを語り始めた。『二人で踊ったあの夜のことは今もよく覚えている。あれはロックフェラー・センター最上階のレインボー・ルームだった。シルバーのドレスを着た彼女は本当にきれいだった。繊細で、はかなげで……。僕たちはそこで最後のダンスを踊り、やがて彼女は亡くなった』」。こうしたインタビューの一つにはこんな見出しがついていた――「僕には完璧な妻がいた。彼女の死から5年で新しい恋人は何歳がいいかなんて答えられない」。その中で彼はジョーンが亡くなったとき、悲しみに打ちのめされ、生活がめちゃくちゃになったことを改めて語った。完璧な妻を失ったことで自信も失われ、「誰かとあんなにも深くわかり合えることは二度とないだろう。あれほどの絆を再び持てるなんてとても思えない」

シャーロック・ホームズ長編三部作

「彼はものすごいリアリストだけど、僕はロマンチスト。彼は内向的だけど、僕は外向的。彼は陰気だけど、僕は陽気な男だ。ホームズのイメージをどう変えたかということを自分で言うのは難しい。ただ、ドイルの原作に忠実であろうとしたことは確かだ。それと僕はホームズの中にある感情を引き出そうとしてきた」（ジェレミー）

最終シリーズとなる〈シャーロック・ホームズの回想〉（第6シリーズ）にもつながる長編三部作においては、〈冒険〉（第1および第2シリーズ）や〈生還〉（第3シリーズ）ではほのめかされる程度だったホームズの感情がはっきりと表される。『犯人は二人』ではアギーという若いメイドと戯れ、『未婚の貴族』では悪夢に苦しみ、最終シリーズの『赤い輪』のラストでは善人の死に涙さえ見せる。いずれも状況に応じた本能的反応ではあるが、これまでのホームズの演技にはなかったものだ。

《TVタイムズ》誌の番組表では、『犯人は二人』が次のように紹介されている。「ロンドンの犯罪社会から忍び出たチャールズ・オーガスタス・ミルバートンは、上流階級を食い物にして恐喝

『犯人は二人』でレディー・エバ・ブラックウェルを演じるセリーナ・ゴードン

を繰り返し、金銭の要求に応じないかぎり、彼らの結婚をぶち壊すことに余念がない。そこでシャーロック・ホームズはみずから婚約までして、調査に乗り出す」（《TVタイムズ》誌、1991年12月21日）

▼犯人は二人

「ホームズを演じるジェレミーが際立っていたのはその完璧を求める姿勢だ。彼はひたすらドイルの原作に忠実であろうとした」

『犯人は二人』（脚本：ジェレミー・ポール、監督：ピーター・ハモンド、初放送：1992年1月2日）は、「恐喝王ミルヴァートン」〔日暮雅通訳、光文社文庫、2006年、『シャーロック・ホームズの生還』所収〕をもとにした作品で、脚本には原作の会話の多くが使われている。「ねえワトスン、動物園でヘビを見たことはあるだろう。ヌラヌラ、くねくねして毒のあるやつの、気味わるい目と平べったい意地悪そうな顔を眺めたら、ぞっとして鳥肌が立たないかい？　ミルヴァートンってのは、まさにそんな感じの男なんだ」〔「恐喝王ミルヴァートン」〕。ホームズが「ロンドン一の悪党」〔「恐喝王ミルヴァートン」〕と呼ぶこの男は、ドイルの患者でもあった友人を恐喝していたという実在の人物がモデルとなっている。ウィリアム・ベアリング‐グールドによれば、物語の事件が起きる9年前に謎の死を遂げた美術商のチャールズ・オーガスタス・ハウエルが、チャールズ・オーガスタス・ミルバートン（CAM）のモデルだったのではないかという。プロデューサーのジュー

ン・ウィンダム・デービズは、本編へのアプローチについて《シャーロック・ホームズ・ガゼット》誌にこう説明している。「このエピソードでは基本的に改変はなされていません。ただ、脚本のジェレミー・ポールは既存のキャラクターの背景にも重点を置くため、何人かの登場人物を加えています。彼とは事前に話し合い、階上の人々と同じく階下の人々の様子も表現することにしました――本編では上流階級だけでなく、下流階級も描く必要があるからです。物語は12年前にさかのぼって始まり、複数の人間がチャールズ・オーガスタス・ミルバートンの犠牲になっていたことが語られます。そして最後は彼の手先だったベルトランが第二のミルバートンになるのです」

ミルバートンが誰からも恐れられる忌まわしい悪党だとすれば、ホームズは彼の標的となった人々にとって頼みの綱となるヒーローである。本編はベルトラン（ニコラス・グレース）によって暖炉から回収された秘密の恋文が、大金と引き換えにミルバートンに手渡されるというパリの一場面から始まる。12年後、ミルバートンはその恋文が一番高く売れるタイミングを狙って法外な金額を要求する。奥方は慈悲を請うが、何の助けにもならなかった。一方、ホームズは売春婦のベッドに入る「現場を押さえられた」クロフト子爵と、兄を裏切った御者に拳銃を発射し、生まれもつかぬ顔にさせた弟のエドワードの事件について知らされる。兄弟は面目を失って国外へ逃れる結果となったが、彼らの祖母が孫たちを破滅させた男への報復を期待して、ホームズに男の素性について手がかりを与える。彼女は「人の弱みにつけ込む」この怪物が「達者で生きてますよ、ホームズさん。愛想のよい笑顔と蛇のような冷たい心で」と言い、見返しのページに「CAM 悪魔」と書かれた詩集を差し出す。「この最新エピソードの撮影で僕は素晴らしい女優と共演した。グウェン・フランコン・デービスだ。101歳の彼女のことをドイルもその目で見ていたかと思うとわくわくするね。『あの女性の服装はおかしいわ』と言うので『どういう意味ですか？』と訊くと、『私はその時代のことをよく知っているの。麻のペチコートをはいているはずよ、ぱりっと糊の利いたペチコートをね。それと砂利道を歩くときはドレスの裾を持ち上げるものよ』と言うんだ。まったく反論の余地なし、疑問の余地なしだね、彼女はその時代にいたんだから。感激だよ。本当に素敵な女性だった」（ジェレミー）

ホームズは手がかりがないときのおなじみの手法——新聞のゴシップ欄を吟味する——に従って、

ワトスンに醜聞や恐喝の可能性がありそうな事件を読み上げさせる。本編で二人はまさに一つのチームであり、ホームズはいつもより多くの仕事をワトスンに頼む。次なる犠牲者であるドーキング大佐は、舞台でドビュッシーの印象的なメロディーを歌う男娼に魅了されていたところをミルバートンに恐喝される。彼は一文も払う気はないと拒絶するが、裏切り者の愛人はにやにや笑いを浮かべている。その後、「マイルズ子爵令嬢は結婚式の二日前になってドーキング大佐との婚約を破棄」と新聞で報じられ、大佐は「殺人に等しい」悲劇的結末を迎える。ホームズの言葉は私たちみんなの気持ちを代弁していた。「僕はこれまで50人もの殺人犯と渡り合ってきたが、その最悪のやつにさえ、今感じているほどの嫌悪感を抱いたことはなかった。チャールズ・オーガスタス・ミルバートンにはね」。この義憤に満ちた口調は、本編をとおしてホームズが自分の感情を抑えようとしていることの証である。

ホームズがミルバートンの屋敷のメイドと婚約したという発表は、グラナダの意向によって彼が鉛管工のラルフ・エスコットに変装し、ポマードの塗られていない自然な髪を垂らし、平らな帽子をかぶり、職人のような歩き方や話し方をする姿を披露したおかげで、実体のあるものとなった。手に布きれを持ったアギーが居間からエスコットを追い出したり、彼と一緒に歩いたり、彼に抱きついたり、口づけを求めたりするシーンは、ホームズが経験したことのないものだ。「アギー、あんたはいいことを言ってくれたよ」とささやくホームズに、「じゃあ次はいいことしたげる」といじらしく答えた彼女が、ためらいがちに口づけをするシーンはじつに説得力がある。「ワトスン、僕は婚約したと言ったら驚くだろうな。相手はミルバートンのメイドだ。どうしても必要だったのだ」と打ち明けるホームズは、ぎこちなくも繊細な一面を見せる。ただ、この情事は魅惑的ではあるものの、視聴者の想像に任せておくべきだったようにも思われる。いずれにせよ、ホームズがミルバートンの次なる犠牲者の身元を突き止め、彼女の名づけ親と面識を得たことで、ドーバーコート伯爵との結婚を目前に控えたレディー・エバ・ブラックウェルはホームズの助けを求めてベーカー街にやってくる。ホームズは彼女の置かれた状況に気遣いを見せつつも、ミルバートンとの交渉にはそれなりの金が要るという現実的な視点を忘れない。これに続くベーカー街でのミルバートンとの会見はぎくしゃくとした緊張に満ちたもので、互いにチェスの駆け引きのように相手の出方を探っている。

ホームズとワトスンが屋敷に押し入り、殺人を目撃する最終幕は、それまで探偵としての調査も頭脳も必要とされず、彼の仕事の範囲外だった事件をホームズがようやく掌握する段となる。本編で見られる彼の正義感からの仕事ぶりは、殺人によって正義が果たされるという点で、正典のほかの同じような事件とは異なっている――「たじろぐ彼の身体に弾丸が一発、また一発と撃ち込まれるのを見て、わたしは危うく飛び出していくところだった。だが、ホームズの冷たい手がわたしの腕をぐいっと押さえた。その強い手が伝えようとするところはすっかり理解できた。これは、われわれのかかわりあうことではない、悪党に正義の鉄槌が下されたのだ。そして、われわれには使命があることを忘れてはならない、と」(「恐喝王ミルヴァートン」)。「『レディー・ダイアナはミルバートンの胸に弾丸を6発撃ち込み、靴のかかとで彼の顔を踏みにじった』なんて書いてあるのを読むのはいいけど、実際にやるとなると見られたものじゃない」（ジェレミー）

原作ではミルバートンを殺した犯人とされる二人組を追うレストレードが、ホームズの助けを借りようと最後にベーカー街へやってくるが、悲しいかな、グラナダ版ではこのラスト・シーンが省かれてしまった。レストレードから二人組の様子を聞いたホームズは、「あまりにも漠然としているな」と言い、「だって、それじゃ、このワトスン君の人相書きみたいじゃないか！」（「恐喝王ミルヴァートン」）ときわどいコメントをする。このシーンは撮影されたものの、残念ながら最終版でカットされたという。それは原作者のドイル自身による一編のコメディーだ――何しろホームズとワトスンが旧友のレストレードに逮捕されたかもしれないのだから。ちなみに、本編にはギャラリーのオーナー役でデビッド・スケースがゲスト出演している。彼は１９５５年にマンチェスターのライブラリー劇場でジェレミーの演出家を務めていた。

ジェレミーの華麗な身のこなしは、彼の演技の要である身体能力の高さを今さらながら実感させる。ベーカー街を闊歩する姿はときにバレエ・ダンサーのようであり、レディー・エバの舞踏会で音楽に合わせて小躍りする様子はむしろホームズらしからぬものだ。一方、衣装だんすを引っかきまわし、押し込みに必要な靴が見つからないと怒鳴って服を床に投げ捨てるシーンにはくすりとさせられる。前方を軍隊のように進むホームズとそのうしろで足を引きずるワトスンの二人が夜霧の中を歩いていくシーンも印象的だ。全体として、このエピソードは貴重なシーンが満載で忘れられないものとなっている。

なかでも本編で有名なのは、あの「キス」のシーンだ。しかも、ジェレミーはそれを楽しんでいたらしい。「ああ、あのキスね」と、当時50代後半だったジェレミーはいたずらっぽく笑った。「もしあれがドイルの書いたものに忠実かという点で解釈を曲げているとすれば、どうかその解釈が折れないことを願うばかりだ。ある場面でアギーは僕の顔に手を当てて、『かわいそうに』と言うんだけど、あれは彼女が仮面の下に孤独な男を垣間見たからだ。その後、二人は口づけをするけど、もちろん、あんなことは二度とないよ」とジェレミーはにやりと笑う（『TV探偵スペシャル TV Detective Special』）。《TVタイムズ》誌は「童貞として知られる名探偵が女に惚れる!」と報じ、「ホームズはアギーというはすっぱなメイドに目をつけられるが、本人もそれを楽しんでいるようだ」としている。「撮影帰りにロンドンの行きつけのバーへ行ったら、『今日はどうだった?』と訊かれたから、『まあまあさ。一日中、ソフィー・トンプソンにキスされてくたくただよ』って答えたんだ。みんなすごく羨ましそうだった。仕事とは言え、僕の年齢で22歳の子にキスされるなんて想像できるかい?　夢みたいだよ」

また、「キャスティングも素晴らしく、ロバート・ハーディがいつもとは違ってミルバートンという抑圧された男を演じている。ブレットもめったにないほどのホームズを好演し、ストーリーをつうじて卑劣な恐喝者に対する嫌悪感を露わにする。今回は大胆にもホームズに一種の恋愛対象が与えられ、鉛管工を装ってミルバートンの要塞のような屋敷に入り込んだ彼は、軽薄なメイ

ドのアギーと恋愛ごっこをさせられる。『ねえ、キスして』と迫る彼女に対して、ホームズの偽らざる答えはリアリティーに満ちている——『やり方わかんねえよ』。一方、ワトスンにも重要なシーンがあり、彼は221Bでの脅しをはらんだ長々しい場面でミルバートンに思わず殴りかかろうとする」（『スクリーンのシャーロック・ホームズ』）。ほかにも演技を絶賛するレビューがあり、「ホームズ役のジェレミー・ブレットはこの回で本領を発揮し、ホームズという偉大な名探偵のあらゆる側面を見せてくれている。いつも挑戦という期待に突き動かされ、とくに相手が練達の犯罪者であると腕が鳴るホームズだが、この事件では彼の頭脳を働かせるところは一つもない。誰が犯人かは明らかであるにもかかわらず、スキャンダルの危険を冒さずに敵を阻止する方法がない。悪の種をまき散らすこの男に憤慨するホームズは、ほかに打つ手がないとして、こそ泥という手段に出る。一番の見どころはブレットが怒りと無力を露わにするシーンだ」（FilmMonthly.comのパラマ・チョードリー）

さらに、鉛管工の変装を解いたホームズがバスタブに浸かって汚れを洗い落とす入浴シーンも忘れがたい。ジェレミー・ポールは財布の紐が固いグラナダの財務担当への不満をこう述べている。「僕たちのドラマはグラナダの代表作として世界各国で放送されていたのに、どのシリーズも予算はごく限られていた。だから本当はホームズに入浴させたり、ワトスンにサモワールでお茶を飲ませたりする余裕なんてなかったんだ。湯気の向こうで演じさせるなんてね。でも、僕はつねにムードとクオリティーを追求していた。この名案を思いついたのも、自分の皮肉なユーモア

のおかげだと思いたいけど、じつはジューンのおかげだったかもしれない。あとで何人かの友人から無邪気にこう言われたときは複雑な気分だったよ。『あの回は君が書いたの？　ストーリーは忘れたけど、ホームズの入浴シーンがあるあの回だよ』」（『グラナダ・テレビ——第一世代 *Granada Television: First Generation*』のジェレミー・ポール）

一方、本編はグウェン・フランコン・デービスの最後の出演作ともなった。彼女は大女優エレン・テリーの力添えで15歳のときに初舞台を踏んでから、80年にわたってキャリアを築いてきた。「最初のテイクはうまく行かなかったが、彼女はジェレミー・ブレットの唇の動きを見てきっかけをつかみ、二度目のテイクは歌うようにスムーズだった。今回は撮影そのものも豪華で、やたらと媚びへつらう人々をはじめ、霧や鏡、緑の木々や絵画、煌びやかな光の反射にあふれている。そして芝生にはフラゴナールの絵のような娘たちの一団も。『犯人は二人』のチャールズ・オーガスタス・ミルバートンが住むハムステッドの屋敷も、専用の温室を備えたとびきり壮麗なもので、商売が繁盛している様子がうかがえる。シャーロック・ホームズによれば、ミルバートンの名を聞いて青くなる者がこのロンドンには何百人もいるという」（ナンシー・バンクス＝スミス、「ホームズと愉快な貴族の未亡人」、《ガーディアン》紙、1992年1月3日）

▼サセックスの吸血鬼

シュロップシャーのピッチフォード・ホールで撮影された『サセックスの吸血鬼』（脚本：ジェレミー・ポール、監督：ティム・サリバン、初放送：1993年1月27日）は、「サセックスの吸血鬼」〔日暮雅通訳、光文社文庫、2007年、『シャーロック・ホームズの事件簿』所収〕を原作として35ミリで撮られた高級感あふれる2時間スペシャルの一作だ。1897年8月、ドイルは『ドラキュラ』を書いたブラム・ストーカーに「私がこれまで読んだ中で最高の怪奇小説だ」として祝福の手紙を書いている。二人は友人同士だったとされ、この「サセックスの吸血鬼」もストーカーへのオマージュとして書かれた。ジューン・ウィンダム・デービズによれば、本編は「ホームズ」と「ドラキュラ」という20世紀の文学を代表する二大スターの夢の共演だという。冒頭で描かれる100年前に起きた村の事件では、残忍な地主に妊娠させられた若い娘が教会へ運び込まれるが、その首には吸血鬼によるものとされる噛み痕があった。娘はそのまま息絶え、村人たちは仕返しに屋敷もろとも地主を焼き殺した。この火事のシーンの撮影には、ウォリックシャーにある屋敷跡に3万ポンド以上をかけて建てられた実物大の模型が使われた。

吸血鬼に関する事件の相談を受けたホームズは、ベーカー街の部屋へ入ってきたワトスンにちょっとしたいたずらをする。いかにも悪ふざけが大好きだったドイルらしい一場面だ。「僕が机に向かっているとワトスンが入ってくる。歯に作り物の牙をつけて振り向くとワトスンがびっくりする――『君の反応は有益だった。君は存在を信じてるんだね』。僕はホームズのこういう子供っぽいところが大好きなんだ」（ジェレミー）。ホームズに助けを求める手紙は、原作のようにボブ・ファーガスンからではなく、ランバリーという村のメリデュー牧師からのもので、彼は渦中のファーガスン一家について牧師の立場から状況を説明する。それによると、ファーガスンは南米のペルーから新しい妻と息子を連れて帰国したばかりだが、亡くなった先妻との間にジャックという15歳になる息子がいる。ジャックは幼い頃の事故が原因で脚に障害

があり、そんな息子とファーガスンとの関係には明らかに問題があるという。一方、新しく村へやってきたストックトンの存在はファーガスン一家だけでなく、彼を吸血鬼と恐れる村人たちにも動揺を与えていた。牧師は村にホームズが来てくれれば、「みんなの気持ちを落ち着かせる」ことができると考えた。そしてホームズも、誰かが心臓に杭を刺されることのないように犯罪を予防できると考えた。当初、メリデュー牧師役はピーター・カッシングにオファーされたが、残念ながら引き受けてもらえなかった。スクリーンに二人の新旧ホームズが並び立つ光景はさぞかし立派だっただろう。

物語は吸血鬼が存在するかどうかをめぐって展開される。一家の飼い犬の原因不明の麻痺や赤ん坊のリカルドの突然死は、それまで抑圧されていた恐怖と非難を表面化させる。ファーガスンの妻のカルロッタが怪我をしたメイドの首から血を吸っているところを見られたとき、吸血鬼の噂に根拠があることが裏づけられたように思われた。あとでそれが毒を吸い出していただけということがわかっても、理性に耳を傾けようとする者はいない。一方、ホームズは吸血鬼の存在を馬鹿げたものと退ける。「心臓に杭を打ち込まないと墓からさまよい出てくることをやめない、歩き回る死体なんて、ごめんこうむりたいね。とんでもない」(『サセックスの吸血鬼』)。そしてきっぱりとこう言い放つ。「わが探偵事務所はしっかり地に足をつけてやっているし、これからもずっとそうすべきなんだ。この世だけだって広くて、それの相手で手いっぱい。この世ならぬものなんかにまでかまっていられるもんか」(『サセックスの吸血鬼』)

本編で吸血鬼を体現するのは、ジョン・ストックトンという全身黒ずくめの青白い顔をした冷淡な男である。ロイ・マースデン演じるストックトンは過去に問題を抱えて苦しんでいるようだが、吸血鬼ではない。しかし、彼の射るような視線は近隣の者の怪我ばかりか、頑健だった鍛冶屋の男の死をも引き起こしたように思えて、村人たちは彼を吸血鬼と信じ込む。ストックトンはまったく眠らず、真夜中によく墓地を訪れるというので、人々はできるだけ彼を避けようとする。この一触即発の状況で、私たちはホームズが良識と信頼を持って謎を解き明かし、崩壊寸前の村に理性の声をもたらしてくれると期待するが、居酒屋で人々の様子を見たホームズは村に「不穏な空気」があることを認める。それでも「ストックトンを疑う根拠はない」と続けるワトスンは、本編ではいつもより責任重大だ。吸血鬼の存在についてホームズに道理を説く友人としてだけでなく、一般開業医としても活躍し、地域に流行するインフルエンザで寝込んだ村医者に代わって患者を往診する。これは当時、ヨーロッパで何百万という人々の命を奪った伝染性の強いロシア風邪だったと思われる。

ホームズはストックトンとともに一族の館の廃墟を訪れ、彼についてより多くを知ることによってこの男が無実であるという仮説を試す。それと同時に、ストックトンは村人たちに対して何の恐怖も抱いていないことが示される。しかし、彼が急にホームズの前から姿を消し、廃墟のべつの場所で泣き叫んでいるというミステリアスなシーンは、むしろホラー映画のようで、最後まで解き明かされることのない謎をもたらす。ホームズがこの体験に影響を受けたのは明らかで、彼はワトスンに「近づきすぎたようだ」と言い、自分は吸血鬼ではなく、幽霊を見たと考える。ゴシック小説に出てくるような吸血鬼や幽霊の作り話は、つねに事実にもとづく知識と真実を象徴するホームズには似合わない。いつもの推理力や論理的思考をもってしても説明できないこうした状況は、彼の理解を超えているように見える。そもそも「この名探偵を合理的に説明できない不吉な雰囲気の登場人物と絡ませるのはナンセンスだった」(マックス・デビッドソン)。ホームズの優れた才能は、ほかの誰よりも頭の回転が速く、唯一可能な解答に達するまでけっして調査を諦めないということであるため、間延びしたストーリー展開も不利に働いた。私たちはホームズに確実性と行動を期待し、ジェレミーはそれに応えるように驚くほど活力に満ちた演技を見せ、つねに颯爽と危険に立ち向かっていった。最後には毒薬のクラーレが使われたことを突き止め、メイドや犬の異変の原因も判明し、弟のリカルドに嫉妬したジャックがストックトンの影響力に憧れていたことも明らかになるが、いくつかの出来事は解明されないまま終わる。

ジューン・ウィンダム・デービズは、世界一の名探偵とドラキュラというこの二大スターを共演させることの魅力についてこう語っている。「『サセックスの吸血鬼』はごく短い作品だったけど、私たちはこれをドラマ化できると考えたの。メディアのプレッシャーも大きかったから、ホームズとドラキュラという世界の二大ヒーローを共演させて長編ドラマを作るというのはとてもいいアイデアだったのよ。素晴らしいキャストに恵まれて、ロケで素敵な村へも行って、私は制作をとことん楽しんでいたけど、ドラマを見た人たちは怖がっていたわ」(ジューン・ウィンダム・

デービズ)。「これが『最後の吸血鬼 Last Vampyre』〔本編の原題〕というタイトルになったのは、サセックスで撮影できなかったからだ。サセックスは人であふれ返っていて、彼らを避けての撮影は困難だった。でも、コッツウォルズ・ストーンは独特の色だから、もしこれを『サセックスの吸血鬼』というタイトルにしていたら、僕たちはイギリス中の笑いものになっていただろうね」(《スカーレット・ストリート》誌、第20号のジェレミー)

こうした後半の2時間スペシャルにおける大胆な改変については批評家の間でも不快感が示されたが、ジェレミーとエドワードの演技に対する称賛は変わらなかった。マックス・デビッドソンは《デイリー・テレグラフ》紙で、ジェレミーの名演を改めて認め、「ジェレミー・ブレットのホームズはジョン・ソウの『主任警部モース』と並ぶはまり役だ。それはいい意味で型にはまった、催眠術のようにうっとりさせる演技で、内省と外向の間を行ったり来たりしながら私たちをわくわくさせる。ブレットのホームズは知性だけでなく、彼の存在そのものを変貌させるかのような不思議な心的エネルギーに満ちている。ただし、輝かしいスターを擁することと彼らを正しく使うこととはべつの話だ」(《デイリー・テレグラフ》紙のマックス・デビッドソン)。「グラナダ・シリーズは映像が美しく、一貫して演技も巧みだが、ホームズとワトスンを演じるブレットとハードウィックには特別な栄誉が与えられてしかるべきだ。とくにブレットは素晴らしく、ときに高慢、ときに無分別でありながら、つねにもっとも適切な事実を重視するその姿勢は、名探偵としてのリアリティーにあふれている。本編は原作に忠実ではないため、純粋主義者たちはシ

リーズ全体にではないにしろ、このエピソードに抵抗を感じるかもしれない。だが私に言わせれば、この改変は歓迎すべきものであり、いくつか解明されない点が残ったものの、その物語性は見事だった」(taliesintlg.blogspot.co.uk)
「まさに人の心をつかんで離さない。ジェレミー・ブレットはいつもながら比類なきホームズの決定版である」。「僕とホームズの関係はこの10年間で変化した。今はあのメイクと黒い衣装にも慣れて、この役にのみ込まれることはない。僕は自分自身の存在を損なうことなく、ホームズになる方法を見つけたんだ」(「存在しないもの——僕はホームズに取り憑かれた、とジェレミーは言う」のアレック・ロム)
「(ローレンス・)オリビエは『メソッド式』に対して少々偏屈ではあったけど、僕がこれまで見た中で本当に役になりきっているのは彼だけだ——僕はその場にいたから知っている。彼は表面的な役者ではなく、根源的な役者だった。根源的なものには生命が宿る。彼はとんでもなく恐ろしくも、素晴らしくも、力強くもなれたし、大胆にもなれた。声を自在に変えることもできた。彼にできないことはなかったし、誰も彼にはかなわなかった。僕もホームズで同じようなことをしようとした」(『グラナダの名探偵』、キース・フランケル)
「最近、古くからのガールフレンドのスーザンにこう言われたんだ。『あなたがホームズ役で一番よく知られるようになるなんて誰も思わなかったでしょうね』。僕だってこんなことになるとは思いもしなかった。それどころか、キャリアが台無しになると思っていたんだ。でも、墳墓から小さな石ころが転がり出たような感じで、そこから空気が入ってきた。僕はずっと暗い墓に閉じ込められていたけど、ようやく光が見えてきて、今は役を楽しんでいるよ」（《シャーロック・ホームズ・ガゼット》誌）

▼四本の樫の謎（1992年、テレソン）

『四本の樫の謎 The Four Oaks Mystery』は、チャリティーを目的としたテレソン［慈善の寄付を募るための長時間テレビ番組］の一部として『サセックスの吸血鬼』の直後に撮影され、1992年7月18日に放送された。ITVのプロダクションは、視聴者に謎解きをしてもらう殺人推理ミステリーという趣向で各10分の四部構成による二日間の探偵ドラマを提供した。アムステルダムの警視ファン・デル・ファルク、グラスゴーの刑事タガート、キングズ・マーカムのウェクスフォード警部のそれぞれが、タンローに始まるローマの財宝に関連した殺人事件を調査することになり、その第一部を担当したのがホームズとワトスンだった。ジェレミー・ポールが脚本、ティム・サリバンが監督、ジューン・ウィンダム・デービズがプロデューサーを務めたこのドラマは、グラナダ・シリーズの高級感と豊富な経験のおかげでさらにクオリティーが増した。撮影はチェシャーのアドリントン・ホールで行なわれ、ホームズの名づけ親のレディー・コーディリア役でフィリス・カルバートが出演した。ホームズは休暇で釣りを楽しんでいたワトスンとともに、彼女の住むグレート・タンロー・ホールを訪れていたが、村で二人の男が殺害されたことから、専門家とし

て調査に乗り出す。ホームズにとっては願ってもない状況になった一方、ワトスンはホームズの相棒としての役割に加え、ここでは医師としても活躍する。

　初期調査によれば、殺されたのは御者とその馬車に乗っていたハリスン大佐で、大佐はその地区の最新の陸地測量を監督する地図製作者だった。レディー・コーディリアから「川のそばの四本の樫の下の財宝」に関連して、100年前にも同じような殺人事件があったと聞いたホームズは興味を引かれる。もしかしたら大佐はこの財宝の在りかを知ったのかもしれない……。ハリスン大佐の同僚に疑いの目が向けられ、ホームズが本格的な調査を開始した矢先、彼は突如として滞在先の宿屋から姿を消す。あとには異国の指輪が残されていたことから、ローマの財宝が見つかったことを示唆しているようだった。ここでホームズはライヘンバッハの滝への運命の旅に先立つ緊急事件に呼ばれたため、その後の調査はほかの3人の刑事に任される。

ケビン・ジャクソンは《インディペンデント》紙にこう書いている。「ブレット氏の傑出した才能が見過ごされているのは、誰も彼が素晴らしいと言わないからではなく、誰もがそう言うからである。ジェレミー・ブレットが演じるホームズには正確さと大胆さが組み合わさっている。彼のすることは最終的にはすべてドイルの原作によって正当化され得るが、彼はこの10年間でシャーロック・ホームズという伝説的人物を確固たる自信とともに大きく変化させ、それを自分のものにしたばかりか、小説の中のホームズに取って代わった。ブレットによるホームズの演技はじつにコミカルだ。彼のホームズは急にじろじろ見つめたり、夢見るようにぼんやりしたり、声をからして叫んだり、甘くささやいて沈黙したりといったことからできている。彼は近衛連隊の将校を務めるアヘン吸飲者のように、体をこわばらせながらもどこか物憂げで、そのアクセントはケネス・クラークをダニー・ベーカーのように聞こえさせるほど貴族的だ。そんな効果抜群の飲み物に、1杯の自責の念と狂気を少々、さらに鼻をつくような芝居臭さが加わる——ただし、この芝居臭さは正直さによって中和されているが……。過去のホームズ俳優たちが表現してきたのは、並外れた天才ぶりや子供のようなガリ勉ぶりだ。ブレット氏が現代の『世紀末』に生きる私たちに提示したのは、狂気じみた審美家としての名探偵のイメージである。コナン・ドイルがエドガー・アラン・ポーの作品から取り入れたのは、探偵小説という形式だけではない。破滅的な芸

術家のヒーローという探偵像もまた取り入れられた。だからこそホームズは薬物常用者なのであり、ストラディバリウスを荒々しく弾き、倦怠を嫌い、無気力と熱狂の間を揺れ動き、実際、しばしばポーを引用するのである」

〈シャーロック・ホームズの事件簿〉（第5シリーズ）が完成に近づいたとき、ジェレミーは《TVタイムズ》誌のインタビューを受け、「イッツ・ホームズ・アンド・アウェイ（It's Holmes and Away）」というタイトルの記事の中でこう語っている。「僕のシャーロックは夜空をストリークする——もちろん、裸で疾走するという意味ではない。マグネシウムの閃光のように駆け抜けて、世界中が彼についていこうとする。彼はまさに天才的な人物で、抑制が利かない。でも、もう一人のホームズは沈思黙考するホームズで、物事を論理的に解釈する——思い出したようにパイプを吹かして、灰をベストに落としたりする。そっちは僕が一度もつかめたことのないホームズだ」。それでも、彼は感謝していた。「ホームズを演じることは大変な苦労だったけど、僕には大きな励みになった。とてもありがたく思っているんだ。買い物に行ったりすると、人々が立ち止まって僕に話しかけてくれる。自分の努力がちゃんと認めてもらえたと思うと嬉しいよ」（ジェレミー）

▼未婚の貴族

「独身の貴族」〔日暮雅通訳、光文社文庫、2006年、『シャーロック・ホームズの冒険』所収〕をもとにした『未婚の貴族』（脚本：T・R・ボウエン、監督：ピーター・ハモンド、初放送：1993年2月3日）は、短編だった原作を改変し、大きく膨らませてまったく異なる物語とた高級感のある作品だ。問題の未婚の貴族とは、サイモン・ウィリアムズ演じるロバート・セント・サイモン卿で、彼の花嫁となるヘンリエッタ・ドーランは、富豪の父を持つアメリカ人女性である。原作では、ホームズが二人の婚約についての新聞記事をワトスンに読み上げてもらっている。それによれば、英国の名家の支配権は「大西洋のむこうからやってくる美しい従姉妹たちの手」〔「独身の貴族」〕に移りつつあるそうで、ヘンリエッタもまた「カリフォルニア州の美貌の富豪令嬢」〔「独身の貴族」〕として、持参金の額は「ゆうに六桁の数字を超え」〔「独身の貴族」〕るという。約500年前から一族に受け継がれてきた先祖伝来の城であるグレーブンは、ヒョウやヒヒが放し飼いにされているような屋敷だが、この二人の関係を左右する重要な鍵となる。一方、借金の返済を迫る金貸しとのやり取りからもわかるように、花婿にとっては花嫁の財産が何よりも重要だった。結婚

221B

式の最中に起こったある出来事は、出席者のほとんどが気づかなかったが、じつは重大な意味を持ち、一族が披露宴に集まったとき、花嫁は姿を消していた。

本編は精神科病院との関連や無秩序な街の騒音といった一連の不穏なシーンから始まり、ホームズ自身も体調がすぐれない。一晩中、悪夢にうなされて眠れない彼は、心の平安を求めて夜な夜なロンドンの街をさまよい歩くが、何も得られない。悪夢に苦しみ、鬱屈し、打ちひしがれた彼の姿は、ジェレミー演じるホームズの複雑なキャラクターに新たな一面をもたらしている。この事件では、ホームズがどしゃ降りの雨の中を寝間着のまま通りに駆け出し、道の反対側に立っていたベールの女性に接触しようとする場面がある。彼女が乗った馬車を止めようとしたホームズだったが、歩道の縁石の水たまりに座り込む結果となり、「くそぉ、残念！」と悔しがる。ジェレミーはこれをコミカルなシーンと考えたようだが、正直、ホームズのこんな姿には心を乱される。ただ、そうした状況は長くは続かず、雰囲気が変わるにつれて、彼は消えた花嫁の謎を追うまでに回復する。

原作の「独身の貴族」では、サイモン卿はたしかに問題を抱えているが、けっして悪党ではない。しかし、大幅に改変されたグラナダ版では、彼は犠牲者と悪党の両方を演じている。借金がますます膨らむ一方で再婚のチャンスが見込めない彼は、ヘンリエッタの富を貪欲に追い求める。彼がベーカー街を訪れてホームズに花嫁の捜索を依頼することは了解済みだったが、ホームズには睡眠が必要だったため、代わりにワトスンが事件の予備調査を引き受ける。サイモン卿との面談中、ベールの女性による謎のメモ――「モードとヘレナはいずこに？」――が届き、それがサイモン卿のかつての妻たちの名前であることが明かされると、彼に疑惑の目が向けられる。ホームズは信じられないといった様子で「結婚？　結婚しておられた。しかし、あなたはイギリスでもっとも好ましい独身男性として有名でしょう」と言うが、サイモン卿からは個人的な不快感以外に満足な答えはない。アンナ・カルダー＝マーシャル演じるベールの女性、アグネスがついにベーカー街の扉を叩くと、サイモン卿の残酷な仕打ちが明らかになる。彼の二人目の妻だった姉のヘレナは、彼に財産を取り上げられ、精神科病院に入れられた。そして真相を突き止めようとしてグレーブンを訪れたアグネスも、無残に襲われ、森に捨てられた。話を聞いて再び活力を得たホームズは、寝間着を脱ぎ、いつもの黒い街着に戻って、フローラ・ミラー嬢の調査に乗り出す。サイモン卿に捨てられたこの女優は、彼を狙撃したとして逮捕され、花嫁の失踪にも関与を疑われていた。

　ホームズは依然として体調がすぐれず、原因不明の倦怠感に苦しんでいたが、シェリー一杯の法外な値段を手がかりにロンドンの一流ホテルを当たった結果、ヘンリエッタの本来の夫であるフランシス・モールトンを見つける。彼はかつて行方不明となり、アメリカ北西部で死んだとされていたが、今は事業で成功し、ヘンリエッタの将来もいっそう安泰に思われた。しかし、彼女が強欲なサイモン卿から自由になるには、まず財産のために彼女の命を狙う卿の企てから生き延びなければならない。ヘンリエッタが執拗な夫に立ち向かう最終章は、グレーブンを舞台に劇的な緊張感の中で展開される。
屋敷の秘密はすでにホームズが見た夢によって明らかにされており、ワトスンは1899年に発表されたジークムント・フロイトの『夢判断』に触れ、繰り返される悪夢の意味を理解しようとするホームズを助ける。ホームズは「予知夢」の可能性についても触れるが、これはドイルが熱心に信仰していた心霊主義の概念にも含まれるもので、ドイルへのオマージュとして物語に加えられたようだ。当時、ドイルのこうした信仰は冷笑されたが、今日のニューエイジ運動の先駆となった。「それは新たな旅立ちであって、僕たちはこれまで行ったことのない領域に足を踏み入れようとしている。今回のホームズは事件に関して未来を予知していて、じつに興味をそそられる。ドイル研究家がどう思うかはわからないけどね」(『柳をしならせるように』のジェレミー)
本編にユーモアはいっさいなく、あるのは秘密の結婚という多少のドラマ、想像を絶する恐ろしい状況での監禁、殺人、狂気、そして誰もが何の満足も得られないまま他者に何かを求めているという空虚感だけだ。レミントン温泉へ「湯治」に行っているというレストレード警部の不在も寂しい。ただ、ホームズを見下すような態度を示しながらも、モントゴメリー警部の仕事ぶりは見事だった。この『未婚の貴族』の撮影中、ジェレミーはずっと体調がすぐれなかったようだが、ホームズは調査をとおしてヒーローを演じ、極悪非道のフルーティエを倒し、監禁されていたヘレナを救出する。ホームズと苦しみを分かち合ったのはアンナ・カルダー＝マーシャル演じるアグネスとヘレナだけだったが、肉体的にきついエピソードでのジェレミーのエネルギー不足

「くそぉ、残念！」

は視聴者にも察せられた。
「（ジェレミーは）夫のデビッド・バークと親友同士で、二人には特別な絆があったの。彼にはグレタ・ガルボのようなところがあって、けっして顔が無表情になることはなかった。あらゆる思いが絶えず表情をよぎるの、微妙な形でね。感情が豊かに詰め込まれていたわ。それに彼はとても寛大な人だった。自分の心に閉じこもっているだけじゃなくて、いつも相手の気持ちに寄り添おうとしていたの。その寛大さ、ビジョン、熱意──彼はまさにスターだった。だから彼の追悼記事にはがっかりしたわ。だって本当の彼とは違うことばかり書かれていたから。きっと彼にはそれに反論する機会がなかったんでしょうけど、一緒に仕事をしてわかったのは、あらゆる点で、彼は本物のスターだということよ」（《スカーレット・ストリート》誌、１９９６年冬号のアンナ・カルダー＝マーシャル）
「『すぐ崩れるような仕掛けを作り、成功したのです』。この台詞は『未婚の貴族』の終盤に出てくるが、それはジェレミー・ブレットの演技を見事に要約している──彼は非凡な才能ゆえに狂気の一歩手前まで追い込まれる人間としてホームズを演じ、たとえ脚本家が少々やりすぎたとしても、けっして戯画にならないように踏みとどまっている。ただ、ホームズの異様な夢をプロットの仕掛けとして使ったことには議論の余地がある。『サセックスの吸血鬼』のときと同じく、それはホームズの一番の魅力を損なっているからだ。ホームズの能力はいくら超自然的に見えても、説明されれば必ず理解できること（敢えて言うなら初歩的なこと）でなければならない。ある意味で、悪夢は第一幕でホームズの存在をただ目に見える形にしておくために作られたかのようだ。こうしたことが通用するとなれば、シャーロック・ホームズの映画を作るときには、ホームズとワトスンはこんな見せかけ労働よりももっとひどいことをやらされる」（efilmcritic.comのジェイ・シーバー）

アメリカの批評家たちもジェレミーが「典型的なホームズ」であるという事実を認めている。「ベイジル・ラスボーンをはじめとするほかのどの俳優にも増して、ブレット氏は典型的なホームズと言える――驚異的な分析力、見事な変装ぶり、これ以上ないほどの陰鬱なムード、そして複雑な犯罪を解き明かすときの激しい情熱。彼はこの名探偵を『カラーの世界を行く白黒の人物』、『心を持たない男』と解釈し、そうした制限の中で鬼気迫る演技を見せた」（メル・ガッソウ、《ニューヨーク・タイムズ》紙、1996年9月14日）

ジェレミーとリンダ

ジェレミーはもう二度と愛を見つけることはないと思っていた。しかし、大切に思える人と出会い、彼女は最晩年のジェレミーに彼が心から求めていた安らぎを与えてくれた。二人の関係は、癌研究基金「キャンサー・リサーチ」への寄付を目的に英国の海岸沿いを走り抜くという彼女の取り組みをジェレミーが支援したことから始まった。「僕に手助けできることなら何でもやるよ」と突然の電話で寛大に応じたジェレミーは、リッチモンド劇場の楽屋で彼女と会い、そこでジョーンの死の悲しみを語った。「僕は彼女が亡くなる瞬間まで希望を捨てなかった。世の中にはいろんなサクセス・ストーリーや奇跡があるから、人は最後の瞬間まで何とか切り抜けられると期待する。もちろん、そういう場合もある。ただ、僕がすごいと思うのは、人間の精神は最後の最後まで希望を捨てないほど強いということなんだ」（『天国の翼に乗って *On The Wings of Paradise*』）。「あの晩、ジェレミーは劇場で募金活動を行ない、ランニング・シューズ10足分の寄付を集めた。さらにこのマラソンへの関心を喚起し、控えのドライバーを確保するためにマスコミの写真撮影にも応じた」（『長き道のり *The Road is Long*』）。「ホームズ マラソンに登場」とい

う見出しとともに、ジェレミーがホームズの格好でウィンダムズ劇場のそばを並んで走る写真が掲載された。「シャーロック・ホームズは失われた大金の行方を捜索中だが、そこに相棒のワトスン博士の姿はない。代わりに、この名探偵――TVスターのジェレミー・ブレット演じる――は、癌研究への寄付金2500万ポンドを集めるために英国一周5000マイルを走り抜くという慈善ランナー、リンダ・プリチャードさんの支援に急行した。『キープ・ホープ・アライブ（希望を持ち続けて）』と名づけられたこのマラソンでは、4月12日のスタートにあたって、サポートしてくれる控えのドライバーが複数人必要だという。しかし、ホームズが並んで走れば、解決はそう、初歩的なはずだ」（《デイリー・エクスプレス》紙）。この記事に対してみずからも咽頭癌を患うテッドが応じ、ボランティアでリンダのマラソンのドライバーを

務めることになった。

ジェレミーはその後も支援を続け、グリニッジのカティ・サークからスタートする彼女をみんなと一緒に見送った。「両親も泣き、私も泣き、ジェレミーさえ私がこの生涯の思い出となる旅に出発するとき、涙を流した」(『長き道のり』のリンダ)。マラソン中も二人は電話で連絡を取り合った。彼はまるでテレパシーでもあるかのように、決まって彼女が支えを必要としているときに電話をくれた。紛争が続くアイルランドを訪れる際、当然ながら身の安全を懸念したリンダが助言を求めて電話したとき、「ジェレミーは私が目的を持って走っているのだから、誰もそれを邪魔するはずがないと言った。『君はなぜ自分がこのマラソンをやっているのかわかっているし、神が自分に何を望んでいるのかもわかっている。だから正しいと思うことをやればいいんだよ』と言った。そして私のことを心から誇りに思うと言ってくれた。それは大きな励みになった」(前掲書)。リンダが落ち込んでいて、いつも以上の支えを必要としていたときも、彼は「自分が正しいことをしているってことを忘れないで。たとえ夢や希望が思いどおりにいかなくても、けっして絶望に打ち負かされちゃいけない。努力や尽力を続けるんだ。まだやれることがあるうちはけっして希望を捨てちゃいけない。努力をやめる瞬間まですべては終わらないんだから」(『天国の翼に乗って』)。リンダは半年にわたるマラソンで5万ポンドの寄付を集め、日常生活に戻ってからジェレミーとの関係が再開した。1993年のインタビューで、彼はリンダとの出会いについて述べ、彼女が自分にとっていかに大切な存在であるかを語った。そして自分が抑鬱に襲われたと

Imperial Cancer
Research Fund

きは彼女が回復の大きな助けになったこと、彼女の基金の立ち上げには自分も貢献したことを明らかにした。１９８９年に「年間最優秀パイプ・スモーカー」に選ばれたジェレミーは、「ちょうど３０００ポンドの賞金をもらったから、それを彼女に提供した」という。「彼女はイーリングでシャトルバスの運転手をしていたんだけど、ありがたいことに、それを辞めて僕を助けに来てくれた。僕が病気で苦しんでいるとき、彼女は天使か妖精のようにベッドの足元で見守っていてくれた。服用している薬を一つずつ確認して、僕を救ってくれた。奇跡が起こったんだ。僕は16歳のときのリウマチ熱の影響で心臓肥大と弁膜症の後遺症があったから」。ちなみに、結婚の可能性についてはこう答えている――「僕には天国に妻がいる。だから生まれ変わったらね」（《ラジオ・タイムズ》誌、１９９４年3月）

べつの記事で、彼は「一人の熱心なファン」としてリンダに愛を見つけたと語った。彼女の英国一周マラソンの宣伝を支援したことで二人は出会った。匿名の情報源によれば、「二人はとても幸せそうで、本当にほほえましかった。奥さんを亡くしたとき、ジェレミーの生活はぼろぼろだった。もう二度と幸せにはなれないと考えていたと思う」。リンダはこう説明している。「私はジョーンの代わりにはなれないし、そうなりたいと思ったこともありません。彼女は素晴らしい女性で、二人は深く愛し合っていました。彼女の回復を心から信じていたジェレミーにとって、それが叶わなかったときの怒りは計り知れないものでした」。ただ、ジェレミーとの生活はけっして楽ではなかった。彼は自分と一緒に暮らすのは大変で、仕事をしているときはとくにそうだとあ

る記者に語っている――「僕はまともじゃないから」
　彼は性格に影響を及ぼす厄介な病気にも苦しんでいた。ジェレミーの最晩年について書かれた著書『天国の翼に乗って』の中で、リンダは彼が双極性障害にいかに振り回されていたかをこう記している。「本来のジェレミーは繊細で心優しく、他人への思いやりにあふれ、けっしてわざと人を傷つけるような言動はしない人だった。彼は陽気で愉快で、優れた人生哲学を持つポジティブ思考の人間で、一緒にいて楽しい人だった。彼の快活さは周囲の人々にも伝染するようで、彼はみんなを同じく陽気で愉快な気分にさせた。人々がジェレミーと一緒にいたがったのは、ジェレミーが彼らに自信を与えてくれたからだ」
　ところが、ひとたび躁鬱病の症状が現れると、ジェレミーは深刻な気分変動のせいで眠れなくなり、じっとしていることさえできなくなったという。「もはや気高く、思いやりに満ちた紳士はどこかへ消えてしまい、いらいらと怒りっぽく、口うるさくなって、人を傷つけるようなことを言ったり、物をめちゃくちゃに壊したりして、本来の性格からは考えられない状態になった」。考えてみれば、彼のこうした面はずっと以前から生活に影響を及ぼしていた。こういった障害の多くがそうであるように、それがジョーンの死をきっかけに表面化したのだ。人生におけるこのトラウマ的出来事による深いショックと悲しみが、彼の言う「昔ながらの神経衰弱」を引き起こした。それは彼の人生を激しく揺さぶった。「ジェレミーはとても勇敢でした。私は彼が自分の健康状態について嘆くのを一度も聞いたことがありません。私の前で『もう無理だ』とか『どうして僕が?』と言うのを聞いたことがありません。彼はただ病気と共存しながらやっていました」(《シャーロック・ホームズ:ザ・ディテクティブ・マガジン》誌のリンダ)。こうした症状による数々の苦痛にもかかわらず、ジェレミーは自分を奮い立たせ、驚くべき勇気を見せて、同じように苦しんでいる大勢の人々に安らぎをもたらした。「病気のおかげで思いやりの心が広がったよ。人々に会うと、みんなそれぞれにストレスや緊張を抱えていることがわかる。人生は楽じゃないからね」

シャーロック・ホームズの回想
第6シリーズ

最終シリーズとなる〈シャーロック・ホームズの回想〉全6編をもって、ジェレミーはホームズに別れを告げることとなった。各編とも1時間枠に戻ったのは、2時間版にするよりも原作回帰が望ましいとされたためで、原作を約55分の長さにまとめるほうがドラマの構成に合っているようだった。しかし、ジェレミーの健康状態が悪化し、もはや原作の会話や解釈に忠実であるべく闘えなくなっているのは明らかだった。実際、いくつか不適切な点があり、たとえば『マザランの宝石』で、マイクロフトが私語厳禁のはずのディオゲネス・クラブでキャントルミア卿と話しているシーンなどは、もしジェレミーがこのエピソードに出ていたら、必ず異議を唱えたに違いない。

《ガーディアン》紙の批評家は第1編について次のようにコメントし、その最新作を従来のシリーズと比較してこう述べた。「2、3編前の回のジェレミー・ブレットはこれまでで最高のホームズだった——解決不可能とされる犯罪を解き明かすことによって退屈を紛らわす、やや芝居がかった薬物常用者。彼の演技は本質的にコミカルなもので、ドイルのキャラクターにぴったり

だった。一方、最近のブレットは誰にともなく声を張り上げて台詞を発し、まるでオペラのようだ」（ポール・ベイリー、「ホームズ再び燃え上がる」、《ガーディアン》紙、1994年3月8日）。ただ、ジェレミーが本来のとんでもないユーモア感覚を失っていなかったことは、こんなコメントからも明らかだ。「ホームズはなかば長期雇用の仕事のようになっている。でも、そろそろ仮面を洗い流して、僕自身の姿を見てもらい、『どう思う？』って言わなきゃならないときが来ている。まずはこのシリーズをどう宣伝するかだけど、お尻にS・Hと描いてローズ・クリケット場を裸で走りまわってみようかな」（「なぜシャーロック・ホームズはジェレミー・ブレットを殺しかけたのか」、アダム・ファーネス、《TVタイムズ》誌、1993年）

ともあれ、彼はホームズ役の成功を誇りに思っていた。「天才のイメージがついたからって気にする必要ある?」とブレットは笑った。「ときには苦労もあったけど、これだけ愛される役で知られるようになったことにはとても感謝しているよ。外へ出ると、みんながこのシリーズをすごく楽しみにしていると言ってくれる。彼らの多くは僕たちが原作に敬意を払ってきたことをよく理解してくれているんだ。それは俳優にとって素晴らしい励みだよ」(「ホームズ——ブレットはそれでも真のシャーロック」)

▼三破風館

シリーズ撮影3作目となった『三破風館』（脚本：ジェレミー・ポール、監督：ピーター・ハモンド、初放送：1994年3月7日）は、わずかな脚色のみでほぼ原作どおりに描かれたが、撮影はジェレミーの健康を悪化させ、シリーズの残りのエピソードに影響を及ぼすこととなった。本編は非常に高級感があり、むしろ輝きがありすぎるほどの見事な仕上がりとなっている。ワトスンがベーカー街へやってくると、ホームズはボクサーのスティーブ・デキシーに締め上げられて窓に張りつき、ハーロウに近づくなと脅しつけられている。

これがホームズにとって奇妙な事件だったのは、犯罪が絡んでいるわけではなく、何かおかしいという違和感があるだけだったからだ。三破風館に赴いて話を聞くことには、ある日、メーバリー夫人――メアリー・エリスの味わい深い演技が印象的――は屋敷を言い値で買い取るという申し出を受けるが、弁護士の警告によれば、身の回りの品も含めて家から何も持ち出せない条件になっているという。この段階では、彼女はまだ今回の申し出と結びつけて考えてはいないが、じつはローマの英国大使館の書記官だった孫息子ダグラスが最近亡くなったという一件が重要な鍵と

なる。ひどくふさぎ込み、「すっかり生気を失ったひねくれ者」に変わってしまった彼は失意のうちに亡くなり、持ち物は彼女の屋敷に置かれたままになっていた。話に邪魔が入ったのは、ホームズが突然声を上げ、立ち聞きしていた女中のスーザンを部屋へ引きずり込んだからだ。彼女はボクシング・ジムを営むバーニー・ストックデール一味の仲間だった。スーザンの存在はホームズの疑惑に確証を与え、外の茂みにスティーブ・デキシーが潜んでいたことから、ホームズはメーバリー夫人の身が危険にさらされていることを確信する。

グラナダの制作チームが本編に加えた改変の一つは、そんな夫人を守るために三破風館に泊まり込むという任務がワトスンに与えられたことだった。しかし、その夜、メーバリー夫人を襲った泥棒を追ったワトスンは、ベーカー街で一戦を交えるところだったデキシーにひどく痛めつけられる。

翌朝、屋敷に駆けつけたホームズは、殴られてあざだらけになったワトスンを見て、「医師よ、汝自身を癒やせ」と慰める——この柄にもない言葉からは、『悪魔の足』と『三破風館』のホームズほど気遣いと思いやりに満ちたホームズはいないとさえ感じられる。唯一の救いは、ショックで衰弱したメーバリー夫人が孫息子の書いた原稿の最後のページだけは奪われなかったことで、それはクライン夫人の有罪を証明する証拠となる。

本編で悪党として暴かれるのは、クローディーヌ・オージェ演じるエキゾチックな富豪の美女、イザドラ・クラインで、彼女は男を食い物にする悪女だった。本当はアンダルシアのロマの生まれという彼女は、ダグラス・メーバリーよりもかなり年上だったが、彼がこの魅惑的な女性を熱烈に愛していたことは驚くに当たらない。しかし、大した財産もないダグラスとの結婚など論外だった彼女は、ダグラスの希望をくじこうと彼を激しく痛めつけさせ、ダグラスは脾臓の破裂で命を落とす。クライン夫人は、今度は地位も財産もある若きローモンド公爵と結婚しようとするが、ホームズは彼女を追いつめ、殺人を告発する。二人が対峙する劇的なシーンで、ホームズは彼女の訴えをかわし、一歩も引かない——「あなたは男を破滅させるからだ。あなたはダグラス・メーバリーを死なせ、(中略)わが親友ジョン・ワトスンに命に関わりかねぬ危害を加えた」

後者の罪状はとくに許しがたいもので、ホームズはかなりの重々しさを持って糾弾する。彼がクライン夫人にローモンド公爵との婚約破棄を発表し、メーバリー夫人に世界一周の旅の費用として5000ポンドの小切手を送るように要求したのは、彼女が犯した罪に対する当然の代償と思われる。ただ、ホームズが夫人の罪を見逃し、重罪を示談にしたことに対するワトスンの指摘は、この事件を当局に通報すべきだったのではないかという問題を提起する。しかし、ホームズは夫人とはどこかで再会するだろうと考えている。「いつまでも刃物をもてあそんでいらっしゃると、きれいな手に傷がつきかねませんよ」〔「三破風館」日暮雅通訳、光文社文庫、2007年、『シャーロック・ホームズの事件簿』所収〕となっている原作の台詞が、ドラマでは「鋭い刃物を振りまわせば、己も傷つくことを学んだろう。彼女ももう若くはない」という台詞に変わっているのは、「時の力には逆らえない」という本編のテーマを象徴するものだ。また、ホームズが夫人の罪を見逃す決断をしたことはグラナダによる改変とも関係があり、原作のダグラス・メーバリーは失意から肺炎を引き起こして死んだとなっており、本編のように脾臓の破裂が死因ではなかった。つまり、犯罪行為はなかったというわけだ。

グラナダが行なったもう一つの改変は、ピーター・ウィンガード演じる情報屋のラングデール・パイクの役を発展させたことだ。ホームズはダグラス・メーバリーの恋の相手を知るために彼に近づく。パイクとホームズによるシーンはウィットとユーモアにあふれている。ダンスや花火に浮かれ騒ぐ真夜中の仮装パーティーは、ディズリーのライム・パークで撮影されたが、季節外れの寒さのせいでジェレミーは肺炎になり、もう少しで入院させられるところだった。「もうだめかと思ったよ。ずっと外にいるなんて愚かだった。若い頃に大病をしてそれが今も完治してないんだ」（アダム・ファーネスの「なぜシャーロック・ホームズはジェレミー・ブレットを殺しかけたのか」、《TVタイムズ》誌、1993年）。「私はずっと前からジェレミーを知っているが、このエピソードへの出演を依頼されるまで彼と一緒に仕事をしたことはなかった。私が素晴らしいと思ったのは、彼が作品全体を把握していることだ。彼はシャーロック・ホームズになりきっていた——何から何まですっかりこの男になっていた。まったく驚くべきことだ。ジェレミーにはこのシリーズにとって何がよくて、何がそうでないかを見極める力があって、その判断はいつも的確だった」（《スカーレット・ストリート》誌）

「ジェレミー・ブレットのシャーロック・ホームズが初めてテレビに登場して以来、あちこちで大げさな身ぶりがなされ、激しい叫びが空をつんざいてきた。それは1984年当時としてはかなり異例の役作りだったが、先週の『三破風館』から始まった全6編の新シリーズでは、その途方もない演技が新たな極致に達している——意味ありげにじっと睨みつけたり、たびたび唇をゆがめたり、あの世から霊を呼び出すかのように大きく腕を伸ばしたり。1985年に《ボストン・グローブ》紙のエド・シーゲルがブレットの演技は英語圏の国々から『ベイジルの呪縛』を解いたと書いていたが、それは控えめな言い方だった。戦時中のひどいものも含めて、ベイジル・ラスボーンのホームズ作品で、彼はブレットほど大胆で思い切った演技はけっしてしなかったし、名探偵の天才ぶりをあれほど狂気じみたものにも見せなかった。たとえメイクが行きすぎであってもブレットのホームズはとにかく楽しいし、エドワード・ハードウィックのワトスン博士も最高でナイジェル・ストックよりずっといい」（リチャード・ブルートンの「クリティクス・チョイス」）

▼瀕死の探偵

撮影4作目となる『瀕死の探偵』（脚本：T・R・ボウエン、監督：セーラ・ヘリングス、初放送：1994年3月14日）では、ホームズが命にかかわる熱帯病に感染するという恐ろしい事件が描かれる。「ハドスン夫人は、忍耐強い女性だ。二階の部屋には、時間などおかまいなしに風変わりな客、それもしばしば好ましからざる人物が押しかけてくるし、そもそも下宿人自身が変わり者で生活の不規則な男ときているのだから、夫人の辛抱強さも相当なものと言える。部屋は信じられないほど散らかしほうだい、とんでもない時間に音楽に熱中したり、時には部屋のなかでピストルの射撃練習をしたり、薄気味の悪い、悪臭を伴う化学実験をしたりするうえ、まわりに漂うのは暴力と危険でいっぱいの雰囲気。そんなホームズは、ロンドンでもいちばんありがたくない下宿人ではなかろうか。（中略）ハドスン夫人はホームズを心から尊敬していて、どんなにとんでもないことに見えようとも彼のすることに決して口を出そうとはしなかった。また、彼のことを好ましく思ってもいたが、それは女性に対してやさしく礼儀正しいからだ。ホームズは女性を好きではなく、信用もしていないにもかかわらず、つねに騎士道精神にのっとった振る舞

いを忘れないのだった。そのハドスン夫人のホームズに対する敬意がいかに一途なものかを知っていたからこそ、（中略）わたしのことを訪ねてきた夫人の、ホームズの健康状態が思わしくないという話には、ただごとではない思いがしたのだ。『息も絶え絶えなんです、ワトスン先生。この三日間というもの、衰弱なさる一方で、この一日さえもちこたえられるかどうかと思えるほどです』」（「瀕死の探偵」〔日暮雅通訳、光文社文庫、2007年、『シャーロック・ホームズ最後の挨拶』所収〕）

ハドスン夫人はさらにこう言う。「ロザハイズの川に近い裏通りでお仕事をしてらしたんです」〔「瀕死の探偵」〕。この事件の始まりはロザハイズのアヘン窟だったかもしれないが、グラナダはカルバートン・スミスとそのいとこのビクター・サベッジの関係に焦点を当てることにした。オックスフォード・ロンバード銀行の重役だったサベッジは、詩人になりたいと言い出し、やがて薬物がひらめきを与えてくれると信じてアヘン常用者になった。こうして危険な店を頻繁に訪れるようになった彼は、「住んでいるスマトラでは有名人」〔「瀕死の探偵」〕という熱帯病研究の第一人者で、なぜかサベッジの死によって彼の屋敷と財産を相続することになっていたカルバートン・スミスの手に落ちる。

ホームズはサベッジの妻から依頼を受け、ワトスンとともに屋敷へディナーに呼ばれるが、その晩、サベッジは熱病にたおれて死んでしまう。このシーンは緊張に満ちたもので、ホームズは熱狂、大食、激しい焦燥、羨望といった人間のさまざまな悪徳が招待客に象徴されていると指摘する。スミスは遺言によって相続人が限定されていたソマリー館から無情にもサベッジの妻子を追い出し、彼女たちが嘆くのを遠くから眺めている。ワトスンは何とか夫人を助けたいと彼女に代わってスミスを説得しようとする。そこへホームズが現われ、正義が行なわれるまで追及をやめないとスミスを公然と糾弾する。これはスミスの専門家としての評判を傷つけ、彼をおびき出すための挑発だった。「不思議きわまりない偶然ではないか。君は莫大な遺産を相続した。遺産を残した人物は君がただ一人の専門家たる病気で死亡した。偶然とは到底信じられぬ事実だ。これだけははっきり言っておこう。君にはすでに閉ざされている医学界のドアにはさらに重い鍵がかけられ、君は入る術もなくなるのだ。それが僕の任務だ」（『瀕死の探偵』）

ホームズが熱病に感染するシーンは本編のクライマックスとなる。ハドスン夫人とワトスンは彼が瀕死の重体で、精神が錯乱していると本気で信じ込んでおり、カルバートン・スミスもそう

だった。ジェレミーの演技は非常にドラマチックで鬼気迫るものだったが、マイケル・コックスはこう言っている。「たいていの俳優にとって悶え死ぬとか、正気を失うとかいった役は楽しみでしかない。ジェレミー・ブレットも例外ではなく、あのナイトシャツを着て、今度はスマトラ・リバー熱にやられるという芝居を明らかに楽しんでいた」。ウィリアム・ベアリング＝グールドが記したところによれば、「病因学の研究機関が東洋種のペスト病原菌の分離を公表したのは、1894年であったのは興味深い事実である。であるからスミスのスマトラの農場での非公開の研究は、公認された研究に数年先駆けたものであった」。また、同じくシャーロッキアンで医師のヒュー・レタン氏は「箱に仕掛けるのには蛇の毒液が一番便利である」と述べている（『詳注版シャーロック・ホームズ全集3』）。つまり、病原菌が仕込まれて届いた箱は、もしホームズがその危険性を警戒していなかったとしたら、感染の手段として十分有効だったというわけだ。しかし、彼はそうした攻撃を用心しながら待っていたのであり、感染したように見せかけた彼の迫真の演技は、この特殊な熱病の唯一の専門家であるスミスさえも欺いた。感染から三日、せん妄に激しい喉の渇き、さらに締めつけられるような胃の痙攣《けいれん》に苦しむホームズは、治療を求めてスミスをベーカー街に呼ぶ。「屈強な男でも最後には泣き叫ぶ」（スミス）という断末魔の苦しみに、ホームズの視界が暗くなり出したとき、スミスはついに正体を現し、自分があの箱に菌を細工したこと、さらにサベッジを殺害したことを白状し始める。部屋でカーテンの陰に隠れ、物音を立てないように指示されていたワトスンは、彼の告白に注意深く耳を傾ける。ちなみに、ガス灯を明るくしたときのホームズの台詞は、ジェレミーの本心だったかもしれない――「三日間飲まず食わずはともかく、煙草を吸えないのはじつに厳しい試練だったよ」

本編のタイトル『瀕死の探偵』が予言となったかのように、ジェレミーは撮影中、ゲッドグレーブ役でゲスト出演したロイ・ハッドの腕の中に気を失って倒れ込んでしまった。シーンの合間は車椅子に乗せられ、呼吸困難を和らげるために酸素ボンベまで使わなければならなかった彼に、リンダは病院で治療を受けることを望んだ。「ジェレミーはその後もずっと体調が悪く、たびたび『ホワイトアウト《失神》』し、ようやく撮影が終わって再入院したところ、心不全と診断された（『天国の翼に乗って』）。「僕は何か深刻な事態になっていると思っていたけど、馬鹿みたいに頑張り続けた。セットでしょっちゅう失神しながらね。みんなは僕のために（60歳の）誕生日パーティーを企画してくれていたんだけど、『もうだめだ。病院に連れてってくれ』と言ったんだ。（心臓病の専門医は）それが精神的なものとは無関係だとすぐに見抜いた。僕は子供の頃のリウマチ熱のせいで心機能障害があったんだ。彼らはさっそく僕の胸腔から5リットルの体液を抜いてくれたよ」（アダム・ファーネス、《TVタイムズ》誌、1993年）。ジェレミーがこの新たな合併症によって入院し、次のエピソードの撮影ができなくなったため、グラナダはシャーロック・ホームズのドラマを主役のシャーロック・ホームズなしで撮影するという奇妙な決断を下した。ファンとしては、なぜジェレミーが健康を取り戻すまで撮影を少し延ばすことができなかったのかと言いたくなる。ただ、〈シャーロック・ホームズの回想〉の次の2編はこれより前に撮影されたものなので、最終シリーズでは本調子のジェレミーの姿も見ることができる。ちなみに、その最初の1編にエドワードが出演していないのは、なかなかグラナダからゴーサインが出ず、最終決定がなされたときにはべつの仕事が入っていたためである。

▼金縁の鼻眼鏡

〈シャーロック・ホームズの回想〉（第6シリーズ）の撮影1作目となった『金縁の鼻眼鏡』（脚本：ゲーリー・ホプキンズ、監督：ピーター・ハモンド、初放送：1994年3月21日）は、部分的な脚色だけでほぼ原作どおりに描かれている。ただ、時代設定はロシアの革命や婦人参政権運動の始まりを含めるため、1894年から20世紀にずらされた。残念ながら、ワトスン博士役のエドワード・ハードウィックは、映画『永遠《とわ》の愛に生きて』の撮影でC・S・ルイスの兄を演じるため、出演が叶わなかった。そこで本編はチャールズ・グレイのマイクロフトを復活させるべく書き直された。ここにマイクロフトを登場させたことで、シリーズをとおしてホームズとワトスンの友情が発展させられてきたように、ホームズ兄弟の関係も発展させることが可能になった。「羊皮紙から消されたもとの文字」〔「金縁の鼻眼鏡」日暮雅通訳、光文社文庫、2006年、『シャーロック・ホームズの生還』所収〕――500年前の古文書――を読み解こうと二人が互いに分析し合うオープニング・シーンは、兄弟がともに優れた知性を持っているだけにアカデミックな雰囲気である。ハドスン夫人も大いに存在感を示し、ワトスンの肩を持ってホームズに本当はワトスン先生がい

なくて寂しいくせにと言ってみたり、ホームズの足元をうろちょろして彼を苛立たせたりする。
一方、ナイジェル・プラナー演じるホプキンズ警部は几帳面な捜査官で、ヨックスリーで起きた事件についての関連情報を詳しく報告する。コーラム教授の秘書ウイロビー・スミスの死を願うような人物は一人もなく、警部にはそれは「動機なき」殺人と思われる。スミスは「おとなしい、上品で真面目な男で、欠点らしきものがまったくない」〔「金縁の鼻眼鏡」〕。ただ、彼が手に握り締めていたという鼻眼鏡は、ホームズとマイクロフトにその持ち主について推理する機会を与える。ホームズが眼鏡をかけ、付属の紐を指でこするシーンは、彼が持ち主の匂いを確かめていることを示唆する。二人はそれぞれ持ち主が眼鏡な

しではほとんど何も見えないほど視力の弱い、上品な女性であるとのイメージを固めるが、ジェレミーよりもチャールズのほうが台詞が多いため、推理に最大の貢献をしたのはマイクロフトだ。「マイクロフトとの共演には興奮したよ。僕は上層部に頼んであの鼻眼鏡に関する僕の台詞を入れ替えてもらい、チャールズ・グレイに譲ったんだ。そしたら彼は見事にやってのけた。さすがはマイクロフト、一家のブレーンだけのことはあるね」（《スカーレット・ストリート》誌、第20号のジェレミー）

犯罪現場では調査に拡大鏡が使われ、シャーロックはすぐにそれが父親のものだったことに気づく。「それは父上の拡大鏡ですね。父上にいただいた？」という台詞には、兄弟がそれぞれ互いに敬意を抱きながらも、どこか競争心を持っていることが感じられて面白い。調査に相棒を必要とするホームズにとって、自分と同じくらい観察力の鋭い兄は理想的な代役だが、マイクロフトは観察力においても推理力においても一歩先を行っているようで、シャーロックのもとに重要な手がかりとして空の嗅ぎ煙草入れを置いていく。マイクロフトは父親によく言われたという格言を弟に思い出させもする――「不可能を消去したのち残ったものが、いかに突飛であろうとも真相なのだ」（『四人の署名』より引用）

一方、フランク・フィンレイ演じるコーラム教授は思いがけない悪党だった。彼は妻と義兄に不利となるひどい嘘をついて二人をシベリア送りにさせたうえ、仲間を裏切り、最終的にみずからの命をもってその罪を償うことになる。また、ウイロビー・スミスの殺害についても犯人をか

くまい、警察に重要な情報を提供しなかった。ただ、ホームズとの関係については、話をはぐらかす手段だったとは言え、ともに煙草を楽しむ同好の士といった感じだ。ベッドに横たわる老教授と、「煙草にはいささかうるさい」［「金縁の鼻眼鏡」］ホームズが、二人でアレクサンドリアの煙草を吹かして部屋を煙で充満させるシーンはじつにユーモラスである。しかも、この難事件を解き明かす鍵となるのも、彼らに共通する悪癖で、大量の灰を生み出す煙草だった。

教授の妻が姿を現すシーンはドラマチックで、本棚のうしろの隠れ場所からよろめきながらアンナが出てくる。彼女は「血の日曜日事件」でロシア当局に反乱を起こした同志たちのことを涙ながらに話し、ウイロビーの殺害についてはまったく予想外だったと説得力のある説明をする。教授はじつはセルゲイという名の彼女のロシア人の夫で、コサック兵との戦闘中、反乱の弾圧に加担して仲間を裏切ったという。アンナは兄のアレクセイを救う手紙を捜して机にいたところをスミスに見つかり、それが不幸な死を招いたが、正義が保証されると、彼女はみずから毒を飲んで死を遂げる。

本編のジェレミーはさまざまな感情が入り交じった反応を見せており、そこにはおなじみのものもあれば、ホームズの新たな一面を示すものもある。彼は勤務中に居眠りをしていた巡査を怒鳴りつけたり、家政婦のマーカー夫人にいつもの無作法な態度を示したりする一方、メイドのスーザン・タールトンには非常に繊細な思いやりを見せている。ウイロビー・スミスは頭から血を流して彼女の腕の中で息絶えたのだから、彼女が絨毯に残った血痕を気にするのは当然だった。

ホームズは自分の襟巻きでそっと血痕を覆い、「さあ、これでもういい」と彼女を励ます。ホームズが彼女に優しく質問したおかげで、調査を前進させるための貴重な情報が得られる。それによると、彼女はウイロビー・スミスが死に際にこう言い残すのを聞いていた――「先生、あの女です」。この奇妙な言葉はその時点ではまだ意味がわからないが、のちに調査に光明を与えることになる。泣いていたメイドが押しつけるように返した襟巻きを受け取るときのジェレミーの一瞬のためらいは、最終シリーズにおける印象的なシーンの一つである。

「故ジェレミー・ブレットのホームズ作品の中でも屈指のエピソードである本編では、色彩を意識した芸術的な撮影技術によってひときわエキセントリックな雰囲気が楽しめる。まさに眼福だ。ブレットはいつもながらの名演で、調査に同行した聡明な兄、マイクロフトを演じたチャールズ・グレイも素晴らしい。ブレットの映像作品はどれも時代を細部まで再現している点で傑出しており、神経症を患いながらも魅力を放つブレットは主人公の性格そのままだ」（Amazon.com）

▼赤い輪

シリーズ撮影2作目の『赤い輪』（脚本：ジェレミー・ポール、監督：セーラ・ヘリングス、初放送：1994年3月28日）もやはり原作に忠実で、最終シリーズでのジェレミーのお気に入りの一作となった。冒頭でワトスンが紹介するジェナーロとジョルジアーノという敵対する二人の男は、ともにエミリアという女性を愛していた。ベーカー街では、下宿の女将のウォーレン夫人がハドスン夫人に付き添われてホームズに助けを求め、ホームズもこれをむげに断ることができない。ただ、女将の話にエンリコ・フィルマーニの名が出たとき、ホームズの興味を引く何かがあったのは確かだった。ウォーレン夫人の訴えによれば、2階の下宿人は部屋を歩きまわる音が聞こえるだけで、まったく姿が見えないためじつに不気味で、とくに日中、夫が仕事へ行っているときなどは怖くてたまらないという。夫人はひどく取り乱すが、こうした場合のホームズは魔術師のようで、「彼には、思いのままに相手の気持ちを鎮める催眠術のような力がある」（「赤い輪団」日暮雅通訳、光文社文庫、2007年、『シャーロック・ホームズ最後の挨拶』所収）。ホームズが夫人の肩に両手を置くと、夫人の恐怖が和らぎ、「夫人の目から怯えが消え」（「赤い輪団」）、ことの次第を落

ち着いて話せるようになった。夫人が話すには、ある日、30歳前で身ぎれいで、訛《なま》りのある英語を話す若い男が下宿にやってきて、通常の何倍もの家賃を支払う代わりに、絶対に部屋には立ち入らず、邪魔しないでほしいという条件を出してきた。彼は最初の晩に出かけて遅くに戻って以来、姿が見えなかった。毎朝、朝食の盆に《デイリー・クロニクル》紙を添えておくことを要求し、ほかに必要なものがあるときは紙切れに書いてドアの外の椅子に出してあった。荷物にホワイト・スターの札が貼ってあることから、どうやら10日前に船でニューヨークから到着したらしい。

グラナダは、本編にイタリアのナポリ出身で、ロイヤル・オペラ・ハウスの照明係として働くフィルマーニという登場人物を新たに加えた。ホームズは彼を「言うなれば、暗黒の海の中での灯台にも等しい」善人と表現する。しかし、結社のメンバーである「黒い」ジョルジアーノはその反対で、「死に神というあだ名を得たやつだ。（中略）その肘まで殺人の血で染まったやつだ」とされ、きわめて危険な男だった。実際、フィルマーニはジョルジアーノによって殺され、ワトスンは自分がフィルマーニの自宅を訪ねたせいで彼を死なせてしまったと責任を感じる。しかし、結社がべつの惨殺事件にも関与し、ジョルジアーノがその首謀者とされていること、そして謎の下宿人がこの「赤い輪」と関連があることを突き止めたのはワトスンで、それが事件解決の助けとなる。

ここでのホームズは対応が後手後手に回っているように見える。まず彼は《デイリー・クロニクル》紙の尋ね人の欄——「まるで泣き声と呻《うめ》き声の合唱じゃないか!」——が通信に使われたのではないかと考え、紙面にGの署名のあるメッセージが繰り返し出てくるのを見つける。「辛抱せよ。近く通信方法を知らせる。それまではこの欄で。G」「準備は着々と整っている。忍耐と用心。雲はやがて晴れよう。G」

こうした短いメッセージから、しだいに事件の「輪郭がわかって」くるが、そんな矢先にウォーレン夫人の夫がさらわれるという次なる危機が生じる。コメディー映画『キャリー・オン Carry On』シリーズで知られるケネス・コナー演じるウォーレン氏は、時間記録員の仕事をしていたが、職場へ行くために家を出たところを襲われ、馬車に押し込まれて、しばらく走ったのち、ハムステッド・ヒースに置き去りにされた。車内でイタリア語が話されていたことから、ホームズは犯人がウォーレン氏を謎の下宿人と間違えて襲ったと推理する。エミリア・ルッカとその夫がなぜ「赤い輪」の報復犯罪に巻き込まれたのかについては、下宿の屋根裏から侵入したホームズが部屋に潜んでいた夫人を説得して明らかにされるが、不運にも、エミリアの居場所はジョルジアーノに知られてしまう。

本編はアクション満載のエピソードで、ホームズとアメリカの探偵社の局員、レバートンが、ジョルジアーノの襲撃を妨げようとして彼を取り逃がすという見せ場もある。ジェレミーはまたもや平然と屋根の上を歩きまわり、身の安全も考えずに屋根裏から下りてくる。マイケル・コックスは監視された家の屋根からトップハットをかぶった男が気づかれずに出入りするのはおかしいと指摘したが、ジェレミーはすんなりそれをやり遂げた。非常階段でのレバートンとジョルジアーノの格闘ではレバートンが怪我を負い、事件に流血がともなうことを印象づけた。ホームズのほうは顔に血が飛び散ったものの、無傷で済んだ。ただし、「やつは逃げた」

最後はジョルジアーノが死という究極の代償を払ったことで正義がなされるが、エミリアとジェナーロはすぐに自由の身となってオーストラリアへ旅立つわけではない——「ジョルジアーノ殺害で公判に付されます。それが法律です」。当局はたとえ正当防衛による行為であっても、相応の手続きを踏み、ジェナーロに最終判決が下されるのを見届けなければならない。ホーキンス警部はもしホームズが一人でこの場にいたら、べつな解決をしただろうと指摘する。「法律はわれわれの社会の規範だが、正義はその達成がより困難なのだ」（シャーロック・ホームズ）。興味深いのは、原作でホームズが権利告知の決まり文句について、しばしば「あなたに不利な証拠として」用いられると言われるところを、「あなたのことばが証拠として使われることになるかもしれません」〔「赤い輪団」〕と述べている点だ。これは彼自身が正義の拠り所となり、憐れみに欠ける法の手に委ねられた罪人たちを守り、救ってきた数々の事件を思い起こさせる。

本編のジェレミーは、冷淡な外見の下に繊細で思いやりに満ちた心を持ち、ロンドンのイタリア人社会の避難所であったフィルマーニを死なせたことに深い悔恨の情を抱くホームズを演じている。「いかに栄華を極めし者もみな、死のときを迎えれば塵に帰る」という彼の言葉は、シェイクスピアの『シンベリン』〔小田島雄志訳、白水社、1983年〕によるもので、善人を死なせたことへの沈痛な思いを表している。ホームズらがバクストン・オペラ・ハウスでワーグナーの『トリスタンとイゾルデ』を観劇するというラスト・シーンの撮影中、ジェレミーはこうした1時間版のほうが原作に近くてずっといいと述べた。「最近の2編は正典からあまりにもかけ離れてしまっていたし、僕自身も原作を見せて『そこは本来こうあるべきだ』と言えなかった。コントロールできなかったんだ。面白かったのは事実だけど、ドイルの原作とは違うし、1時間構成のほうがずっとまとまりがある。原作にもとづいてちょっとしたアレンジが許されるのは、あくまでも作品が物語の本質に忠実だからであって、それでこそホームズ・シリーズと呼べると思う」(《シャーロック・ホームズ・ガゼット》誌でエリザベス・ウィギンズに答えるジェレミー)。本編はマンチェスターのフェアフィールドにあるモラビア派〔キリスト教のプロテスタントの一派〕のコミュニティーでロケが行なわれ、そこの民家が撮影に使われた。《マンチェスター・イブニング・ニュース》紙は、この地区で家族とともに育ったというジャッキー・ハモンドさん(72歳)の話を伝えている。「制作チームが私の家で撮影をしたんです。2週間くらいいたかしら。ジェレミー・ブレットさんも大いに気に入って下さって、実際にコミュニティーと関わりを持たれました。帰られた後、ブレットさんは教会のためにラッパスイセンの花をたくさん送ってくれたんですよ」

「最終シリーズのホームズは、老いを感じさせ、しばしば悲しそうで、ときにふさぎ込むこともあるが、それでも彼は私たちの知っている愛すべきホームズに変わりない。天才的な名探偵というだけでなく、さまざまな弱さや恐れを持ち、人生の意味について鋭い洞察を与えてくれる人物だ」(www.jeremybrett.info)。1年後、ジェレミーが亡くなったとき、エドワードはこの最終シリーズでの彼の苦闘をこう振り返った。「最終シリーズのジェレミーはひどく体調が悪かった。体力的に大変な試練だったと思うが、最後まで闘い抜いた。彼はつねに仕事を必要とし、現場にいるときが一番幸せという役者だった」(《デイリー・メール》紙のエドワード・ハードウィック、1995年9月14日)

▼マザランの宝石

『マザランの宝石』（脚本：ゲーリー・ホプキンズ、監督：ピーター・ハモンド、初放送：1994年4月4日）は、筋立てに「三人のガリデブ」［日暮雅通訳、光文社文庫、2007年、『シャーロック・ホームズの事件簿』所収］が組み込まれたエピソードである。ただ、シリーズ撮影5作目となる本編では、ジェレミーの存在が著しく欠落しており、彼は冒頭にほんの少し登場し、あとはラストで天才ホームズのイメージとして姿を見せるだけだ。実際、ワトスンが悪党の投げつけた割り斧で負傷する場面にホームズがいなかったのはいかにも残念だった。というのも原作では、このシーンはホームズがワトスンをいかに大切に思っているかを実感させられる名場面だからで、ドラマでは惜しくもその機会が失われてしまった。これは敵が発砲したのを見て、親友に対するホームズの献身的な愛情の深さが明らかになる最高のシーンとされている。「『けがなんかしてないよな、ワトスン？　頼むから、けがはないと言ってくれ！』たとえけがをしていても、それが何だというのだろう——何度けがをしてもそれだけのことはあるというものだ——あのホームズの冷たい仮面の下に、こんなにも深い気づかいや思いやりがあるとわかったのだから。澄んだ厳しい目が

ふっと曇り、ひきしまった唇がわなわな震えていた。あとにも先にもこの一度だけだったが、ホームズの偉大な頭脳とともにある豊かな心をわたしは垣間見たのだった」(『三人のガリデブ』)

病状が悪化したジェレミーのホームズに代わってマイクロフトがメインを務めることになったため、ホームズはワトスンに「妄想の医学用語」を訊ねる冒頭の短いシーンの後、「このところしばしば現われる亡霊を鎮める」ためにハイランドへ旅立つ。それでも「第三の目」でワトスンを見守っていると約束する。

マイクロフトはディオゲネス・クラブでの会見で、キャントルミア卿から弟のシャーロックの手を借りたいと要請される——「これは総理ご自身のご要望なのだ。君の弟にその優れた探偵技術でもってマザランのダイヤモンドを発見し、美術館へ戻すようにとのことだ」。しかし、その弟は不在で役に立てない……。キャントルミアからそんな悠長なことを言っている場合ではないと迫られたマイクロフトは、110カラットで「コイヌールよりも大きい」というこのマザランの宝石強奪事件について、みずから調査に乗り出す。美術館を出た最後の人物がシルビアス伯爵だったことから、さっそく彼に疑いの目が向けられる。マイクロフトは変装して伯爵を追跡するが、自分の身を隠すという基本的なスキルに欠ける彼はどんな格好でも本人とわかってしまう。疑いをかけられて警戒する伯爵は、逆に脅迫するかのように置物を狙い撃ちして見せる。マイクロフトが挑戦に応じると、今度は彼をわざと撃ち損ない、「暴発しやすいんだ」と言って脅しをかける。もちろん、鋭い目をした狩猟の名人でスポーツマンの伯爵なら狙いを外したはずはなく、マイクロフトは大きな危険にさらされる。

一方、「三人のガリデブ」事件のほうでは、ワトスンの診察室に二人の風変わりな老姉妹が相談に訪れる。それによると、姉妹の兄のネーサン・ガリデブはジョン・ガリデブと名乗るアメリカ人の男から、ガリデブ姓の成人男子がもう一人見つかれば、合衆国のカンザスに住んでいたアレクサンダー・ハミルトン・ガリデブ氏からそれぞれ500万ドルの大金が与えられると聞いてすっかり信じ込んでいるという。話を持ってきたジョン・ガリデブは一族の特徴である「骨格とまったく違う」ため、妹たちは賢明にもこれをはねつけるが、兄が月光を追いかけるのを止められず、ワトスンに助けを求めた。面白いことに、ワトスンの大学時代の先生であるネーサンは彼をワトキンズと呼び続けるが、紳士のワトスンは敢えてそれを正そうとしない。

マイクロフトの助手を務めるブラッドストリート警部は、いつもながら有能な捜査官で、マザランの宝石を唯一手早くカットすることができた職人（原作では「ロンドンにもいまだかつてなかった、最高のにせ札製造機」〔「三人のガリデブ」〕）のプレズベリーは5年前に殺され、その罪でジェームズ・ウィンター（殺し屋エバンズ）が刑務所行きになり、最近出所したという最新情報を提供する。こうした情報から二つの事件が一つに重なり、ワトスンはジェームズ・ウィンターがアメリカ人のジョン・ガリデブであることを突き止める。そこへホームズからガリデブ家の下宿人は誰だったのかというメッセージが送られてくる。マイクロフトとワトスンがガリデブ家で待ち伏せしていると、ウィンターが書斎の地下にあるプレズベリーの秘密の仕事場へ入り込み、ダイヤをアムステルダムへ運べるように分割する道具を探していた。ネーサン・ガリデブを嘘の新聞広告で書斎からバーミンガムへ追い払うことも計画のうちだった。このシーンは劇的な展開の連続で、卑劣なウィンターはまず割り斧をワトスンに投げつけ、次にそれを彼の首に突きつける。そこへ思いがけず、寝室で眠っていたはずの老姉妹が現われ、地下室へ通じる床板を閉めてウィンターを転落させる。危ないところを救われたワトスンが姉妹に介抱されそうになる場面はユーモラスでもある。

マイクロフトはシルビアス伯爵を執拗に追跡し、最後はテムズ川の泥地に転落させて決着をつける。隠されていたマザランの宝石も発見され、無事に持ち主の皇太子妃のもとへ返される。「わ

『マザランの宝石』のチャールズ・グレイ

が兄よ、ブラボー！」──闇の中からホームズが祝福の言葉を投げかけるこのシーンでは、もしジェレミーが元気に出演できていたらと思わずにはいられない。本編は一つの推理ドラマとしてけっして期待を裏切るものではなく、脚本家はグラナダならではの高級感と技術をもってアクション満載の冒険譚を作り上げた。しかし、主人公のいないシャーロック・ホームズ物語は、やはり物足りない印象が否めなかった。

▼ボール箱

　ジェレミーがホームズを演じる最後の作品となった『ボール箱』（脚本：T・R・ボウエン、監督：セーラ・ヘリングス、初放送：1994年4月11日）は、多くのファンにとって〈シャーロック・ホームズの回想〉シリーズで最高のエピソードである。原作では「八月の、焼けつくような暑さの日のことだった」〔「ボール箱」日暮雅通訳、光文社文庫、2006年、『シャーロック・ホームズの回想』所収〕とされているのが、ドラマでは冬が背景となっているのは、ハドスン夫人がクリスマスの飾りつけをしたり、ホームズが夫人の助言によってガメジズ百貨店でワトスンにクリスマス・プレゼントを買ってきたりする場面を作るためだ。街が雪と祝祭ムードに包まれるなか、切り落とされた人間の耳二つが塩漬けにされて送られてくるというショッキングな事件が起こる。ペットの小型犬が箱の臭いをくんくんと嗅いでいる一方、何も知らないスーザン・カッシングはクリスマス・イブの晩に包みを開き、中身を見て気絶する。

　そのスーザンが行方不明の妹メアリーを捜してほしいとベーカー街へやってきたとき、家庭内の問題に興味のないホームズは、家出人捜しが専門のところにでも相談したらとそっけない。家族

内での悩みを抱えていたスーザンにとってホームズの態度は思いやりに欠けるものだったが、彼女には妹が本当に行方不明なのかどうかもわからない。しかし、事件に人間の耳が送りつけられるという新たな局面が加わると、にわかに探偵ホームズの出番となる。一方、彼は連続する死体泥棒の事件についてもホーキンス警部——ここではレストレードの代わり——に力を貸している。新聞の三面記事で「またも墓荒らし——ロンドン北部で遺体盗難」と報じられるこの事件を、ホームズは解剖用として売るために人を殺した「バーク・ヘアー事件の再来か」と考える。彼はホーキンスに引き続き捜査を進めて詳細を記録するように言い、同時に事件への関与が疑われるマードック・ガルの身辺監視を求める。一連の死体泥棒はホーキンスが「悪趣味な冗談」とする耳の贈り物と関連があるのだろうか……。医学生の中には死体解剖に

慣れて無感覚になる者もいるというワトスンの言葉は両者の結びつきを示唆する。しかし、二つの耳はそれぞれべつの男女から切り取られたものだった。

カッシング三姉妹の関係、とくにセーラと末の妹で人妻のメアリーの関係から、家庭内に緊張が生じていたことが明らかになる。親身な態度で丁寧に質問するホームズに促され、スーザンは家族の実情を打ち明ける。ジェレミーがここで表現したのは、原作の「ホームズは、時おり質問をはさみながら、どんなことにでも熱心に耳を傾けた」〔「ボール箱」〕という描写だ。スーザンがセーラの気性に触れ、「セアラったら、とにかくおせっかいで気むずかしいんです」〔「ボール箱」〕と言ったことから、ホームズの調査にはデリケートな要素が含まれてくる。セーラは妹夫婦の新所帯に必要以上に干渉し、妹を自分に頼らせるように仕向けたばかりか、夫のジム・ブラウナーとの間に不信を生じさせた。もちろん、悪いのはセーラで、彼女の陰気で悪意に満ちた存在が本編を支配している。密かにブラウナーに思いを寄せていたセーラは、彼に拒絶されて傷つき、その恨みから妹の「心に毒を注ぎ込」み、夫婦関係の崩壊を引き起こす。ブラウナーが殺人を犯したのは明らかにセーラのせいで、切り取られた二つの耳はスーザンではなく、セーラへの当てつけとして送られたのだった。そんなブラウナーに対するホームズの慈悲と情けは本編のハイライトである。彼はブラウナーがいかに殺人へと駆り立てられ、いかに感情の爆発が暴力に及び、愛が憎しみに変わったかについて思いやる――「君はこの行動をフランスでやればよかったのだ。情熱ゆえの犯罪には寛大だからね」。そして自分を一人にしないでほしい、罪悪感に向き合わせないでほしいと懇願するブラウナーに直感的な理解を示す。

一方、死体泥棒の事件のほうは、盗まれたのが元ボクサーのものばかりであることを指摘して、ホームズは難なくこれを解決する。脳に損傷を受けることが多いボクサーはいわゆるパンチ・ドランカーとなり、そうした脳の標本を集めて病理解剖を行なっていたのが無情で知られるサー・マーカス・ラニヨンだった。げてもの専門の故買屋、マードック・ガルがベーカー街に呼ばれ、死体泥棒への関与をやめれば警察の追及を免れることが約束される。また、ワトスンが船会社で調べたところ、ブラウナーの乗った船がメアリー失踪の日の前後にハリッジへ入港したことが明らかになる。

〈シャーロック・ホームズ〉シリーズ最終話となった本編では、ホームズがともに暮らし、ともに働き、信頼を寄せてきた二人の人物とのシーンが印象的だった。一つは、ホームズがクリスマス・プレゼントとしてガメジズ百貨店で買ってきた自転車用ケープをワトスンが大喜びで着て見せるシーン。もう一つは、ホームズとのハランをめぐるやり取りで、「ハドスンさん、どうあっても僕のアスピディストラを動かす気ですか?」と苛立つ彼に対し、ハドスン夫人が「はい、動かします」とぴしゃりと言い返すシーン。ロザリー・ウィリアムズは《スカーレット・ストリート》誌でハドスン夫人の受け答えをこう説明している。「彼が癇癪《かんしゃく》を起こしても、夫人はちゃんと反撃できるんです。彼女が勝つこともあれば負けることもあるけれど、いつも『今回はそっちの勝ちだけど、次は見てなさい』という感じで、最後にはともに目を輝かせます。とは言え、二人

は仲良しというわけではありません。そういうのとは違うの。ただ、お互いに理解し合って、それなりに調和して暮らしているんです」（ロザリー・ウィリアムズ）

シリーズ全体を締めくくるラスト・シーンは、二人の男女が氷の中に閉じ込められた光景だった。それはホームズの生涯をかけた仕事にふさわしいイメージであり、犯罪が生み出す人間の苦難に対する彼の思いを要約しているかのようだった——「この意味は何なのだろう。この苦難と暴力と恐怖の循環の目的は。目的はあるはずだ。でなければ宇宙は無意味であり、それはあり得ない。何のためにだ。ここに人類の大問題がある。現在もその解答は出ていないのだ」。マイケル・コックスはこう言っている。「ジェレミー・ブレットは正典とその作者にどこまでも忠実に、この名探偵の演技を全うしてくれた」（『セルロイドの研究』）

本編ではジェレミーがより身軽に動けるようになり、ベーカー街の部屋への階段も素早く駆け上がれるようになったため、演技が大きく改善された。「あれは暗い物語だったけど本当の話で、当時、そういう事件があったらしい。プロデューサーのジューンも、あのエピソードを担当した監督のセーラ・ヘリングスも、物語の背景をクリスマスにしたのは正解だったと思う。あれで暗い雰囲気が少しは和らいだからね。ただ、僕がとくに『ボール箱』を気に入っているのは、自分がずいぶん痩せて見た目がすっきりしたからということもある。話もよくまとまっていたしね。暗くて悲惨な物語だし、もっと前のシリーズにふさわしいようなエピソードだけど、原作自体が『シャーロック・ホームズの回想』の一編だったんだ」（《シャーロック・ホームズ・ガゼット》誌

でデビッド・スチュアート・デービスに答えるジェレミー）

最終シリーズのエピソードには、ジェレミーのプロ意識と勇気が満ちあふれていた。健康状態の悪化によって自信が揺らいだのは確かだが、視聴者レビューにあるように、そのおかげで彼の演技のべつの一面を知ることができた。「ジェレミー・ブレットの〈シャーロック・ホームズ〉シリーズはまさに時の試練に耐える決定版であり、とくにブレット本人が心身の健康を損なうという個人的試練に直面していた後半のエピソードからは、彼の勇敢さがひしひしと伝わってくる。ブレットのホームズがあれほど的確で人の心を打つのは、彼の演技に人間的な要素があるからだ。みずからの人間性を否定するホームズは、そうすることで一人の人間としてより傷つきやすくなり、性格上の深刻な欠点や弱さを露呈した。ブレットをとおして、私たちはそうした欠点を目にするだけでなく、もっと深い何か、つまり、必死に自分の居場所を探す人間の姿を感じるのだ」（Amazon.com）

「彼には私がこの役で覚えているほかのどの俳優よりもホームズらしい雰囲気や物腰があった。憂鬱のどん底から喜びの絶頂まで、彼はそのすべてをこなした」（『セルロイドの研究』）

「脚本がその忠実性を称賛されているように、ジェレミー・ブレットは史上最高のホームズとして絶賛され、大いなる説得力を持ってこの役を演じている。禁欲的で辛辣、皮肉で嫌みっぽい彼の巧みな演技はまさに眼福であり、このシリーズを見てからホームズの原作を読む（あるいはその逆）とき、誰がブレットをイメージせずにいられるだろうか。デビッド・バークと（次の）エドワード・ハードウィックもともに完璧にワトスンを演じ、つねにホームズの一歩うしろ（物理的にも心理的にも）に控えている。もちろん、ロザリー・ウィリアムズの気丈なハドスン夫人も忘れてはならない。彼女はいつもそこにいて、びしょ濡れのマントや山高帽を脱がせ、夜の冒険から帰った二人に愛情のこもった朝食（チキンのカレー煮と熱々のコーヒー）を運んできてくれる」（Amazon.co.uk）

ジェレミー

病状の悪化を繰り返したジェレミーは、10年にわたるホームズ役から退くことを余儀なくされた。「脚本家や俳優、監督をはじめ、デザイナーや衣装係、メイクアップ・アーティスト、カメラマンに技術者、撮影助手、秘書らも含めて制作チームの全員が力を尽くしてくれた。しかし、その中でもとくに称賛に値する者がいるとすれば、それはみんなにとって父親のような存在だったジェレミー・ブレットだろう。彼は誰もがいい仕事をしたいと思うような家庭的な雰囲気を作ってくれた。成功はそんな彼らのものだ」（マイケル・コックス）。「ジェレミーは天才的な人であり、テレビ界の名工でした。私は敬愛する友を失い、演劇界は名優の一人を失ったのです――あまりにも早く」（ロザリー・ウィリアムズ）

「ジェレミー・ブレットのホームズは基本的にドイルの原作に忠実である。彼の華麗な演技は物語に新しい世代のファンを惹きつけた。このさき彼らが小説を読んだとき、頭に思い浮かべるのはブレットの顔であり、耳に聞こえるのはブレットの声となるだろう。伝説のシャーロック・ホームズとして、その金字塔にはブレットの名が永遠に刻まれている」（Gunner54.wordpress.

シャーロック・ホームズ（マーカス・タイラーの厚意により提供）

com）。「テレビドラマの歴史において、ジェレミー・ブレットのシャーロック・ホームズほど見事で非の打ちどころがなく、熱意にあふれ、このうえなく描写がリアルで決定的な作品はないと私は確信している」（スティーブン・フライ）。批評家たちが広く同意したところによれば、「ジェレミー・ブレットが演じるホームズには正確さと大胆さが組み合わされている。彼のすることは最終的にはすべてドイルの原作によって正当化され得るが、彼はこの10年間でシャーロック・ホームズという伝説的人物を確固たる自信とともに大きく変化させ、それを自分のものにしたばかりか、小説の中のホームズに取って代わった」（ケビン・ジャクソン、《インディペンデント》紙）。〈シャーロック・ホームズの冒険〉の撮影を終えたジェレミーがアメリカを訪問した際、あるファンはホームズ役を初めて演じたウィリアム・ジレットにブース・ターキントンが贈った賛辞と同じくらい立派な賛辞を彼に贈った――「私はクリスマスの朝を迎えた子供に戻るより、あなたの演じるシャーロック・ホームズを見たいのです！」。これほど贅沢な賛辞があるだろうか。しかし、ジェレミーはそうした称賛に対してつねに謙虚だった。「まったくスリリングだ！　とにかく素晴らしい。僕がどれほどその言葉に喜んでいるか伝えきれない。感激だよ。ウォリックシャーの軍人の息子のジェレミー・ハギンズが、そんな称賛を得ることになるなんていったい誰が思っただろう。どう考えても突飛な話だ！」

ジェレミーはしばしば自分の成功を努力の結果として見るよりも、べつの説明を見出そうとしていた。実際、彼は10年にわたってホームズを演じることで、陽気で愛情深いロマンチスト――彼の「存在理由」――のジェレミー・ハギンズとして生きる自由を奪われた。彼はホームズの暗くて陰気な性格を心配し、非常に演じにくい役柄と感じていた。「僕とホームズの唯一の共通点は熱意を持っているということだと思う。僕は人生への熱意を持ち、彼は仕事への熱意を持っている。実際、彼は仕事をしていないと死んだも同然だから、その意味では役者と似ているね。でも、僕は彼を演じながら素晴らしい時間を過ごしてきた。ジーン・コナン・ドイルにも、『僕は10年間、あなたの父上と月光の中でダンスをしてきました』と伝えたんだ。日光ではなく月光――ホームズは闇を背負ったキャラクターだからね」

ジェレミーはホームズを演じることで自分のキャリアが築かれたことを認めている。たしかに彼は舞台やテレビでも長く活躍してきたが、彼を誰もが知る有名人にしたのはホームズだった。ジェレミーは人々の拍手喝采にいつも品位と配慮を持って応えてきた。「僕は『知識人に愛されるホームズ』を演じることは絶対にできないとずっと思っていた。だからパーティーを開いてくれたこの紳士が突然立ち上がり、『ブレットさん、「知識人に愛されるホームズ」を演じてくれてありがとう』と言ったとき、思わず涙があふれて席を離れざるを得なかった。胸にじんときたんだ。自分には絶対に無理だと思っていたことだから」

ところが、ジェレミーのそんな素晴らしい演技にはこれまで何の賞も与えられず、その功績は一度も公に認められてこなかった。この事実については数多くの人々がコメントし、今もコメントしている。ホームズ・シリーズをとおしてメイクアップ・アーティストを務め、自身もBAFTA（英国映画テレビ芸術アカデミー）のメンバーだったエスター・ディーンは、BAFTAに対して毎年のようにジェレミーをノミネートするように推薦していたが、とうとう組織の認識不足に嫌気がさして辞任してしまった。ただ、そうした冷遇にもかかわらず、ジェレミーは自分の功績を誇りに思っていた。「今はたっぷり休養を取って、他人の期待に応えることよりも、自分が本当にどうしたいのかを考えるときだと思う。でも、このさき歳を重ねて過去を振り返ったとき、こう思えるのは僕にとって大きな慰めになるだろうね――『そうだ、僕はホームズをやったんだ。そして何とかまずまずの結果を残したんだ』」

「皆さんに神の祝福を。たくさんの愛を。どうか体を暖かくして大切に。そしてもし彼――ホームズ――がくるりと角を回るのが見えたら、すぐに手を振って。あっという間に姿を消してしまうから。彼にも神の祝福を――今でも僕たちよりはるかに先を行っている、麗しのシャーロック・ホームズ」（ジェレミー・ブレット、1995年）

あとがき

リンダ・プリチャード

私はこの本を読む前からジェレミー・ブレットがいかに非凡な俳優であるかを知っていましたが、彼が演じた役柄のすべてを知った今、その幅広い演技力に改めて畏敬の念を抱かずにはいられません。彼は真のスターであり、私はそんな彼と知り合い、彼の演技を生で見られたことをとても幸せに思います。

私が初めてジェレミーと出会ったのは1988年9月のことでした。彼はサリーのリッチモンド劇場で舞台『シャーロック・ホームズの秘密』にワトスン博士役のエドワード・ハードウィックと出演していました。もとはリッチモンド・シアター・アンド・オペラハウスと呼ばれたこの劇場は1899年に建てられた美しい建物で、ビクトリア朝時代を舞台とした芝居にはぴったりでした。

ステージに立つジェレミーは自信に満ちていました。生の舞台を愛する真の演劇人だったのです。役者として長年にわたって磨きをかけてきた演技力を観客に堂々と披露し、何かハプニングが起きてもすぐに即興で対応することができました。実際、公演中にちょっとした事故がありま

リッチモンド劇場

した。ジェレミー演じるホームズは、その推理力を試そうとするワトスン博士から渡された時計を拡大鏡でじっくり観察していました。ホームズは時計から多くの事柄を推理しますが、それに納得できないワトスンは、ホームズがでたらめを言っているのではないかと背後から覗き込みます。ところが、ホームズが拡大鏡をワトスンに手渡そうとしたそのとき、拡大鏡のガラスが外れ、床に落ちて転がっていったのです。観客は一斉に息をのみました。エドワードが足でさっとガラスを押さえると、ジェレミーは何のためらいもなくこう言いました――「よくやった、ワトスン。素早い反応だ。しかし、君は明白なことを見逃しているよ」。彼はそうやって次の台詞へとつなぎ、ワトスンに時計からどうやって多くの証拠を導き出したかを説明しました。当然、観客からは一斉に大きな拍手が沸き起こりました。

『シャーロック・ホームズの秘密』の舞台は、1年にわたるロンドン公演ののち、英国各地を巡回しましたが、ジェレミーは公演のたびに身ぶりや会話にアドリブを加えました。エドワード・ハードウィックはそんなジェレミーとの共演を大いに楽しんでいましたが、一度私にこう言ったことがあります。「ジェレミーの相手役を務めるときは気が抜けないよ。彼がアドリブに出ると、私のほうも即興で対応しなきゃならないからね。ときどき少しやりすぎることがあるから、あとで文句を言うと、いたずらっぽく笑ってもうやらないと約束する。でもやっぱりジェレミーはまたやるんだよ」。『シャーロック・ホームズの秘密』を何度も見てきた私は、エドワードの言葉が本当だと断言できます。その舞台を何度見ても飽きなかったのは、まったく同じ公演は二度となかったからです。

ジェレミーのシャーロック・ホームズについて何より残念で不当だと思うのは、彼が一度もその功績を公に認められなかったことです。せめてBAFTA映画賞（英国アカデミー賞）を受賞させてあげたかったと思います。彼が何の賞も受けられなかったことの唯一の理由は、ケビン・ジャクソンによる《インディペンデント》紙の記事にうまく要約されています。「ジェレミー・ブレットのシャーロック・ホームズはどう考えても過小評価されているのではないか……。こんなふうに言うとひねくれ者に思われるかもしれない。実際、グラナダ・シリーズは英国だけでなく、世界70か国以上で大きな人気を博し（とくに日本での人気は絶大だった）、批評家たちも主演俳優の素晴らしさやクオリティーの高さ、強力な脇役陣や味わい深い音楽についてたびたび称賛してきた。ブレットが見事なホームズであり、エドワード・ハードウィックが魅力的なワトスン博士であるという意見に異議を唱えるのは、ベイジル・ラスボーンの頑固なファンくらいだろう。しかし、いかに多くの人々から絶賛されても、目的が達成されなければやはり十分とは言えないし、人気があることと功績が公に認められることとは違う。ブレット氏の場合、コナン・ドイルに影響を与えたエドガー・アラン・ポーの小説『盗まれた手紙』に通じるところがある。この物語では、盗まれた手紙が堂々と人目にさらされ、犯人がそれを隠そうとしなかったがために見過ごされた。同じように、ブレット氏の傑出した才能が見過ごされているのは、誰も彼が素晴らしいと言わないからではなく、誰もがそう言うからである」

もちろん、ジェレミーはシャーロック・ホームズ以外の役でも素晴らしい演技を見せてくれました。私は彼が演じるウィリアム・ピット（小ピット）や『かくも悲しい話を……──情熱と受難の物語』のアシュバーナム大尉、『レベッカ』のマキシム・ド・ウィンターや『ヴェニスの商人』のバッサーニオ、『三銃士』のダルタニアンも大好きで、ほかにも挙げればきりがありません。

ジェレミーの演技には存在感がありました。大した台詞がないシーンでも、人々の目は彼に釘づけです。表情や視線で多くを語り、微笑だけで考えていることが伝わってくるかのようでした。亡くなって20年以上たった今でも彼が人々の記憶に残り、高く評価されているという事実は、一人の俳優、一人の人間としてのジェレミーの偉大さを物語っています。

一方、ジェレミーについての私個人の思い出として、彼はとても話し上手でした。よく人生のいろいろな出来事を話してくれて、私を脇腹が痛くなるほど笑わせたり、どうやってそんな局面を乗り切ったのかと心配させたりしたものです。あるとき、こんな話をしてくれました。田舎道を車で走っていたら、ある女性と速さを競う形になり、結果として相手が車ごと側溝に落ちてしまったというのです。先に言っておきますが、ジェレミーの愛嬌のおかげで、二人は怪我もなく、穏便にけりをつけました。信号機のところで女性の車と並んで止まったとき、横目で彼女が美人だとわかった彼は、アクセルをいっぱいに踏んでエンジンを吹かしました。一方、女性のほうは横目で彼が自分よりいい車に乗っているとわかり、信号が変わったらきっと自慢げに加速すると思ったようです。信号が青に変わると、女性は猛スピードで発進し、彼女の美しさに見とれていたジェレミーを置いて走り出しました。じつは女性をコーヒーに誘うつもりで追いかけたジェレミーでしたが、彼女の車と横並びになったとき、相手が負けてなるものかという意志を示したため、彼もこの挑戦を受けて立ち、次のチャンスをとらえて追い抜きました。すると女性はコントロールを失い、車ごと側溝へ落ちてしまったのです。幸いにも女性に怪我はなく、車から降りた彼女はジェレミーの運転の仕方を非難しました。女性は勝手に側溝へ落ちたわけですが、ジェレミーは口論がエスカレートする前に、僕はあなたの美しさに見とれてアクセルを踏み込み、コーヒーでも一緒にと思って追いかけたのだと説明しました。実際にコーヒーを飲みに行ったのかというと、答えはノーです。でも、相手の女性から謝罪と輝くような笑顔をもらったそうです。

この話を聞いて、私はジェレミーが運転をしなくなってよかったと思いました。彼がなぜ運転をやめたのかはわかりません。病気のせいだったのかもしれませんが、いずれにせよ、彼はそれをまったく残念がっていませんでした。代わりにバスでの移動を楽しんでいたからです。とくにクラパムからロンドン中心部への道中がお気に入りでした。バスはバタ一シー・ブリッジを渡っていくため、ジェレミーは大好きなアルバート・ブリッジが見渡せるようにいつもバスの2階に座っていました。私としては、アルバート・ブリッジは夜空にライトアップされたときが一番きれいだと思います。

リッチモンド・パークもジェレミーのお気に入りでした。ロンドンの8つの王立公園の中でも一番広く、国立自然保護区になっています。よくそこまでドライブし、二人で園内をのんびり歩いて、どちらが先にアカシカやダマジカの群れを見つけられるか競ったものです。懐かしい思い出です。その後、コーヒーを飲みに地元のカフェへ行き、私たちが初めて出会ったのはこの近くのリッチモンド劇場だったわねなんて話しました。その日はそれからパン屋さんでバゲットを買い、いろいろな種類のチーズと一緒に楽しんだりしました。

私たちはよくクロスワード・パズルもやったものですが、そのうちの一つはとても大きくて、完成までに何日もかかりました。当時はインターネットなんてなかったので、記憶だけが頼りです。当然、なかなか思い出せないものもあり、そのためにずいぶん時間を取られました。でも、パズルを完成させる最後の問題で私は大変なミスを犯してしまったのです。ジェレミーはパズルが完成したことを喜んでくれると思っていたのに、違いました。彼は最後の問題を自分で解きたかったのです。もう不機嫌どころではありません。彼はそれから何時間も私にぶつぶつと文句を言い続けました。それ以来、最後の問題は必ずジェレミーに答えてもらうようにしました。

ジェレミーとの生活はまったく退屈しませんでした。彼はちょっとした出来事からドラマを作り出すのです。ある午後、私は友人を訪ねて2、3時間してからフラットへ帰りました。部屋へ入ると、ジェレミーは何と警察に私が失踪して行方不明だと電話するふりをしていたのです。「やあ、ありがとう、巡査。パトカーで徹夜の捜索をする必要はなくなりましたよ。彼女が今ちょうど帰ってきたんです。でも、全署に警戒態勢を取らせようとしてくれたことには心から感謝します」

ジェレミーは不思議な力を持つ人で、躁鬱病や心臓病との闘いでは信じられないほど勇敢でした。病状が一番重かった時期でさえ、持ち前の強さを発揮していました。彼が同じ病気に苦しむ人々を励まし、元気づけた行為は爵位を授与されるに値します。彼は一度も賞を受けたことがありませんでしたが、今も多くの人々にインスピレーションを与え続けています。亡くなって20年以上たっても、夢を実現するために数々の障害を乗り越えたジェレミーは、人々の記憶の中に生きているのです。

リンダ・プリチャード、2017年

ジェレミーへの追悼の言葉

「彼はとても素晴らしい人でした。演劇の巨人であり、多くの人から最高の友として愛された人です。何よりとてもユニークで、少なくとも私が生きている間には、彼のような人は二度と現れないでしょう。彼を親友としていた人はきっと数えきれないほどいるでしょうが、私もそんな彼をいつも恋しく思っています」（スーザン・ロック）

「舞台を離れても、ブレットという男は複雑かつ魅力的な人物であり、長く躁鬱病に悩まされていた。彼は生活でも仕事でも、なぜか両極端のものを追い求めているようだった――裏切りに誇りを求め、カメラの前や舞台の上で自由を求め、醜さに美を求め、罪に気高さを求めていた。しかし、何よりも彼は愛情深く、思いやりがあり、聡明な人物であって、英国演劇界の真のスターだった」（《ザ・ステージ》紙のパトリック・ニューリー）

「1988年、僕はしばらく舞台の仕事がなく、暇を持て余していた。そんなとき、『シャーロック・ホームズの秘密』が始まろうとしていたウィンダムズ劇場で臨時の仕事を引き受けた。初日が大成功に終わると、キャストは裏方のみんなと食事に出かけた。レストランでのジェレミーは

（右ページ）クラパム・コモンでのジェレミー

喜びにあふれて輝いていたが、なぜか最初に店を出た。僕たちは大いに盛り上がり、最後に勘定を頼むと、何とジェレミーが僕たち全員の分を払ってくれていた。翌日の晩、今度は表方のスタッフと同じレストランへ行った彼は、やはり全員の分を払ってくれた。僕にはこれがとんでもなく気前のいい行為に思えたし、きっとこれからも彼を一人の名優としてだけでなく、楽しくて心の温かい人として思い出すだろう」（英国新聞アーカイブ）

「彼は優しい人でしたが、ある面では悲しげな人でした。陽気な気分と憂鬱な気分の間を激しく行き来していたのですから――でも、現場では一度もそういうことはありませんでした。これは驚くべきことです。仕事をしているときの彼は、喜びと熱意と活力にあふれていました。そして奇妙なことですが、私はある意味、ホームズが彼の命を支えていたのだと思います」（ロザリー・ウィリアムズ）

「ロケでどこかへ行った日の晩、彼は客でいっぱいのレストランの真ん中で僕にセレナーデを歌ってくれた。からかっていたわけではなく、まったくの本気だった。だいたいそんなシチュエーションで本気になれるのはジェレミーくらいだからね。突然、彼の歌声が店中に広がって、即興で僕と僕の愛する妻や息子のことを歌ってくれた。僕は恥ずかしさで顔が真っ赤になったけど、そういう彼がやっぱり大好きだと思った」（デビッド・バーク）

「彼は魅力に満ちた人でした。シャーロック・ホームズを演じた俳優さんで、わざわざ私に連絡を取って会いに来てくれたのは彼だけです。最初からずっと、彼は私に電話をかけてきては意見を求めました。父の作品に忠実であるべく最善を尽くそうとしてくれたのです」（ジーン・コナン・ドイル）

「ジェレミーは黒いカシミヤのセーターに白い綿のズボンという格好がお気に入りで、その姿は普段からよく見かけた。ある日、私がスタジオに着いたとき、ちょうどジェレミーがタクシーから降りようとしていた。ところが、彼が運転手に料金を払おうと身を乗り出した途端、この何度も洗濯を繰り返した愛用のズボンのウエストバンドがちぎれ、脚の部分が脱げて床に落ちてしまった。ジェレミーは何とか衣装部屋までたどり着くと、リバプールまで聞こえるかと思うほどの大声で笑った。私の思い出の中の彼はいつも笑っている。これ以上に素晴らしい賛辞があるだろうか」（エドワード・ハードウィック）

「私たちが何について話していても、最後は決まってジェレミーの座右の銘、『前進あるのみ』で

終わった。彼の生き方をこれほど明快に表す言葉はほかに思いつかないし、これほどシンプルなメッセージも思いつかない」（《シャーロック・ホームズ・ガゼット》誌、ブレット追悼号のマイケル・コックス）

「葬儀は感動的なものでした。ジェレミーの親しい友人がみんな来ていて、彼がどれほど愛されていたかを実感しました。彼らはジェレミーに安らぎや温かさを見出していたのでしょう。それは彼がときにひどく奇妙な振る舞いをしても変わりませんでした。というのも、ジェレミーは躁鬱病の症状が激しく、自分をコントロールできなくなる時期があったからです。でも、どんなに困難な状況にあっても、彼を見捨てる友人は一人もいませんでした。これはジェレミーに人を引きつける魅力があったからに違いありません。彼はよく無謀なこともしましたが、心が広く、温かく、器の大きな人でした。そんなジェレミーが亡くなって、多くの人々の人生から一つの光が消えました。彼は真のオリジナルだったからです」（アンナ・マッセイ）

「あれから20年たった今でも、ジェレミーは多くの人々の人生に触れ、影響を与えています。彼はいつも私たちに夢や希望はきっと成し遂げられると信じさせてくれた特別な存在であり、これからもそうです。彼がいかに心臓病や躁鬱病を乗り越え、途方もないキャリアを築いたかということに私は改めて敬服します。病状が一番重かった時期でさえ、持ち前の強さを発揮していました。彼の内面的な強さと崇高な精神性は、私たちみんなのところにまで届く輝ける光です。ジェレミー、あなたに神の祝福を」（リンダ・プリチャード、2015年）

最高の栄誉

ジェレミーはシャーロック・ホームズの決定版とも言える名演によって、BAFTA映画賞こそ受賞しなかったものの、二つの最高の栄誉を約束されていた。残念ながら、その早すぎる死によってどちらも実現しなかったが、彼は英国王室の「新年の叙勲リスト」にノミネートされていたばかりか、フランス政府からレジオン・ドヌール勲章シュバリエの称号を受けることになり、マンチェスターで行なわれたグラナダ・シリーズの10周年記念式典でそれを承諾した。同じ受勲者には、オードリー・ヘプバーンやシェイマス・ヒーニー、マリリン・ホーン、T・S・エリオット、クリストファー・リーらが名を連ねている。

式典で彼にこの受勲について告げたのは、フランス・シャーロック・ホームズ協会のティエリー・サン＝ジョアニ会長だった。「神経衰弱によって今も入院治療中のこの58歳の俳優は、昨晩、病院のベッドを離れ、グラナダ・シリーズ10周年を祝う盛大なパーティーに主賓として出席した——そしてあの名探偵にドラマで命を吹き込んだ功績により、フランスの栄えあるレジオン・ドヌール勲章を授与されることになったと告げられた。やや弱々しいが嬉しそうな様子のジェレミーは、ナポレオンが創設したというこの栄誉に圧倒される思いだと述べ、『ここにいるグラナダの制作チームに心から感謝します。彼らのおかげで、このシリーズは僕の長年の俳優人生の中でも最高の経験となりました。今夜はここにいるみんなからの温かい気持ちに包まれて、まさに人生最高の夜です』と語った」（「最高の栄誉事件」、1994年5月）

「残念ながら、われらが親愛なるジェレミーはあまりにも早く世を去った。勲章の授与はいくつかの段階を要する。まず私たちがフランス政府に要望を出し、その後、受勲者による承諾が必要とされるが、これは1994年5月にジェレミー本人がシリーズを締めくくるマンチェスターでの式典で公に行なった。

次にフランス（あるいはロンドンのフランス大使館）で公式行事を催す必要があるが、ジェレミーの健康状態と運営上の一連の手続きのせいで実施が遅れ、受勲者が死去する前に行なうことができなかった。勲章の等級はナイトになったと思われる。ただ、ある意味では、これは正典への敬意とも言える。なぜならシャーロック・ホームズもまた、フランス政府からレジオン・ドヌール勲章の授与を知らせる手紙を受け取っているが〔原作「金縁の鼻眼鏡」冒頭〕、ワトスンの文章のどこにも、その勲章が正式に授与されたという記述はないからだ（しかしながら、グラナダ・シリーズではその場面が見られる）〔ドラマ『最後の事件』前半〕」

フランス政府にホームズへの叙勲について指摘した私は、フランス・シャーロック・ホームズ協会の会長として、あの名探偵に贈られた勲章を実際に受けるべき生存者を選ぶ使命があった。私

にとってそれに値する人物は一人しかいなかった——シャーロック・ホームズを（今日もなお）完璧に体現しているジェレミー・ブレットである。ジェレミーの死後、私にはこの勲章をべつの『生存』者に授与する権利があったが、シャーロック・ホームズの演技で今なお並ぶ者のない彼に敬意を表して、そうしないことに決めた」（フランス・シャーロック・ホームズ協会会長およびベイカー・ストリート・イレギュラーズ会員、ティエリー・サン＝ジョアニ、２０２０年）

付録

努力して欲しいものを手に入れ、
世間からいっとき王様のようにちやほやされたら、
鏡のところへ行って自分の姿を見てみよう。
そしてその人が何と言うか聞いてみよう。
なぜなら合格をもらわなければならないのは、
君の父親でも母親でもなく、妻でもないから。
人生でもっともその審判が重んじられる人物は、
鏡の向こうから君を見ている人なのだ。
満足させるべき相手はその人であって、ほかは関係ない。
なぜなら最後まで君とともにあるのはその人だから。
君はもっとも危険で、困難な試験に合格したことになる
もし鏡の中のその人が君に味方してくれるなら。

君は何年もずっと世間を騙せるかもしれないし、
みんなに背中を叩かれ、称賛されるかもしれないけれど、
最後に報いとして受けるのは悲しみと後悔だろう、
もし鏡の中のその人を騙し続けてきたのなら。

「作者不明」

親愛なるプリチャードご夫妻へ
これは先日、私がもらった詩です。
とても気に入ったので、お二人にもご紹介しようと思います。
詳しくはリンダからお聞き下さい。

敬具　ジェレミー・ブレット
（1994年2月15日）

謝辞

本書の執筆にあたっては、ジェレミーの個人的なコレクションによる写真をはじめ、あらゆる面でご協力いただいたリンダ・プリチャードに心から感謝したい。彼女の励ましがなければ、本書が書かれることはなかっただろう。また、かけがえのない支援をしてくれたセベリーヌ・ルバン、ルイーズ・コチューラ、温かい友情を示してくれたマーカス・タイラー、励ましの言葉をくれたグレッチェン・アルタベフとボニー・マクバードにも感謝したい。さらに、未公開映像へのアクセスを提供してくれたナショナル・シアター・アーカイブ、BBC文書アーカイブズ、BFI（英国映画協会）ナショナル・アーカイブ、そしてライブラリー・シアター・アーカイブズへのアクセスを提供してくれたマンチェスター・ライブラリー・アーカイブズにも深くお礼を申し上げたい。そのほか、ザ・タイムズ・アーカイブ・データベースおよび英国新聞アーカイブ、プロクエストによる《オブザーバー》および《ガーディアン》両紙も本書の貴重な情報源となったうえ、BBCゲノム・サイトもしばしば利用させていただいた。なお、資料は出典がすべて明示されているわけではなく、そうした場合には著作者の名が表記してある。クレジットを補完する情報をお持ちの方は、ご教示いただければ幸いである。

監修者あとがき

日暮雅通

コナン・ドイルのつくり出したシャーロック・ホームズの物語（以下、「正典」と呼ぶ）を映像化しようという試みが初めて成されたのは、1905年だと考えられる。それ以前にも、1900年に『シャーロック・ホームズ翻弄される』という1分程度のフィルムがつくられているが、正典のストーリーにはまったく関係ないものだった。

以来120年近くのあいだ、さまざまな俳優がホームズを（そしてワトスンを）演じ、サイレント映画がトーキーになり、テレビに登場し、アニメやゲームソフトになってきた。

その歴史の中でも特にエポックメイキングだった、つまり新時代を画する存在だったのが、ジェレミー・ブレットと言えるだろう。

ブレットが自身の作品の中で正典を忠実に再現しようと奮闘したことは、本書の中で繰り返し書かれているとおりである。もちろん、小説を映画や演劇にする場合、（朗読とは違い）一言一句変えずに行うことは不可能であり、そこにはある程度の脚色、アダプテーションがないと、作品として成り立たない。したがって、「這う人」や「ショスコム荘」などのようにストーリーまで改変されることも、ある意味しかたがないだろう。そうしたことを加味しても、ホームズ映像作品史の中でこのブレットによるシリーズは、最も正典に近づいたものと言えるのである。

しかも、ブレットは《ストランド》誌に使われたシドニー・パジェットの挿し絵にこだわり、そのシーンをいくつも再現した。このこともブレット（グラナダ）ファンならよくご存じだろう。パジェットの描いたシーンを再現しようとした映画はグラナダ以前にもあったのだが、いずれもワンシーン、特に有名な、列車の中で向き合うホームズとワトスンの姿だった。

演劇を含むホームズ映像化作品の歴史は、ホームズ俳優の歴史だったと言っても過言ではない。舞台で大当たりをとったウィリアム・ジレット、サイレント映画時代のエイル・ノーウッドとジョン・バリモア、トーキーになってからのクライヴ・ブルックとアーサー・ウォントナー、第二次世界大戦の前後で人気を博したベイジル・ラスボーン、戦後ではピーター・カッシングとクリストファー・リーに、テレビのダグラス・ウィルマー。百花繚乱とも言える1970年代のロバート・スティーブンスとニコル・ウィリアムスン、ロシアのワシリー・リワノフ（ロシアの〝国民的俳優〟）。そして80年代にジェレミー・ブレットが大旋風を巻き起こし、21世紀に入ってロバート・ダウニー・ジュニアとベネディクト・カンバーバッチとジョニー・リー・ミラーの〝御三家〟が登場したのだった。

いずれも、イラストに生き写しと言われたり、原著者のコナン・ドイルに絶賛されたり、シャーロッキアンたちから「彼こそホームズだ」とされた俳優たちだが、中でも〝新時代〟をつくったと言えるのは、ラスボーンとブレット、それにカンバーバッチだろう。英米のシャーロッキアンと日本の古いシャーロッキアンにとっては、1970年に公開されたロバート・スティーブンス主演の『シャーロック・ホームズの冒険』（ビリー・ワイルダー監督）も時代を画する作品だったのだが、残念ながら続編がつくられることはなかった。

そうした中で、なぜブレット作品が特に注目されるのか。その要素が3つあることは、本書を読まれた方なら、お気づきと思う。

前述のように、制作スタッフよりもブレット自身が正典の再現に強くこだわったことが、第一に挙げられる。正典を離れてナチスと戦うところまで行ってしまったラスボーンの作品群もさることながら、1910年代から70年代までのホームズ映画は、正典から逸脱することが普通であった。ベイカー街の忠実な再現は前述のビリー・ワイルダー監督もやったが、ホームズという人物の内面まで踏み込んでキャラクターづくりをしたのは、ブレットが最初と言えるだろう。

それに関連して注目すべきは、ワトスンの扱いだ。これまたラスボーン作品がよく引き合いに出されるが、過去の作品ではワトスンは〝助手〟扱いか、ホームズの引き立て役、狂言回しの役割であった。それがブレット作品では、まったく「対等の立場にある」「豊富な軍隊経験を持つアフガニスタン帰りの立派な医師」（本書）となり、ホームズのとっつきにくさを補完する温かな人間味ある存在となったのである。もちろん、それまでの作品でワトスンが一種の道化役になったことには、理由があった。本書でデビッド・バークが「彼らは自分に役割を与えるために喜劇に逃げる必要があった」と述べているとおりだ。だが、このブレット作品以来その傾向は変わり、前述の21世紀〝御三家〟ではさらに対等の、ときにはホームズをしのぐ存在になった。それにはブレット作品の影響も大きいと思う。

そして三つ目は、新たなホームズファンをつくり出したことにある。日本での放映が始まったころ、シャーロッキアンどころかミステリの読者でもない知人が、「今までのホームズと全然違う」と言っていたことを思い出す。私自身、ディアストーカーでなくシルクハットにフロックコートというホームズが非常に新鮮に感じられたし、雑誌で映画評論家と対談したときは、ブレットのしぐさがとても興味深いことに注目したのを覚えている。

当時はブレットという俳優自身のファンになってしまう人も多かったが、これを機会に正典を読んでみよう（読み直そう）と思った視聴者も、かなり多かったのではなかろうか。これは私の感触だが、カンバーバッチ作品が爆発的にヒットしたときよりも、ブレット作品が登場したときのほうが、ホームズ全集の売上げ増は多かったように思うのだ。カンバーバッチのときは、正典に回帰するホームズファンよりも、俳優のファンである〝シャーロックファン〟の女性が爆発的に増えたのだった。昨今の日本で増えたホームズ劇やドラマにおいて、作品のファンより俳優や声優のファンが多いのと、似ている。

こうしたことのほかにも、本書を読んでいて私が注目したのはもう一点ある。歴代ホームズ俳優における最大の問題……〝ホームズの呪縛〟だ。

どういうことかというと、過去にエポックをつくった俳優たちが、有名になればなるほどホームズ役者というイメージから抜け出せなくなり、その〝呪縛〟に悩んだという問題だ。特にベイジル・ラスボーンのときはひどく、自分のつくり出したホームズを嫌うようになったコナン・ドイルと同じようなことになってしまった。

おそらくこの問題は、前述のロバート・スティーブンスにも起きたのだろう。彼が旧友であるブレットにホームズ役を引き受けないほうがいいと助言したことは、本書にも書かれている。スティーブンスはブレットと共にマンチェスターのライブラリー・シアターで演劇活動を始めたころ、ホームズとワトスンのようにフラットを共用していたという。しかも彼は、ブレットの死から2カ月後の同じ日に亡くなったのだった。

1970年の『シャーロック・ホームズの冒険』のほか、ウィリアム・ジレットの戯曲の再演である舞台劇『シャーロック・ホームズ』でしかホームズを演じていないスティーブンスがそんなアドバイスをしたということから考えると、ホームズを演じるのは俳優にとって栄誉であると同時に、かなりの負担なのだろうと思われる。本人が正典を気に入っていれば、さらに深刻なのかもしれない。ブレットがその点でどう悩み、どう対処し、変化していったのか……シリーズ後半の体調不良に関係していたのか……そのあたりは、本書からかなりのことが汲み取れると思う。私にとっては本書における最もエキサイティングな部分であった。

当然ながら、すでにほかのシリーズや有名作品で名の知られた俳優が一本だけホームズを演じる場合、こうした〝ホームズ俳優の呪縛〟は考えられない。21世紀のホームズ俳優であるロバート・ダウニー・ジュニアも、他作品ですでに知られていた。一方ベネディクト・カンバーバッチの場合は、この呪縛を心配したものだが、ホームズ後に幅広いジャンルと役柄で活躍した結果、ホームズ役者というイメージに囚われる危険性を回避できたように思う。

ともに女性ファンを多く持つブレットとカンバーバッチだが、その違いは前者が俳優自身に関する書籍をたくさん生み出したのに対し、後者はドラマ自体と正典のパスティーシュを多く生み出したことにある。ブレット関連書では*Bending the Willow*（1996年）や*A Study in Celluloid*（1999年）が有名だが、近年になって刊行された*Jeremy Brett - Playing A Part*（2020年）は特に、グラナダ作品以外も網羅した大部の本である。そこからグラナダの部分を抽出した本書は、ホームズ俳優としてのブレットを知るためには最適の書であろう。来る2024年は、グラナダ・テレビの『シャーロック・ホームズの冒険』放映開始から40年。そういう節目に本書が訳出された意義は非常に大きいと言えよう。ブレット関係書が今後さらに訳されていくことを、一ファンとして願っている。

訳者あとがき

本書について

英国グラナダTV制作のドラマ〈シャーロック・ホームズの冒険〉シリーズは、ビクトリア朝末期のロンドンを舞台とした名探偵の活躍を原作に忠実に描いた傑作で、１９８４年の放送開始から約40年がたった今でも再放送が繰り返され、新たなファンを増やし続けている。なかでも主演のジェレミー・ブレットは徹底した役作りによって原作のイメージそのままのホームズを体現し、世界中の多くの人々を魅了してきた。本書はそんな俳優ジェレミー・ブレットが演じたシャーロック・ホームズをとおして、彼の素顔と人間性に迫ろうとする評伝である。そもそもシェイクスピア俳優であったブレットは、本ドラマ以外にも舞台をはじめ、テレビや映画で華々しく活躍したスターであり、その俳優人生はモーリーン・ウィテカーの *Jeremy Brett: Playing a Part* という本にまとめられている。じつは本書はこの中からグラナダ・ホームズ時代の章を抜粋し、*Jeremy Brett IS Sherlock Holmes* として編集し直したもので、１９８４年の第1シリーズから１９９４年の最終シリーズまでの全41話を振り返り、本人をはじめ、共演者や批評家などによるコメントやエピソードをまじえて当時の様子を伝えている。

著者のモーリーン・ウィテカーは、元学校教師の熱心なシャーロッキアンであると同時に、長年にわたる熱烈なブレット・ファンである。2015年のジェレミー・ブレット没後20年のファンの集いで、彼の輝かしいキャリアをまとめた書籍がないことに気づいた彼女は、ナショナル・シアターから資料を取り寄せ、入念なリサーチを重ねた。そして2020年に*Jeremy Brett: Playing a Part*を刊行し、翌年にはロンドン・シャーロック・ホームズ協会から「トニー&フリーダ・ハウレット文学賞」を受賞した。しかも、版元のMXパブリシングは世界最大のシャーロック・ホームズ専門出版社で、常時500点を超えるホームズ関連書籍を紹介しているほか、各種イベントも行なうという非常にユニークな出版社である。つまり、本書は筋金入りのブレット・ファンとホームズ専門出版社の手による作品で、これ以上ないほどのブレット愛、ホームズ愛にあふれた一冊なのである。

ポワロとホームズ

ジェレミー・ブレットの〈シャーロック・ホームズの冒険〉が好きな方なら、デビッド・スーシェの〈名探偵ポワロ〉も好きという方は多いのではないだろうか。実際、ポワロもホームズもこれまで何人もの俳優によって演じられてきたが、「やっぱりポワロはスーシェ、ホームズはブレットでないと……」というこだわりがあるのは、けっして私だけではないと思う。吹替版でポワロは熊倉一雄《くまくらかずお》氏、ホームズは露口茂《つゆぐちしげる》氏という唯一無二の声優を得たことも、両シリーズが日本で長く支持されてきた理由の一つだろう。ここでポワロについて触れたのは、私が2022年、〈シャーロック・ホームズの冒険〉と並ぶ英国の傑作ドラマシリーズ〈名探偵ポワロ〉で、主役のポワロを四半世紀にわたって演じたデビッド・スーシェの自伝『ポワロと私』を翻訳させていただいたからである。両シリーズに長年親しんできた私にとって、スーシェの次はぜひともジェレミー・ブレットを紹介したいと思ったのは自然の成り行きだった。どちらも世代を超えて愛される人気シリーズだというのに、残念ながら日本ではスーシェやブレットに関する書籍がほとんどなかった。というわけで、スーシェとブレット——ポワロとホームズ——という二人の名優の伝記を翻訳できたことは私にとって大きな喜びであり、作品と俳優に対する感謝と敬意がいっそう深まった。何よりも演技に対する二人の姿勢に触れ、真の俳優とは何か、「役を生きる」とはどういうことかを教えてもらった。

スーシェとブレットはどちらも徹底して原作に忠実であろうとした。クリスティーの小説を読み込み、93項目にわたる「ポワロの特徴リスト」を作ったスーシェは、ただ滑稽に描かれるだけだった従来のポワロに深い人間性をもたらし、「ポワロの守護者」として最後まで原作のイメージを守り抜いた。一方のブレットも、あちこちに下線や注釈がなされたドイルの原作をつねに聖書のように持ち歩いた。ストーリーのむやみな逸脱を許さず、原作を守るためにテーブルをひっくり返して脚本家と闘うこともあったうえ、原作の台詞をドラマの台詞としてそのまま使うといった画期的な試みも行なった。そしてホームズの「冷たい大理石のような仮面」の下に豊かな感情を見出し、それを引き出そうとした。スーシェもブレットも、歩き方から声の出し方、目や眉、指先の動きにいたるまで、動作の一つ一つに気を配り、「ポワロならこうする」「ホームズならこう考える」というようにキャラクターの精神世界にまで深く入り込み、役になりきった。

そもそも役を演じるということは、けっしてメイクや衣装で他人のふりをし、それらしく振舞うことではない。台詞を「血肉化」させ、自分の中にもう一つの人格を作り上げることだ。ときには芝居で相手役を激しく憎むあまり、舞台が終わってもその負の感情に毒されることさえあるという。迫真の演技とはそれほど心身を消耗させるものなのだ。実際、スーシェは劇中でポワロが風邪を引けば、必ず自分も風邪を引いたというほどポワロと一心同体となり、「ポワロが死んだとき、私の一部も死んだ」と語っている。ブレットもまた孤独な天才ホームズを演じることは、「光り輝くマグネシウムのような才気を綱渡りするようなもの」と述べ、その繊細で不安定なキャラクターにたびたびのみ込まれそうになった。二人の俳優はこうして全身全霊で「役を生き」、時代を超えて愛される名作を作り上げたのである。

しかし、スーシェが最終話『カーテン』までの全70編を演じきり、輝かしい賞の数々を受賞して、2020年にはイギリス王室からナイトの称号まで受けたのに対して、ブレットはシリーズの途中でこの世を去り、俳優としての功績を一度も公に認められなかった。たしかに彼は美貌と才能に恵まれたスターだったが、幼い頃から失読症で、心臓の持病を抱えていたうえ、最愛の妻を癌で亡くすという悲劇に見舞われ、晩年は双極性障害にも苦しんだ。とくに彼の自信そのものだったという妻の死は大きな打撃となり、深い悲しみから心身を病んだ。演じた役者は必ず心を蝕まれるとも言われるほど複雑なキャラクターであるシャーロック・ホームズは、古典演劇の訓練を積んだブレットにとってもきわめて困難な役柄で、完璧主義の彼をひどく悩ませた。結局、病状が悪化したブレットは、シリーズ全編の撮影を果たせぬまま、いかなる賞も勲位も受けることなく61歳で亡くなった。

スーシェが温かい家族に支えられ、最後まで円満にポワロに添い遂げた一方で、シリーズ後半のブレットはまさしく身を削るようにして演技を続け、ときにその姿は痛々しいほどだった。原作を守るために闘うどころか、撮影もままならない状態にあった彼がどれだけ無念だったかと思うと胸が痛む。しばしば自分はホームズとは正反対の陽気な人間だと言っていたブレットだが、私にはそんな彼がどこか悲運で、ホームズと同じく闇を背負っていたように感じられる。ただ、それゆえに彼の演技はいっそうカリスマ性を増し、シリーズは映像版ホームズの「正典」となったのかもしれない。ホームズの心の奥に優しさや傷つきやすさを感じ取ったブレットは、あの独特の優雅な物腰と豊かな声音、繊細な表情によって伝説の名探偵を見事に演じた。時を戻せるなら、私は彼が二代目ワトスン役のエドワード・ハードウィックと演じた舞台『シャーロック・ホームズの秘密』をぜひ見てみたかった。ブレットのホームズを生で堪能する——これ以上の贅沢があるだろうか。

二人のワトスンとホームズ

ご存じのように、〈シャーロック・ホームズの冒険〉シリーズには二人のワトスンが登場する。初代ワトスンは本書にもまえがきを寄せているデビッド・バーク、二代目ワトスンはエドワード・ハードウィック。シリーズのあるファンの方が「初代ワトスンはホームズと一緒に冒険がしたくて同行するワトスン、二代目ワトスンはホームズのことが心配で同行するワトスン」と述べておられたが、まさにそんな感じだと思う。バークの溌溂《はつらつ》としたワトスンも、ハードウィックの落ち着いたワトスンも、どちらも素晴らしいワトスンだった。ブレットは〈シャーロック・ホームズ〉を友情の物語と考えていたが、実際、彼は二人のワトスンと特別な絆で結ばれ、プライベートでも親交が深かった。バークはレストランで突然セレナーデを歌い出すブレットに当惑し、ハードウィックは彼のアドリブにいつも振り回されたというが、二人ともそんなブレットが大好きだった。

ちなみに、初代ワトスンのバークは息子がまだ幼かったこともあり、家庭を優先してシリーズを降板した。初期のファンとしては非常に残念なことではあったが、考えてみれば、「普通の男」の代表であるワトスンらしい選択だったと言える。実際、原作のワトスンも『四つの署名』で出会ったメアリ・モースタンと結婚し、幸せな家庭を築いたのだから。一方、ブレットのホームズについては、原作のホームズと相容れない点が一つある。彼は原作に忠実であることにこだわり、しばしば「原作から抜け出たようなホームズ」と評されてきたが、私に言わせれば、ブレットのホームズはあまりに美形すぎる。原作のホームズは痩せて長身ではあったが、けっしてイケメンというわけではないし、女性にモテるどころか、陰気でほとんど人付き合いをしなかった。ところが、容姿端麗なブレットのホームズはどこまでもかっこよく、ゾクゾクするほど魅力的で、一瞬にして女性はもちろん世界中の人々を虜にしてしまった。つまり、この点においては、本人の意に反して、原作から逸脱してしまったというわけだ——もちろん、ファンにとっては嬉しい逸脱だけれど……。

終わりに

本書の翻訳中、私はホームズを演じるジェレミー・ブレットの写真をデスクに置いていた。「あなたが命がけで演じたシャーロック・ホームズの軌跡を、できるかぎり正確に、豊かに、心を込めて日本のファンに届けます」と語りかけてきた。その約束を今、何とか果たせたかと思うし、またそうであってほしいと思う。コラムニストのアラン・コーレンは「天才を演じるには天才でなければならない」と述べたが、ブレットはまさに非凡な才能と類まれな存在感をもった俳優だった。折しも、２０２３年はジェレミー・ブレットの生誕90年、２０２４年はグラナダ版放送開始40周年にあたる。もし彼が今も生きていたら、老練な名優の演技をこの目で見られたかもしれないと思うと残念でならない。しかし、小説の中のホームズがそうであるように、ジェレミー・ブレットのホームズもまた、画面の向こうでいつまでも生き続けるだろう。
そう、われらが麗しのシャーロック・ホームズ、ジェレミー・ブレットよ永遠に……

なお、翻訳にあたっては、本書をドラマのガイドブックとしても利用できるように、訳者の判断によって本文の内容に適切な調整を加えた。また、ドラマの台詞を引用した部分については、DVD『シャーロック・ホームズの冒険【完全版】』（株式会社ハピネット）の吹替を用い、原作からの引用については、光文社文庫の『新訳シャーロック・ホームズ全集』（日暮雅通訳）を用いた。ドラマのタイトルについて、日本では全シリーズが〈シャーロック・ホームズの冒険〉で統一されているが、イギリス本国では〈～の冒険〉（第1・2シリーズ）、〈～の生還〉（第3・4シリーズ）、〈～の事件簿〉（第5シリーズ）、〈～の回想〉（第6シリーズ）と変化している点にも触れておきたい。いずれにせよ、訳者の不勉強による誤りについては、ホームズ・ファン、ブレット・ファンの皆さんからご教示いただければ幸いである。

最後に、本書*Jeremy Brett IS Sherlock Holmes*の日本語版刊行に向けて、熱意と配慮をもってサポートしてくれた株式会社原書房の善元温子氏に心からお礼を申し上げたい。『ポワロと私』につづいて、今回も私の思いを受け止め、絶妙なアシストをしてくれた同氏とともに、イギリスの名優の伝記を再び日本のファンに届けられることを大変幸せに思う。また、素敵な装丁を考えてくれたデザイナーの和田悠里氏にも、同じくお礼を申し上げたい。さらに今回は光栄にも、日本を代表するシャーロッキアンで、数々のホームズ作品の翻訳・執筆を手掛けてこられた日暮雅通氏に監修の労を執っていただいた。同氏の細やかで的確なアドバイスに、この場を借りて謝意を表したい。そして刊行までの長い道のりを応援してくれた家族にも深く感謝したい。ちょうど20年前、新婚旅行で訪れたベーカー街のシャーロック・ホームズ博物館を、次は本書を携えて再訪できることを願って……。

高尾菜つこ

二〇二三年九月

参考文献

A Study in Celluloid: A Producer's Account of Jeremy Brett as Sherlock Holmes by Michael Cox: Rupert Books 1999

Bending the Willow by David Stuart Davies: Calabash Press 1996

Granada's Greatest Detective by Keith Frankel: Fantom Publishing 2016

Mystery! A Celebration by Ron Miller: KQED Books 1996

Sherlock Holmes On Screen: The Complete Film and TV History by Alan Barnes: Titan Books 2011

Telling Some Tales by Anna Massey: Hutchinson 2006

The Annotated Sherlock Holmes by William S. Baring-Gould: Clarkson N. Potter 1967〔『詳注版 シャーロック・ホームズ全集』コナン・ドイル著、W・S・ベアリング - グールド解説・注、小池滋監訳、筑摩書房、１９９７年〜１９９８年〕

The Illustrated Sherlock Holmes Treasury by Arthur Conan Doyle: Avenal

The Jeremy Brett - Linda Pritchard Story: On The Wings of Paradise by Linda Pritchard:

Rupert Books 1998
The Man Who Became Sherlock Holmes: The tortured mind of Jeremy Brett by Terry Manners: Virgin 1997
The Road is Long by Linda Pritchard: Amazon Kindle
The Television Sherlock Holmes by Peter Haining 1994［『NHKテレビ版シャーロック・ホームズの冒険』ピーター・ヘイニング著、岩井田雅行・緒方桂子訳、求龍堂、1998年］
BBC genome site - bbcgenome.co.uk
Brettish Empire site - brettish.com
jeremybrett.info.co.uk
Kaleidoscope Database
Radio Times
TV Times 1955-1995
Scarlet Street Numbers 8, 20, 21, 22
Stage Struck pub. Penguin
BFI Sight and Sound Magazine Archive
British Newspaper Archive: The Stage Magazine, Illustrated London News:
ProQuest Historical Newspapers: The Observer, The Guardian, New York Times

【著者】

モーリーン・ウィテカー（Maureen Whittaker）

イギリスの国語と演劇の元教師。シャーロッキアン。本書のもととなった伝記Jeremy Brett: Playing a Partは、2021年にロンドン・シャーロック・ホームズ協会より、毎年の優れたホームズ関連書籍に贈られる「トニー&フリーダ・ハウレット文学賞」を受賞している。

【訳者】

高尾菜つこ（たかお・なつこ）

1973年生まれ。翻訳家。南山大学外国語学部英米科卒。主な訳書に、『図説 イギリス王室史』（ブレンダ・ラルフ・ルイス著）、『図説 ローマ教皇史』（同）、『ボタニカルイラストで見るハーブの歴史百科』（キャロライン・ホームズ著）、『中世英国人の仕事と生活』（テリー・ジョーンズ、アラン・エレイラ著）、『図説ケルト神話伝説物語』（マイケル・ケリガン著）、『ドラゴンの教科書』（ダグラス・ナイルズ著）、『ポワロと私』（デビッド・スーシェ、ジェフリー・ワンセル著）（以上、原書房）などがある。

【監修】

日暮雅通（ひぐらし・まさみち）

1954年生まれ。英米文芸翻訳家。青山学院大学卒。主な著書に『シャーロッキアン翻訳家　最初の挨拶』（原書房）、『シャーロック・ホームズ・バイブル』（早川書房）、訳書に『シャーロック・ホームズ全集』（光文社文庫版）、『コナン・ドイル伝』、『コナン・ドイル書簡集』（以上、東洋書林）、『僧正殺人事件』（東京創元社）、『写真で見るヴィクトリア朝ロンドンとシャーロック・ホームズ』（原書房）など多数。

シャーロック・ホームズとジェレミー・ブレット

●

2023年11月30日　第1刷
2024年9月15日　第7刷

著者……………モーリーン・ウィテカー
訳者……………高尾菜《たかおな》つこ
監修……………日暮雅通《ひぐらしまさみち》
装幀……………和田悠里《わだゆり》
発行者……………成瀬雅人
発行所……………株式会社原書房

〒160-0022 東京都新宿区新宿1-25-13
電話・代表03(3354)0685
振替・00150-6-151594
http://www.harashobo.co.jp

印刷……………新灯印刷株式会社
製本……………東京美術紙工協業組合

ISBN 978-4-562-07360-3, Printed in Japan